저자 약력

이치우(lcw66631@gmail.com)

인하대학교 문과대학 일어일문학과 졸업
일본 横浜国立大学 教育学部 研究生 수료
駐日 한국대사관 한국문화원 근무
(전)일본 와세다대학 객원 연구원
(전)한국디지털대학교 외래교수
(현)일본어 교재 저술가

저서

『최신 개정판 JLPT 일본어능력시험 한권으로 끝내기 N1/N2/N3/N4/N5』(다락원, 공저)
『4th EDITION JLPT 일본어능력시험 [문자·어휘 / 한자 / 문법] 콕콕 찍어주마 N1/N2/N3/N4·5』(다락원)

JLPT 콕콕 찍어주마 N4·5 한자 4th EDITION

지은이 이치우
펴낸이 정규도
펴낸곳 (주)다락원

초판 1쇄 발행 2003년 9월 5일
개정2판 1쇄 발행 2010년 1월 5일
개정3판 1쇄 발행 2017년 12월 15일
개정3판 6쇄 발행 2025년 3월 6일

책임편집 송화록, 임지인
디자인 김성희, 이호영, 하태호(표지)

🏁**다락원** 경기도 파주시 문발로 211
내용문의: (02)736-2031 내선 460~465
구입문의: (02)736-2031 내선 250~252
Fax: (02)732-2037
출판등록 1977년 9월 16일 제406-2008-000007호

Copyright ⓒ 2017, 이치우

저자 및 출판사의 허락 없이 이 책의 일부 또는 전부를 무단 복제·전재·발췌할 수 없습니다. 구입 후 철회는 회사 내규에 부합하는 경우에 가능하므로 구입문의처에 문의하시기 바랍니다. 분실·파손 등에 따른 소비자 피해에 대해서는 공정거래위원회에서 고시한 소비자 분쟁 해결 기준에 따라 보상 가능합니다. 잘못된 책은 바꿔 드립니다.

ISBN 978-89-277-1185-8 18730
         978-89-277-1168-1 (set)

http://www.darakwon.co.kr

- 다락원 홈페이지를 방문하시면 상세한 출판정보와 함께 동영상강좌, MP3자료 등 다양한 어학 정보를 얻으실 수 있습니다.
- 콕콕 연습문제의 해석은 다락원 홈페이지 학습자료실 또는 책날개의 QR코드로 다운로드 받을 수 있습니다.

머리말

JLPT(일본어능력시험)는 일본어를 모국어로 하지 않는 학습자들의 일본어 능력을 측정하고 인정하는 것을 목적으로 하는 시험으로 국제교류기금 및 일본국제교육지원협회가 1984년부터 실시하고 있습니다.

JLPT는 1984년 총 15개 국가의 21개 도시에서 응모자 7,998명(일본 국내 2,849명, 해외 5,149명)으로 제1회 시험이 개시되어, 2016년에는 866,294명(제1회 389,674명, 제2회 476,620명)이 응시하는 대규모 시험으로 발전하였습니다. 일본 정부가 공인하는 세계 유일의 일본어 시험인 만큼 JLPT의 결과는 일본의 대학, 전문학교, 국내 대학교의 일본어과 등의 특차 전형과 기업 인사 및 공무원 선발에서의 일본어 능력에 대한 평가 자료로도 활용되고 있습니다.

2010년부터 실시되는 새로운 시험에서는 학습자들의 과제 수행을 위한 커뮤니케이션 능력을 측정하는 것을 목표로 하고 있으며, 4단계에서 5단계로 단계 조정을 하게 되었습니다. 기존의 시험은 위의 급부터 1급-2급-3급-4급으로 되어 있었지만, 새로운 시험에서는 N1-N2-N3-N4-N5로 바뀝니다. 여기서 「N」은 「NIHONGO(일본어)」, 「NEW(신)」의 첫 글자인 「N」을 가리킵니다.

1990년부터 2009년까지의 약 21회분과 2010년부터 2017년까지의 약 16회분의 일본어능력시험의 분석을 토대로 이번에 『JLPT 콕콕 찍어주마 N4·5 한자』를 전면 개정하여 출간하게 되었습니다.

『JLPT 콕콕 찍어주마 N4·5 한자』는 예상 한자어, 한자 활용, N4·5 대응 중요 한자(1순위, 2순위, 3순위)로 나누어 편집하였으며, 부록으로 「시험에 잘 나오는 필수 한자」를 제시하였습니다. 이 책만 충실히 공부한다면 JLPT N4·5 한자에 대한 고민은 더 이상 하지 않아도 되리라 확신합니다. 아울러 『JLPT 콕콕 찍어주마 N1/N2/N3 한자』를 학습한 분도 이 책으로 마무리를 하면 완벽하게 시험을 준비할 수 있을 것입니다. 이 책으로 학습한 분들께 좋은 결과가 있기를 진심으로 기원합니다.

끝으로 자료 수집과 분석을 도와준 이한나 님, 이 책의 출판에 도움을 주신 (주)다락원의 정규도 사장님, 그리고 일본어 출판부 직원들에게 이 자리를 빌려 감사를 드립니다.

저자 이치우

JLPT 일본어능력시험에 대하여

1. **목적 및 주최** | JLPT 일본어능력시험은 원칙적으로 일본 국내외에서 일본어를 모국어로 하지 않는 사람을 대상으로 하며, 일본어를 공부하거나 사용하는 사람들의 일본어능력을 측정하고 인정하는 것을 목적으로 한다. 일본 정부가 세계적으로 공인하는 유일한 일본어 시험으로 국제교류기금과 재단법인 일본국제교육지원협회가 주최한다.

2. **실시 횟수** | 매년 7월 첫 번째 일요일과 12월 첫 번째 일요일 2회 실시한다. 하지만 주관 부서의 사정에 따라 변경될 수도 있으니 http://www.jlpt.or.kr/ 에서 확인하기 바란다.

3. **레벨** | 시험은 N1, N2, N3, N4, N5로 나뉘어져 있어 수험자가 자신에게 맞는 레벨을 선택하면 된다. 각 레벨에 따라 N1~N2는 언어지식(문자·어휘·문법)·독해, 청해의 두 섹션으로, N3~N5는 언어지식(문자·어휘), 언어지식(문법)·독해, 청해의 세 섹션으로 나뉘어져 있다.

4. **시험결과 통지와 합격 여부** | JLPT 일본어능력시험은 다음 예와 같이 각 과목의 ①구분 별 득점과 구분 별 득점을 합계한 ②총점을 통지하며, 이 두 가지 기준에 따라 합격여부를 판정한다. 즉, 총점이 합격점 이상이고, 각 구분별 득점(과목별 점수)이 기준점 이상이어야 합격이 된다.

〈일반 수험자 합격 기준점〉

2017. 7월 시험 기준

레벨	합격점/만점	기준점	
		언어지식·독해	청해
N4	90점 / 180점	38점 / 120점	19점 / 60점
N5	80점 / 180점	38점 / 120점	19점 / 60점

* 2017년 7월 N4·5 시험에서는 총점으로는 90점(N4) / 80점(N5) 이상, 기준점으로는 각각 38점(언어지식·독해) / 19점(청해)이 모두 넘어야 합격이 되었다. 만약 한 과목이라도 기준점을 넘기지 못하면 총점이 합격점을 넘더라도 불합격이 된다. 이 점수는 매년 달라진다. 그럼 N4 시험을 치른 A씨와 B씨의 성적표를 예로 들어보자.

*A씨의 성적표 (예)

①구분 별 득점			②총점
언어지식	독해	청해	
90 / 120		15 / 60	105 / 180

불합격

* 총점은 105점으로 합격점은 충족하지만, 청해가 15점으로 기준점 19점을 넘기지 못했다. 따라서 A씨는 불합격이다.

*B씨의 성적표 (예)

①구분 별 득점			②총점
언어지식	독해	청해	
70 / 120		35 / 60	105 / 180

합격

* 총점은 105점으로 합격점을 충족하며, 구분별 득점도 모두 19점 이상이므로 B씨는 합격이다.

5. 시험 내용 | 각 레벨의 인정 기준을【읽기】,【듣기】라는 언어행동으로 나타낸다. 각 레벨에는 이 언어행동을 실현하기 위한 언어지식이 필요하다.

레벨	구성 (항목 / 시간)		인정 기준
N1	언어지식 (문자·어휘·문법) 독해	110분	폭넓은 장면에서 사용되는 일본어를 이해할 수 있다. 읽기 • 폭넓은 화제에 대해 쓰여진 신문의 논설, 논평 등 논리적으로 약간 복잡한 문장이나 추상도가 높은 문장 등을 읽고, 문장의 구성이나 내용을 이해할 수 있다. • 다양한 화제의 내용에 깊이 있는 내용을 읽고, 이야기의 흐름이나 상세한 표현 의도를 이해할 수 있다. 듣기 • 폭넓은 장면에 있어 자연스러운 속도의 정리된 회화나 뉴스, 강의를 듣고 이야기의 흐름이나 내용, 등장인물의 관계나 내용의 논리구성 등을 상세하게 이해하거나 요지를 파악할 수 있다.
	청해	60분	
	계	170분	
N2	언어지식 (문자·어휘·문법) 독해	105분	일상적인 장면에서 사용되는 일본어의 이해에 더해, 보다 폭넓은 장면에서 사용되는 일본어를 어느 정도 이해할 수 있다. 읽기 • 폭넓은 화제에 대해 쓰여진 신문이나 잡지의 기사·해설, 평이한 논평 등 요지가 명쾌한 문장을 읽고 문장의 내용을 이해할 수 있다. • 일반적인 화제에 관한 내용을 읽고, 이야기의 흐름이나 표현 의도를 이해할 수 있다. 듣기 • 일상적인 장면에 더해 폭넓은 장면에서, 비교적 자연스러운 속도의 정리된 회화나 뉴스를 듣고 이야기의 흐름이나 내용, 등장인물의 관계를 이해하거나 요지를 파악할 수 있다.
	청해	50분	
	계	155분	
N3	언어지식(문자·어휘)	30분	일상적인 장면에서 사용되는 일본어를 어느 정도 이해할 수 있다. 읽기 • 일상적인 화제에 대해 쓰여진 구체적인 내용을 나타내는 문장을 읽고 이해할 수 있다. • 신문의 표제어 등에서 정보의 개요를 캐치할 수 있다. • 일상적인 장면에서 눈으로 보는 범위의 난이도가 약간 높은 문장은 대체표현이 주어지면 요지를 이해할 수 있다. 듣기 • 일상적인 장면에서 비교적 자연스러운 속도의 정리된 회화를 듣고 이야기의 구체적인 내용을 등장인물의 관계 등과 맞춰서 거의 이해할 수 있다.
	언어지식(문법)·독해	70분	
	청해	40분	
	계	140분	
N4	언어지식(문자·어휘)	30분	기본적인 일본어를 이해할 수 있다. 읽기 • 기본적인 어휘나 한자로 쓰여진, 일상생활 중에서도 우리 주변의 화제의 문장을 읽고 이해할 수 있다. 듣기 • 일상적인 장면에서 약간 천천히 이야기하는 대화라면 내용을 거의 이해할 수 있다.
	언어지식(문법)·독해	60분	
	청해	35분	
	계	125분	
N5	언어지식(문자·어휘)	25분	기본적인 일본어를 어느 정도 이해할 수 있다. 읽기 • 히라가나나 가타카나, 일상생활에서 사용되는 기본적인 한자로 쓰여진 정형적 어구나 글, 문장을 읽고 이해할 수 있다. 듣기 • 교실이나 신변적인 일상생활 중에서도 자주 접하는 장면으로, 천천히 이야기하는 짧은 대화라면 필요한 정보를 캐치할 수 있다.
	언어지식(문법)·독해	50분	
	청해	30분	
	계	105분	

6. 성적표 교부 | 합격자에 한해 교부되는 급수별「일본어 능력 인정서」와 함께 응시자 전원에게 합격·불합격의 결과를 알려주는 통지서, 인정 결과 및 성적에 관한 증명서를 교부한다.

이 책의 구성과 활용

이 책은 JLPT 일본어능력시험 N4·5 한자에 완벽하게 대응되도록 분석·정리하여 출제 경향을 한눈에 파악할 수 있도록한 수험서이다. 전체 구성은 제1장〈N5 한자 대비〉〈N5 대응 중요 한자〉,제2장〈N4 한자 대비〉〈N4 대응 중요 한자〉〈연습문제 정답, N5 출제 예상 한자 / N4 출제 예상 한자〉로 이루어져 있다.

N5 제 1 장

Part 01 N5 한자 대비

01 N5 예상 한자

2010년부터 2017년까지 8년간 출제된 한자문제와 1990년부터 2009년까지 20년간 출제된 한자문제를 분석하여 이를 토대로 출제 예상 한자어를 순위별로 제시하였습니다.

02 N5 한자 활용

언어 지식을 강조하는 시험 출제 경향에 맞추어 파생어나 복합동사로 많이 쓰이는 N5 한자를 정리하였습니다.

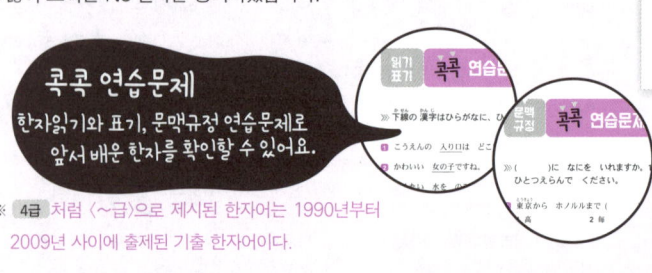

※ 4급 처럼 〈~급〉으로 제시된 한자어는 1990년부터 2009년 사이에 출제된 기출 한자어이다.

※ 이 책에서는 해당 한자가 앞에 붙어 활용한 단어를 접두어, 해당 한자가 뒤에 붙어 활용한 단어를 접미어라 하기로 한다.

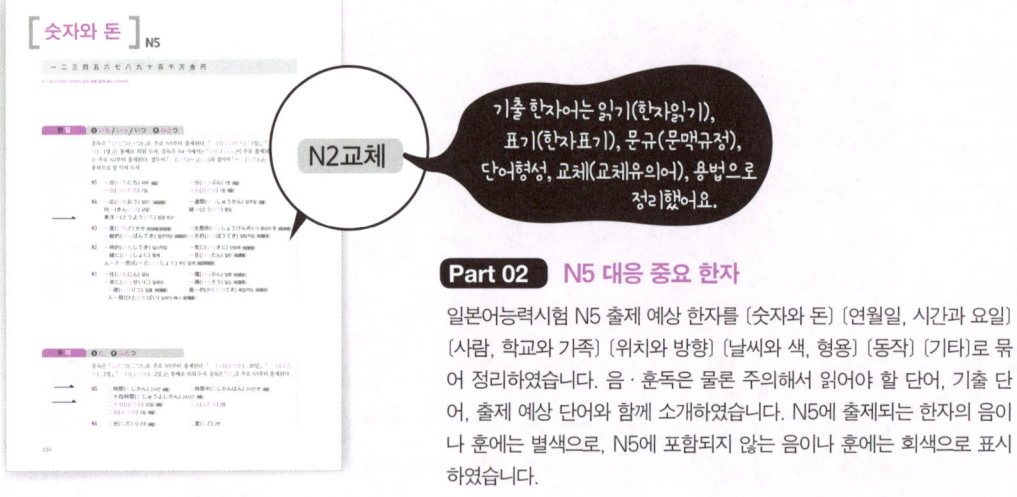

Part 02 N5 대응 중요 한자

일본어능력시험 N5 출제 예상 한자를 〔숫자와 돈〕〔연월일, 시간과 요일〕〔사람, 학교와 가족〕〔위치와 방향〕〔날씨와 색, 형용〕〔동작〕〔기타〕로 묶어 정리하였습니다. 음·훈독은 물론 주의해서 읽어야 할 단어, 기출 단어, 출제 예상 단어와 함께 소개하였습니다. N5에 출제되는 한자의 음이나 훈에는 별색으로, N5에 포함되지 않는 음이나 훈에는 회색으로 표시하였습니다.

N4
제 2 장

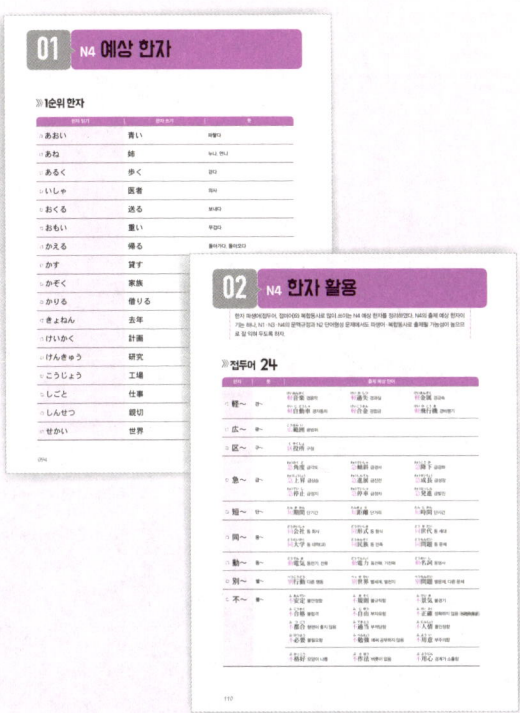

Part 01 N4 한자 대비

01 N4 예상 한자

2010년부터 2017년까지 8년간 출제된 한자문제와 1990년부터 2009년까지 20년간 출제된 한자문제를 분석하여 이를 토대로 출제 예상 한자어를 순위별로 제시하였습니다.

02 N4 한자 활용

언어 지식을 강조하는 시험 출제 경향에 맞추어 한자 파생어와 복합동사로 많이 쓰이는 N4 한자를 정리하였습니다.

Part 02 N4 대응 중요 한자

일본어능력시험 N4 출제 예상 한자를 [ㄱ] [ㄷ] [ㄹ·ㅁ·ㅂ] [ㅅ] [ㅇ] [ㅈ] [ㅊ·ㅌ] [ㅍ·ㅎ] [기타]로 묶어 정리하였습니다. 음·훈독은 물론 주의해서 읽어야 할 단어, 기출 단어, 출제 예상 단어와 함께 소개하였습니다. N4에 출제되는 한자의 음이나 훈에는 별색으로, N4에 포함되지 않는 음이나 훈에는 회색으로 표시하였습니다.

학습자를 위해 준비했습니다!

1. **N4·5 한자표** 별지에 시험에 잘 나오는 N4·5 한자를 한눈에 볼 수 있도록 표로 정리.
2. **정답 및 해석 바로 확인** 다락원 홈페이지에서 다운로드 또는 스마트폰으로 QR코드로 찍어서 바로 확인 가능.

차례

- 머리말   3
- JLPT 일본어능력시험에 대하여   4
- 이 책의 구성과 활용   6

제1장 N5

PART 01   N5 한자 대비

01. N5 예상 한자   12

02. N5 한자 활용   22

PART 02   N5 대응 중요 한자

[숫자와 돈]   36
[연월일, 시간과 요일]   44
[사람, 학교와 가족]   53
[위치와 방향]   59
[날씨와 색, 형용]   65
[동작]   73
[기타]   82

제2장 N4

PART 03 N4 한자 대비
01. N4 예상 한자 — 94
02. N4 한자 활용 — 110

PART 02 N4 대응 중요 한자
[ㄱ] — 126
[ㄷ] — 135
[ㄹ·ㅁ·ㅂ] — 141
[ㅅ] — 153
[ㅇ] — 163
[ㅈ] — 175
[ㅊ·ㅌ] — 190
[ㅍ·ㅎ] — 196
[기타] — 204

부록
콕콕 연습문제 정답 — 211
N5 출제 예상 한자 / N4 출제 예상 한자 (별지)

N5
제 1 장

P·a·r·t 01
N5 한자 대비

P·a·r·t 02
N5 대응 중요 한자

Part 01

N5 한자 대비

01　N5 예상 한자
02　N5 한자 활용

01 N5 예상 한자

≫ 1순위 한자

한자 읽기	한자 쓰기	뜻
□ あめ	雨	비
□ いく	行く	가다
□ うえ	上	위
□ うまれる	生まれる	태어나다
□ おかね	お金	돈
□ おとこ	男	남자
□ おんなのこ	女の子	여자아이
□ がいこく	外国	외국
□ かう	買う	사다
□ かく	書く	쓰다, 적다
□ がっこう	学校	학교
□ かようび	火よう日	화요일
□ かわ	川	강
□ きく	聞く	듣다
□ きた	北	북쪽
□ くる	来る	오다
□ ごご	午後	오후

한자 읽기	한자 쓰기	뜻
□ しろい	白い	하얗다
□ せんえん	千円	천 엔
□ せんせい	先生	선생님
□ そら	空	하늘
□ だいがく	大学	대학교
□ たかい	高い	높다, 비싸다, (키가) 크다
□ たべる	食べる	먹다
□ ちいさい	小さい	작다
□ ちち	父	아버지, 아빠
□ でる	出る	나가다, 나오다
□ てんき	天気	날씨
□ でんわ	電話	전화
□ ともだち	友だち	친구
□ どようび	土よう日	토요일
□ なか	中	속, 안
□ ながい	長い	길다
□ にし	西	서쪽
□ はいる	入る	들어가다, 들어오다
□ はは	母	어머니, 엄마
□ はんぶん	半分	절반
□ ひがし	東	동쪽

한자 읽기	한자 쓰기	뜻
□ ひだり	左	왼쪽
□ ふるい	古い	낡다
□ まいにち	毎日	매일
□ まえ	前	앞
□ みぎ	右	오른쪽
□ みず	水	물
□ みなみ	南	남쪽
□ みる	見る	보다
□ やすむ	休む	쉬다
□ やま	山	산
□ よむ	読む	읽다

》》 2순위 한자

한자 읽기	한자 쓰기	뜻
□ あう	会う	만나다
□ あかい	赤い	빨갛다
□ あさ	朝	아침
□ あし	足	발, 다리
□ あたらしい	新しい	새롭다
□ あとで	後で	나중에
□ いう	言う	말하다

한자 읽기	한자 쓰기	뜻
□ いっぷん	一分	1분
□ うしろ	後ろ	뒤
□ えき	駅	역
□ おおい	多い	많다
□ おおきい	大きい	크다
□ おとこのこ	男の子	남자아이
□ かいしゃ	会社	회사
□ き	木	나무
□ ぎんこう	銀行	은행
□ きんようび	金よう日	금요일
□ くに	国	나라
□ こども	子ども	아이
□ こんげつ	今月	이번 달
□ こんしゅう	今週	이번 주
□ さかな	魚	생선, 물고기
□ さきに	先に	먼저
□ さんまんえん	三万円	3만 엔
□ しがつ	四月	4월
□ じかん	時間	시간
□ した	下	아래, 밑

한자 읽기	한자 쓰기	뜻
☐ しちがつ	七月	7월
☐ しちじ	七時	7시
☐ しんぶん	新聞	신문
☐ すこし	少し	조금
☐ そと	外	밖
☐ だす	出す	꺼내다, 부치다
☐ たつ	立つ	서다
☐ て	手	손
☐ てがみ	手紙	편지
☐ でんき	電気	전기
☐ でんしゃ	電車	전철
☐ とおか	十日	10일
☐ なまえ	名前	이름
☐ なんにん	何人	몇 명
☐ のむ	飲む	마시다
☐ はな	花	꽃
☐ ひと	人	사람
☐ ひゃっぽん	百本	100자루, 100송이
☐ ほん	本	책
☐ みせ	店	가게
☐ みせる	見せる	보이다, 보여주다

한자 읽기	한자 쓰기	뜻
□ みち	道	길, 도로
□ みみ	耳	귀
□ むいか	六日	6일
□ もくようび	木よう日	목요일
□ やすい	安い	싸다
□ やすみ	休み	휴일, 방학
□ ゆうめい	有名	유명함
□ らいしゅう	来週	다음 주
□ らいねん	来年	내년

≫ 3순위 한자

한자 읽기	한자 쓰기	뜻
□ あいさつ	挨拶	인사
□ あおい	青い	파랗다
□ あかるい	明るい	밝다
□ あげる	上げる	올리다
□ あつい	暑い	덥다
□ いえ	家	집
□ いちにち	一日	하루

한자 읽기	한자 쓰기	뜻
□ いっしゅうかん	一週間	1주일
□ いっしょ	一緒	함께, 같이
□ いつつ	五つ	5개
□ いりぐち	入り口	입구
□ いれる	入れる	넣다
□ うすい	薄い	연하다, 얇다
□ うみ	海	바다
□ うれしい	嬉しい	기쁘다
□ うわぎ	上着	상의
□ えいご	英語	영어
□ おかあさん	お母さん	어머니
□ おそい	遅い	늦다
□ おとうさん	お父さん	아버지
□ がいこくじん	外国人	외국인
□ かならず	必ず	반드시
□ きゅうじゅうにん	九十人	90명
□ きゅうほん	九本	9자루, 9송이
□ くがつ	九月	9월
□ くじはん	九時半	9시 반
□ くち	口	입
□ けいたい	携帯	휴대(전화)

한자 읽기	한자 쓰기	뜻
☐ こいびと	恋人	연인
☐ ごぜんちゅう	午前中	오전 중
☐ さんぷん	三分	3분
☐ さがす	探す	찾다
☐ さんぼん	三本	3자루, 3송이
☐ しょくどう	食堂	식당
☐ すくない	少ない	적다
☐ すごい	凄い	굉장하다, 대단하다
☐ ぜったいに	絶対に	절대로
☐ せまい	狭い	좁다
☐ せんしゅう	先週	지난주, 저번 주
☐ せんぱい	先輩	선배(님)
☐ そうべつかい	送別会	송별회
☐ そつぎょう	卒業	졸업
☐ ちかく	近く	근처
☐ つごう	都合	형편, 사정
☐ でかける	出かける	외출하다
☐ つうきん	通勤	통근
☐ としょかん	図書館	도서관
☐ てんきん	転勤	전근
☐ なつやすみ	夏休み	여름휴가, 여름 방학

한자 읽기	한자 쓰기	뜻
□ なにご	何語	무슨 말
□ にじかんはん	二時間半	2시간 반
□ にしぐち	西口	서쪽 출입구
□ にじゅうよじかん	二十四時間	24시간
□ にほんご	日本語	일본어
□ はつか	二十日	20일
□ はなし	話	이야기
□ はなす	話す	이야기하다
□ はなみ	花見	꽃구경
□ はる	春	봄
□ ひとつ	一つ	1개
□ ひとり	一人	1명
□ ひゃくえん	百円	100엔
□ ふたつ	二つ	2개
□ ふつか	二日	2일
□ まいあさ	毎朝	매일 아침
□ め	目	눈
□ もつ	持つ	가지다, 들다
□ ようか	八日	8일
□ らいげつ	来月	다음 달

읽기 표기 콕콕 연습문제 01

정답 P.212

≫ 下線の 漢字はひらがなに、ひらがなは 漢字に なおしなさい。
(か せん)   (かん じ)

1. こうえんの 入り口は どこですか。　　　　　　　　　　(　　　)
2. かわいい 女の子ですね。　　　　　　　　　　　　　　　(　　　)
3. つめたい 水を のみました。　　　　　　　　　　　　　(　　　)
4. ただしい こたえは 一つしか ありません。　　　　　　 (　　　)
5. あの 人、だれか しって いますか。　　　　　　　　　(　　　)
6. この 道を まっすぐ いって ください。　　　　　　　 (　　　)
7. いもうとは 赤い リボンを かみに つけている。　　　　(　　　)
8. 朝の くうきは きもちが いいです。　　　　　　　　　(　　　)
9. じゅぎょうは 一分 おくれて はじまりました。　　　　 (　　　)
10. とりが 木に とまって います。　　　　　　　　　　 (　　　)
11. じょせいが さきに ふねから おりました。　　　　　 (　　　)
12. ソウルの ホテルに いっしゅうかん とまりました。　 (　　　)
13. あまり おかねは ありません。　　　　　　　　　　　(　　　)
14. おとうさんと いっしょに でかける。　　　　　　　　(　　　)
15. おかしを こどもの くちに いれて あげた。　　　　 (　　　)
16. にちようびの ごぜんちゅうは ずっと ねて いました。(　　　)
17. ちかくの こうえんに はなみに 行きました。　　　　(　　　)
18. あかちゃんは おとこですか。　　　　　　　　　　　(　　　)
19. ひとりで カラオケに いきました。　　　　　　　　 (　　　)
20. ちちは まいあさ さんぽを しています。　　　　　　(　　　)

02 N5 한자 활용

한자 파생어(접두어, 접미어)와 복합동사로 많이 쓰이는 N5 한자를 정리하였다. N5에 해당하는 한자들이지만, N1·N3·N4의 문맥규정과 N2의 단어형성 문제에서도 파생어·복합동사로 출제될 가능성이 높다.

≫ 접두어 30

한자	뜻	출제 예상 단어		
☐ 高~	고~	こうがくねん 高学年 고학년	こうがくれき 高学歴 고학력	こうきあつ 高気圧 고기압
		こうけつあつ 高血圧 고혈압	こうしゅうにゅう 高収入 고수입 [N2단어형성]	こうすいじゅん 高水準 고수준 [N2단어형성]
		こうせいのう 高性能 고성능 [N2단어형성]	こうそくど 高速度 고속도	こうのうど 高濃度 고농도
☐ 古~	헌~	ふるしんぶん 古新聞 헌 신문	ふるどうぐ 古道具 고물	ふるほんや 古本屋 헌책방
☐ 空~	하늘~	そらもよう 空模様 날씨, 형세		
☐ 金~	금~	きんざいく 金細工 금세공	きんせいひん 金製品 금제품	きんそうば 金相場 금시세
☐ 今~	이번~, 금~	こんがっき 今学期 이번 학기	こん 今シーズン 이번 시즌	こんねんど 今年度 금년도
☐ 多~	다~	たきのう 多機能 다기능	たこくせき 多国籍 다국적	たしゅみ 多趣味 다취미
		たにんずう 多人数 많은 인원수	たほうめん 多方面 다방면	たもくてき 多目的 다목적
☐ 大~	대~, 큰~	だいうちゅう 大宇宙 대우주	だいがくしゃ 大学者 대학자	だいかぞく 大家族 대가족
		だいきぼ 大規模 대규모	だいさんせい 大賛成 대찬성	だいしあい 大試合 큰시합
		だいしぜん 大自然 대자연	だいしっぱい 大失敗 대실패	だいせいこう 大成功 대성공
		だいせんぱい 大先輩 대선배	だいとし 大都市 대도시	だいりゅうこう 大流行 대유행
		おおかじ 大火事 대화재	おおそうじ 大掃除 대청소	おおそうどう 大騒動 대소동
		おおだいこ 大太鼓 큰북	おおどうぐ 大道具 대도구	おおにんずう 大人数 많은 인원
		おおひろま 大広間 꽤 넓은 방	おおべや 大部屋 큰 방	おおもじ 大文字 대문자
☐ 立~	입~	りっこうほ 立候補 입후보	りったいし 立太子 태자 책봉	
☐ 毎~	매~	まいしょくご 毎食後 매 식후	まいどよう 毎土曜 매 토요일	まいぶんき 毎分岐 매 분기

한자	뜻	출제 예상 단어		
□ 名~	명~	名演説(めいえんぜつ) 명연설 名女優(めいじょゆう) 명여배우 名場面(めいばめん) 명장면	名監督(めいかんとく) 명감독 名探偵(めいたんてい) 명탐정 名判決(めいはんけつ) 명판결	名産地(めいさんち) 명산지 名投手(めいとうしゅ) 명투수 名文句(めいもんく) 명문구
□ 半~	반~	半合成(はんごうせい) 반합성 半世紀(はんせいき) 반세기 半透明(はんとうめい) 반투명	半固体(はんこたい) 반고체 半製品(はんせいひん) 반제품 半病人(はんびょうにん) 반환자	半時間(はんじかん) 반 시간, 30분 半地下(はんちか) 반지하 半永久的(はんえいきゅうてき) 반영구적
□ 白~	백~	白人種(はくじんしゅ) 백인종	白地図(はくちず) 백지도	白粘土(はくねんど) 백점토
□ 本~	본~	本契約(ほんけいやく) 본 계약	本設定(ほんせってい) 본 설정	本舞台(ほんぶたい) 본 무대
□ 山~	산~	山火事(やまかじ) 산불	山小屋(やまごや) 산막	
□ 上~	좋은 ~	上機嫌(じょうきげん) 기분이 매우 좋음 上半期(かみはんき) 상반기	上出来(じょうでき) 성과가 훌륭함	上天気(じょうてんき) 좋은 날씨
□ 生~	생~, 건성~	生中継(なまちゅうけい) 생중계	生返事(なまへんじ) 건성 대답	生放送(なまほうそう) 생방송
□ 小~	소~	小宇宙(しょううちゅう) 소우주 小劇場(しょうげきじょう) 소극장 小市民(しょうしみん) 소시민 小太鼓(こだいこ) 소고	小規模(しょうきぼ) 소규모 小冊子(しょうさっし) 소책자 小都市(しょうとし) 소도시 小道具(こどうぐ) 소도구	小企業(しょうきぎょう) 소기업 小資金(しょうしきん) 소자본 小論文(しょうろんぶん) 소논문 小文字(こもじ) 소문자
□ 食~	식~	食人種(しょくじんしゅ) 식인종	食生活(しょくせいかつ) 식생활	食中毒(しょくちゅうどく) 식중독
□ 新~	신~, 새로운~	新学期(しんがっき) 신학기 新工夫(しんくふう) 새로운 연구 新時代(しんじだい) 신시대 新製品(しんせいひん) 신제품 新知識(しんちしき) 신지식	新感覚(しんかんかく) 신감각 新傾向(しんけいこう) 신경향 新市長(しんしちょう) 새로운 시장 新大学(しんだいがく) 새로운 대학(교) 新発明(しんはつめい) 신발명	新空港(しんくうこう) 새로운 공항 新思想(しんしそう) 신사상 新世界(しんせかい) 신세계 新体制(しんたいせい) 신체제 新路線(しんろせん) 새로운 노선
□ 女~	여~	女学生(じょがくせい) 여학생	女店員(じょてんいん) 여점원	

한자	뜻	출제 예상 단어
☐ 一〜	일개〜	一(いち)音楽家(おんがくか) 일개 음악가　　一(いち)市民(しみん) 일개 시민　　一(いち)社会人(しゃかいじん) 일개 사회인 一(いち)地方記者(ちほうきしゃ) 일개 지방기자　　一(いち)日本人(にほんじん) 일개 일본인　　一(いち)民間人(みんかんじん) 일개 민간인
☐ 長〜	장〜	長(ちょう)期間(きかん) 장기간　　長(ちょう)距離(きょり) 장거리　　長(ちょう)時間(じかん) 장시간 長(なが)生(い)き 장수　　長(なが)電話(でんわ) 장시간 통화　　長(なが)道中(どうちゅう) 긴 여로
☐ 前〜	전〜	前(ぜん)近代的(きんだいてき) 전근대적　　前(ぜん)校長(こうちょう) 전 교장　　前(ぜん)時代(じだい) 전 시대 前(ぜん)市長(しちょう) 전 시장　　前(ぜん)社長(しゃちょう) 전 사장 [N2단어형성]　　前(ぜん)住所(じゅうしょ) 전 주소 前(ぜん)世紀(せいき) 전세기　　前(ぜん)世界(せかい) 전 세계　　前(ぜん)内閣(ないかく) 전 내각 前(ぜん)半期(はんき) 전반기　　前(ぜん)半生(はんせい) 전반생　　前(ぜん)半戦(はんせん) 전반전
☐ 中〜	중〜	中(ちゅう)学生(がくせい) 중학생　　中(ちゅう)学校(がっこう) 중학교　　中(ちゅう)距離(きょり) 중거리
☐ 何〜	몇〜	何(なん)時間(じかん) 몇 시간　　何(なん)世紀(せいき) 몇 세기
☐ 下〜	하〜	下(か)半身(はんしん) 하반신 下(しも)半期(はんき) 하반기
☐ 後〜	후〜	後(こう)半期(はんき) 후반기　　後(こう)半戦(はんせん) 후반전

〉〉〉 접미어 91

한자	뜻	출제 예상 단어
～間	～간	兄弟間(きょうだいかん) 형제간 / 生徒間(せいとかん) 학생간 / 地域間(ちいきかん) 지역간
～高	～액, ～량	売上高(うりあげだか) 판매액 / 収穫高(しゅうかくだか) 수확량 / 生産高(せいさんだか) 생산액, 생산량
～校	～교	一流校(いちりゅうこう) 일류교 / 新設校(しんせつこう) 신설교 / 出身校(しゅっしんこう) 출신교 / 進学校(しんがくこう) 진학교 / 有名校(ゆうめいこう) 유명 학교 / 参加校(さんかこう) 참가교
～口	～구	突破口(とっぱこう) 돌파구 / 排気口(はいきこう) 배기구 / 噴火口(ふんかこう) 분화구 / 通用口(つうようぐち) 통용구 / 出入口(でいりぐち) 출입구 / 非常口(ひじょうぐち) 비상구
～国	～국	海洋国(かいようこく) 해양국 / 合衆国(がっしゅうこく) 합중국 / 共和国(きょうわこく) 공화국 / 後進国(こうしんこく) 후진국 / 交戦国(こうせんこく) 교전국 / 産油国(さんゆこく) 산유국 / 先進国(せんしんこく) 선진국 / 中進国(ちゅうしんこく) 중진국 / 農業国(のうぎょうこく) 농업국
～金	～금	違約金(いやくきん) 위약금 / 契約金(けいやくきん) 계약금 / 持参金(じさんきん) 지참금 / 資本金(しほんきん) 자본금 / 準備金(じゅんびきん) 준비금 / 賞与金(しょうよきん) 상여금 / 退職金(たいしょくきん) 퇴직금 / 入学金(にゅうがくきん) 입학금 / 配当金(はいとうきん) 배당금 / 保険金(ほけんきん) 보험금 / 保証金(ほしょうきん) 보증금 / 補助金(ほじょきん) 보조금
～年	～년	一年(いちねん) 1년 / 二年(にねん) 2년 / 三年(さんねん) 3년 / 四年(よねん) 4년 / 五年(ごねん) 5년 / 六年(ろくねん) 6년 / 七年(しちねん・ななねん) 7년 / 八年(はちねん) 8년 / 九年(きゅうねん・くねん) 9년 / 十年(じゅうねん) 10년 / 何年(なんねん) 몇 년
～道	～도	東海道(とうかいどう) 동해도 / 北海道(ほっかいどう) 홋카이도
～名	～명	会社名(かいしゃめい) 회사명 / 学校名(がっこうめい) 학교명 / 団体名(だんたいめい) 단체명
～目	～째	五軒目(ごけんめ) 다섯 채째 / 五番目(ごばんめ) 다섯 번째 / 三年目(さんねんめ) 3년째 / 三人目(さんにんめ) 세 사람째 / 二つ目(ふため) 두 번째 / 四時間目(よじかんめ) 4시간째
～本	～자루	一本(いっぽん) 1자루 / 二本(にほん) 2자루 / 三本(さんぼん) 3자루 / 四本(よんほん) 4자루 / 五本(ごほん) 5자루 / 六本(ろっぽん・ろくほん) 6자루 / 七本(ななほん) 7자루 / 八本(はっぽん・はちほん) 8자루 / 九本(きゅうほん) 9자루 / 十本(じゅっぽん・じっぽん) 10자루 / 何本(なんぼん) 몇 자루

한자	뜻	출제 예상 단어		
☐ ~部	~부	しゃしんぶ 写真部 사진부 ちゅうしんぶ 中心部 중심부	しゅっぱんぶ 出版部 출판부 としんぶ 都心部 도심부	しょくひんぶ 食品部 식품부 へいやぶ 平野部 평야부
☐ ~分	~분	いっぷん 一分 1분 ごふん 五分 5분 きゅうふん 九分 9분	にふん 二分 2분 ろっぷん 六分 6분 じゅっぷん じっぷん 十分(十分) 10분	さんぷん 三分 3분 ななふん 七分 7분 なんぷん 何分 몇 분	よんぷん 四分 4분 はっぷん はちふん 八分(八分) 8분
☐ ~社	~사	しゅっぱんしゃ 出版社 출판사	しんぶんしゃ 新聞社 신문사	つうしんしゃ 通信社 통신사
☐ ~山	~산	ふじさん 富士山 후지산		
☐ ~上	~상	がくもんじょう 学問上 학문상 けんきゅうじょう 研究上 연구상 せいじじょう 政治上 정치상 ひつようじょう 必要上 필요상	きょういくじょう 教育上 교육상 けんこうじょう 健康上 건강상 ちきゅうじょう 地球上 지구상 ほうりつじょう 法律上 법률상	けいざいじょう 経済上 경제상 しようじょう 使用上 사용상 つごうじょう 都合上 형편상 れきしじょう 歴史上 역사상
☐ ~生	~생	けんきゅうせい 研究生 연구생 ざいこうせい 在校生 재학생 そつぎょうせい 卒業生 졸업생	けんしゅうせい 研修生 연수생 しょうがくせい 小学生 초등학생 だいがくせい 大学生 대학생	こうこうせい 高校生 고교생 しんにゅうせい 新入生 신입생 りゅうがくせい 留学生 유학생
☐ ~書	~서	いがくしょ 医学書 의학서 さんこうしょ 参考書 참고서 しんせいしょ 申請書 신청서 にゅうもんしょ 入門書 입문서	きょうかしょ 教科書 교과서 しょうめいしょ 証明書 증명서 せいきゅうしょ 請求書 청구서 ほうこくしょ 報告書 보고서	けんきゅうしょ 研究書 연구서 しんかんしょ 新刊書 신간서 せんもんしょ 専門書 전문서 りょうしゅうしょ 領収書 영수증 N2표기
☐ ~席	~석	うんてんせき 運転席 운전석	していせき 指定席 지정석	よやくせき 予約席 예약석
☐ ~先	~처, ~손님	きんむさき 勤務先 근무처 とくいさき 得意先 단골 손님	しごとさき 仕事先 일터 とりひきさき 取引先 거래처	しゅっちょうさき 出張先 출장지 れんらくさき 連絡先 연락처
☐ ~水	~수	いんりょうすい 飲料水 음료수 じょうりゅうすい 蒸留水 증류수	けしょうすい 化粧水 화장수 たんさんすい 炭酸水 탄산수	せっかいすい 石灰水 석회수 ちかすい 地下水 지하수
☐ ~手	~수	うんてんしゅ 運転手 운전수 しゃげきしゅ 射撃手 사격수	がいやしゅ 外野手 외야수 ないやしゅ 内野手 내야수	こうかんしゅ 交換手 교환수 ゆうげきしゅ 遊撃手 유격수

한자	뜻	출제 예상 단어			
☐ ～時	～시	かろうじ 過労時 과로 시	きんきゅうじ 緊急時 긴급 시	くうふくじ 空腹時 공복 시	
		こうしょうじ 交渉時 교섭 시	しょうとつじ 衝突時 충돌 시	ひじょうじ 非常時 비상시	
		いちじ 一時 1시	にじ 二時 2시	さんじ 三時 3시	よじ 四時 4시
		ごじ 五時 5시	ろくじ 六時 6시	しちじ 七時 7시	はちじ 八時 8시
		くじ 九時 9시	じゅうじ 十時 10시	なんじ 何時 몇 시	
☐ ～食	～식	えいようしょく 栄養食 영양식	うちゅうしょく 宇宙食 우주식	きていしょく 規定食 규정식	
		きないしょく 機内食 기내식	こけいしょく 固形食 고형식	しぜんしょく 自然食 자연식	
		だいようしょく 代用食 대용식	びょうにんしょく 病人食 환자식	りにゅうしょく 離乳食 이유식	
☐ ～語	～어	がいこくご 外国語 외국어	がいらいご 外来語 외래어	かんこくご 韓国語 한국어	
		きょうつうご 共通語 공통어	げんだいご 現代語 현대어	せかいご 世界語 세계어	
		ちゅうごくご 中国語 중국어	どうぎご 同義語 동의어	にほんご 日本語 일본어	
		はんたいご 反対語 반대어	ひょうじゅんご 標準語 표준어	るいぎご 類義語 유의어	
☐ ～魚	～어	えんかんぎょ 塩乾魚 소금에 절여 말린 생선	たんすいぎょ 淡水魚 담수어, 민물고기	ねったいぎょ 熱帯魚 열대어	
☐ ～駅	～역	しはつえき 始発駅 시발역	しゅうちゃくえき 終着駅 종착역	しんじゅくえき 新宿駅 신주쿠역	
☐ ～外	～외	かんかつがい 管轄外 관할 외	きていがい 規定外 규정 외	きんむがい 勤務外 근무 외	
		じかんがい 時間外 시간 외	はんいがい 範囲外 범위 외	もんだいがい 問題外 문제 외	
		よさんがい 予算外 예산 외	よそうがい 予想外 예상 외	りょういきがい 領域外 영역 외	
☐ ～雨	～우	さんせいう 酸性雨 산성비			
☐ ～園	～원	どうぶつえん 動物園 동물원	バラえん バラ園 장미정원	ようちえん 幼稚園 유치원	
☐ ～円	～엔	いちえん 一円 1엔	にえん 二円 2엔	さんえん 三円 3엔	よんえん よえん 四円(四円) 4엔
		ごえん 五円 5엔	ろくえん 六円 6엔	ななえん 七円 7엔	はちえん 八円 8엔
		きゅうえん 九円 9엔	じゅうえん 十円 10엔	ひゃくえん 百円 100엔	なんえん 何円 몇 엔
☐ ～月	～월 / ～달	いちがつ 一月 1월	にがつ 二月 2월	さんがつ 三月 3월	しがつ 四月 4월

한자	뜻	출제 예상 단어			
		ご がつ 五月 5월	ろく がつ 六月 6월	しち がつ 七月 7월	はち がつ 八月 8월
		く がつ 九月 9월	じゅう がつ 十月 10월	じゅういち がつ 十一月 11월	じゅう に がつ 十二月 12월
		なん がつ 何月 몇 월			
		ひとつき 一月 1달	ふたつき 二月 2달	み つき 三月 3달	よ つき 四月 4달
		いつつき 五月 5달	む つき 六月 6달	なな つき 七月 7달	や つき 八月 8달
		ここのつき 九月 9달	と つき 十月 10달	なん か げつ 何ヶ月 몇 달	
☐ ~人	~인 / ~명	げいのうじん 芸能人 연예인	げんだいじん 現代人 현대인	こ だいじん 古代人 고대인	
		しゃかいじん 社会人 사회인	せいようじん 西洋人 서양인	に ほんじん 日本人 일본인	
		ぶん か じん 文化人 문화인	みんかんじん 民間人 민간인	ゆうめいじん 有名人 유명인	
		かん り にん 管理人 관리인	さんこうにん 参考人 참고인	し はいにん 支配人 지배인	
		せ わ にん 世話人 남을 돌봐주는 사람	そうぞくにん 相続人 상속인	ほ しょうにん 保証人 보증인	
		ひとり 一人 1명	ふたり 二人 2명	さんにん 三人 3명	よ にん 四人 4명
		ご にん 五人 5명	ろくにん 六人 6명	しちにん 七人 7명	はちにん 八人 8명
		きゅうにん く にん 九人(九人) 9명	じゅうにん 十人 10명	なんにん 何人 몇 명	
☐ ~日	~일	き ねん び 記念日 기념일	たんじょう び 誕生日 생일	とうこう び 登校日 등교일	
		ついたち 一日 1일	ふつ か 二日 2일	みっ か 三日 3일	よっ か 四日 4일
		いつ か 五日 5일	むい か 六日 6일	なの か 七日 7일	よう か 八日 8일
		ここの か 九日 9일	とお か 十日 10일	じゅういちにち 十一日 11일	じゅうよっ か 十四日 14일
		じゅう く にち 十九日 19일	はつか 二十日 20일	に じゅうよっ か 二十四日 24일	に じゅうくにち 二十九日 29일
		さんじゅういち にち 三十日 30일	なんにち 何日 며칠		
☐ ~一	~제일	しゃないいち 社内一 사내 제일	せ かいいち 世界一 세계 제일	に ほん にっぽん いち 日本(日本)一 일본 제일	
☐ ~長	~장	きょういくちょう 教育長 교육장	けいさつしょちょう 警察署長 경찰서장	けんきゅうじょちょう 研究所長 연구소장	
		さいばんしょちょう 裁判所長 재판소장	し てんちょう 支店長 지점장	しょ き ちょう 書記長 서기장	
☐ ~前	~전	き げんぜん 紀元前 기원전	し ようぜん 使用前 사용 전		

한자	뜻	출제 예상 단어		
☐ ～店	～점	いんしょくてん 飲食店 음식점	きっさてん 喫茶店 찻집, 카페	こうりてん 小売店 소매점
		せんもんてん 専門店 전문점	だいりてん 代理店 대리점	とくやくてん 特約店 특약점
		ひゃっかてん 百貨店 백화점	ようひんてん 洋品店 양품점	りはつてん 理髪店 이발소
☐ ～足	～켤레	いっそく 一足 1켤레	にそく 二足 2켤레	さんぞく 三足 3켤레	よんそく 四足 4켤레
		ごそく 五足 5켤레	ろくそく 六足 6켤레	ななそく 七足 7켤레	はっそく 八足 8켤레
		きゅうそく 九足 9켤레	じゅっそく じっそく 十足(十足) 10켤레	なんぞく 何足 몇 켤레	
☐ ～中	～중/온～	かいぎちゅう 会議中 회의 중	きゅうかちゅう 休暇中 휴가 중	しけんちゅう 試験中 시험 중
		しごとちゅう 仕事中 작업 중	じゅぎょうちゅう 授業中 수업 중	しょくじちゅう 食事中 식사 중
		せんそうちゅう 戦争中 전쟁 중	でんわちゅう 電話中 전화 중	らいげつちゅう 来月中 내달 중
		いえじゅう 家中 온 집안	いちにちじゅう 一日中 하루 종일	いちねんじゅう 一年中 1년 내내
		かおじゅう 顔中 온 얼굴	がっこうじゅう 学校中 온 학교	からだじゅう 体中 온 몸
		せかいじゅう 世界中 세계 도처, 전 세계	とうきょうじゅう 東京中 온 도쿄	なつやすみじゅう 夏休み中 여름방학 내내
		にほんじゅう 日本中 온 일본	へやじゅう 部屋中 온 방	むらじゅう 村中 온 마을
☐ ～車	～차	おおがたしゃ 大型車 대형차	こがたしゃ 小型車 소형차	きかんしゃ 機関車 기관차
		きゅうしゃ 救急車 구급차	こくみんしゃ 国民車 국민차	さんりんしゃ 三輪車 삼륜차
		しょくどうしゃ 食堂車 식당차	じょようしゃ 乗用車 승용차	じょせつしゃ 除雪車 제설차
		しんだいしゃ 寝台車 침대차	ちゅうこしゃ 中古車 중고차	ゆそうしゃ 輸送車 수송차
☐ ～下	～하	いしきか 意識下 의식하	かんとくか 監督下 감독하	かんりか 管理下 관리하 N2단어형성
		しはいか 支配下 지배하	せいじか 政治下 정치하	せんじか 戦時下 전시하
		せんりょうか 占領下 점령하	たいふうか 台風下 태풍하	ひょうてんか 氷点下 빙점하
☐ ～学	～학	おんせいがく 音声学 음성학	きょういくがく 教育学 교육학	ぎょうせいがく 行政学 행정학
		けいえいがく 経営学 경영학 N3읽기	こうこがく 考古学 고고학	しんりがく 心理学 심리학
		じんるいがく 人類学 인류학	せいじがく 政治学 정치학	とうけいがく 統計学 통계학
		にんげんがく 人間学 인간학	ぶんけんがく 文献学 문헌학	れきしがく 歴史学 역사학
☐ ～行	～행	とうひこう 逃避行 도피행		
		とうきょうゆき 東京行 도쿄행		

한자	뜻	출제 예상 단어
☐ ～花	～화	かんじょうか 管状花 관상화　　すいちゅうか 水中花 수중화　　すいばいか 水媒花 수매화 せつげっか 雪月花 눈, 달, 꽃(일본의 자연미)　　ちょうばいか 鳥媒花 조매화　　ほうせんか 鳳仙花 봉선화
☐ ～会	～회	うんどうかい 運動会 운동회　　えんそうかい 演奏会 연주회　　おんがくかい 音楽会 음악회 がくげいかい 学芸会 학예회　　かんげいかい 歓迎会 환영회　　しんねんかい 新年会 신년회 せいとかい 生徒会 학생회　　せつめいかい 説明会 설명회　　てんらんかい 展覧会 전람회 どうそうかい 同窓会 동창회　　はっぴょうかい 発表会 발표회　　ぼうねんかい 忘年会 송년회
☐ ～後	～후	かいしご 開始後 개시 후　　かんせいご 完成後 완성 후　　きこくご 帰国後 귀국 후 しゅうしょくご 就職後 취직 후　　しゅうりょうご 終了後 종료 후　　せんきょご 選挙後 선거 후 そつぎょうご 卒業後 졸업 후　　たいしょくご 退職後 퇴직 후　　ていねんご 定年後 정년 후

≫ 복합동사 6

한자	출제 예상 단어		
☐ ～上(あ)がる	浮(う)かび上(あ)がる 떠오르다 出来(でき)上(あ)がる 완성되다	起(お)き上(あ)がる 일어나다 召(め)し上(あ)がる 드시다	思(おも)い上(あ)がる 우쭐해 하다, 잘난 체 하다 盛(も)り上(あ)がる 고조되다
☐ ～上(あ)げる	編(あ)み上(あ)げる 다 짜다 打(う)ち上(あ)げる 쏘아올리다 作(つく)り上(あ)げる 만들어 내다 見(み)上(あ)げる 올려다보다	洗(あら)い上(あ)げる 씻어 내다 書(か)き上(あ)げる 다 쓰다 勤(つと)め上(あ)げる 무사히 끝내다 磨(みが)き上(あ)げる 충분히 닦다	歌(うた)い上(あ)げる 끝까지 노래하다 育(そだ)て上(あ)げる 길러 내다 取(と)り上(あ)げる 빼앗다 焼(や)き上(あ)げる 잘 굽다, 구워 내다
☐ ～入(い)れる	受(う)け入(い)れる 받아들이다 書(か)き入(い)れる 적어 넣다	押(お)し入(い)れる 밀어 넣다 取(と)り入(い)れる 안에 넣다	買(か)い入(い)れる 매입하다 迎(むか)え入(い)れる 맞아들이다
☐ ～出(だ)す	動(うご)き出(だ)す 움직이기 시작하다 飛(と)び出(だ)す 튀어나오다 引(ひ)き出(だ)す 인출하다	怒(おこ)り出(だ)す 화내기 시작하다 取(と)り出(だ)す 꺼내다 降(ふ)り出(だ)す 내리기 시작하다	騒(さわ)ぎ出(だ)す 떠들기 시작하다 泣(な)き出(だ)す 울기 시작하다 笑(わら)い出(だ)す 웃기 시작하다
☐ ～出(で)る	進(すす)み出(で)る 나오다, 나아가다	届(とど)け出(で)る 신고하다, 신청하다	申(もう)し出(で)る 자청하다, 요청하다
☐ ～通(とお)す	言(い)い通(とお)す 끝까지 주장하다 見(み)通(とお)す 다 보다	押(お)し通(とお)す 끝까지 밀고 나가다 やり通(とお)す 끝까지 해내다	貫(つらぬ)き通(とお)す 끝까지 관철하다 読(よ)み通(とお)す 끝까지 다 읽다

문맥규정 콕콕 연습문제 01

정답 P.212

>>> (　　)に　なにを　いれますか。1・2・3・4から　いちばん　いい　ものを　ひとつえらんで　ください。

1. 東京から　ホノルルまで（　　）時間　かかりますか。
   1 高　　　　2 毎　　　　3 本　　　　4 何

2. パリの　中心（　　）に　ある　ホテルを　予約しました。
   1 部　　　　2 度　　　　3 校　　　　4 行

3. 薬は　かならず（　　）食後と　ねる　まえ、1日　4回　お飲みください。
   1 空　　　　2 毎　　　　3 半　　　　4 新

4. 先進（　　）首脳会議が　東京で　ひらかれました。
   1 店　　　　2 国　　　　3 学　　　　4 後

5. 卒業（　　）の　ことを　先生と　そうだんする。
   1 国　　　　2 園　　　　3 後　　　　4 校

6. やましたさんの　きょうの　演説は（　　）演説でした。
   1 名　　　　2 高　　　　3 良　　　　4 真

7. 戦争が　終わって（　　）世紀　いじょうが　たちました。
   1 長　　　　2 半　　　　3 小　　　　4 前

8. むすめは　コンサートから（　　）きげんで　帰って　きました。
   1 全　　　　2 約　　　　3 上　　　　4 各

9. 課長は　電話（　　）ですので　あとで　こちらから　れんらくいたします。
   1 中　　　　2 口　　　　3 会　　　　4 間

10. いったん　始めた　ことは　最後まで　やり（　　）ください。
    1 入れて　　2 出て　　　3 合わせて　4 通して

콕콕 연습문제 02

>>> (　　) に なにを いれますか。1・2・3・4から いちばん いい ものを ひとつえらんで ください。

1 きのう 運動(　　)が あって きょうは 学校は 休みです。
　1 下　　　　2 手　　　　3 会　　　　4 時

2 その 選手に 契約(　　)として 1億円が しはらわれました。
　1 金　　　　2 色　　　　3 社　　　　4 席

3 新潟地方で (　　)規模の 地震が 起きました。
　1 後　　　　2 山　　　　3 名　　　　4 大

4 東京には 日本(　　)から 学生が 集まって きます。
　1 先　　　　2 中　　　　3 語　　　　4 人

5 わたしは 卒業(　　)を 代表して みじかい スピーチを する 予定です。
　1 長　　　　2 足　　　　3 分　　　　4 生

6 夫が 出張(　　)から おみやげを 買って きた。
　1 生　　　　2 外　　　　3 先　　　　4 手

7 この 場所は 運転(　　)の 死角に なります。
　1 手　　　　2 書　　　　3 道　　　　4 国

8 北海道と 新潟では どちらが 米の 生産(　　)が 多いですか。
　1 制　　　　2 高　　　　3 法　　　　4 則

9 この (　　)模様から すると、雨に なりそうです。
　1 優　　　　2 空　　　　3 上　　　　4 高

10 この 大学は どの 国の りゅうがくせいでも 受け(　　)います。
　1 出して　　2 通して　　3 入れて　　4 上げて

콕콕 연습문제 03

>>> (　　) に なにを いれますか。1・2・3・4から いちばん いい ものを ひとつえらんで ください。

1. おまつりは (　　) 規模に おこなわれました。
   1 先　　　　2 元　　　　3 昔　　　　4 小

2. 映画館の 指定 (　　) の 座席表は こちらで ごかくにんください。
   1 街　　　　2 席　　　　3 車　　　　4 部

3. 過労 (　　) の 自動車の 運転は 危険です。
   1 食　　　　2 水　　　　3 時　　　　4 外

4. 戦時中、多くの 産業は 国家の 管理 (　　) に ありました。
   1 社　　　　2 長　　　　3 下　　　　4 会

5. やまださんの 研究は (　　) 方面に わたって います。
   1 多　　　　2 半　　　　3 本　　　　4 名

6. 世界 (　　) 人口の 多い 国を 知って いますか。
   1 間　　　　2 時　　　　3 一　　　　4 語

7. その 地域は われわれの 管轄 (　　) です。
   1 生　　　　2 分　　　　3 後　　　　4 外

8. きょうは わたしたちの 10回目の 結婚記念 (　　) です。
   1 円　　　　2 日　　　　3 人　　　　4 足

9. まんがの 本や (　　) 新聞は リサイクルの 方法も いろいろ あります。
   1 空　　　　2 今　　　　3 白　　　　4 古

10. 2時間ドラマは 後半 30分で ようやく もり (　　)。
    1 合った　　2 上がった　　3 入れた　　4 出た

Part 02

N5 대응 중요 한자

[숫자와 돈] [연월일, 시간과 요일]
[사람, 학교와 가족] [위치와 방향]
[날씨와 색, 형용] [동작] [기타]

[숫자와 돈] N5

一 二 三 四 五 六 七 八 九 十 百 千 万 金 円

※ * 표시 단어는 N5보다 상위 레벨 출제 예상 단어이다.

한 일

음 いち / いっ / いつ   훈 ひとつ

훈독은 「ひとつ(一つ)」로 주로 N5부터 출제된다. 「一日(ついたち) : 1일」, 「一人(ひとり) : 1명」는 통째로 외워 두자. 음독은 N4·5에서는 「いち / いっ」이 주로 출제되고 「いつ」는 주로 N2부터 출제된다. 접두어 「一(いち)~」(p.24)와 접미어 「~一(いち)」(p.28)로도 활용하므로 잘 익혀 두자.

N5 一日(いちにち) 하루 [4급]   一分(いっぷん) 1분 [4급]
一日(ついたち) 1일   一人(ひとり) 1명 [4급]

N4 一応(いちおう) 일단* [N2교체]   一週間(いっしゅうかん) 일주일 [3급]
均一(きんいつ) 균일*   統一(とういつ) 통일
東洋一(とうよういち) 동양 최고*

N3 一度(いちど) 한번 [N1교체, N3교체]   一生懸命(いっしょうけんめい) 열심히 함 [N2교체]
一般的(いっぱんてき) 일반적임 [N3읽기]   一方的(いっぽうてき) 일방적임 [N3읽기]

N2 一時的(いちじてき) 일시적임   一気に(いっきに) 단숨에 [N2문법]
一緒に(いっしょに) 함께   一旦(いったん) 일단 [N2용법]
ムード一色(むーどいっしょく) 무드 일색 [N2단어형성]

N1 一任(いちにん) 일임   一環(いっかん) 일환 [N1문규]
一斉に(いっせいに) 일제히   一掃(いっそう) 일소 [N1문규]
一律(いちりつ) 일률 [N1용법]   画一的(かくいつてき) 획일적임 [N1읽기]
人一倍(ひといちばい) 남보다 배나 [N1용법]

두 이

음 に   훈 ふたつ

훈독은 「ふたつ(二つ)」로 주로 N5부터 출제된다. 「二十日(はつか) : 20일」, 「二人(ふたり) : 2명」, 「二日(ふつか) : 2일」는 통째로 외워 두자. 음독은 「に」로 주로 N5부터 출제된다.

N5 二時間(にじかん) 2시간 [4급]   二時間半(にじかんはん) 2시간 반 [4급]
二十四時間(にじゅうよじかん) 24시간 [4급]
二十日(はつか) 20일 [4급]   二人(ふたり) 2명
二日(ふつか) 2일 [4급]

N4 二台(にだい) 2대 [4급]   二度(にど) 2번

| 석 삼 | 음 さん　훈 みっつ |

三

훈독은 「みっつ(三つ)」, 음독은 「さん」으로 모두 주로 N5부터 출제된다. N4 출제 예상 단어인 「三度(さんど) : 3번」도 참고로 알아 두자.

N5
- 三千(さんぜん) 3천
- 三人(さんにん) 3명
- 三本(さんぼん) 3자루
- 三万円(さんまんえん) 3만 엔
- 三日(みっか) 3일
- 三つめ(みっつめ) 3번째

N4
- 再三(さいさん) 재삼*
- 三度(さんど) 3번

| 넉 사 | 음 し　훈 よ / よん / よっつ |

四

훈독은 「よ(四) / よん(四) / よっつ(四つ)」, 음독은 「し」로 모두 주로 N5부터 출제된다. 4자성어로 「四苦八苦(しくはっく) : 온갖 고생」, 「四通八達(しつうはったつ) : 사통팔달」 등이 있다.

N5
- 四月(しがつ) 4월
- 四季(しき) 사계*
- 四時間(よじかん) 4시간
- 四つ(よっつ) 4개
- 四人(よにん) 4명
- 四キロ(よんきろ) 4킬로미터
- 四度(よんど) 4번
- 四日(よっか) 4일

| 다섯 오 | 음 ご　훈 いつつ |

五

훈독은 「いつつ(五つ)」, 음독은 「ご」로 모두 주로 N5부터 출제된다. 「五日(いつか) : 5일」는 통째로 외워 두자.

N5
- 五月(ごがつ) 5월
- 五つ(いつつ) 5개
- 五日(いつか) 5일

| 여섯 육 | 음 ろく(ろっ)　훈 むっつ / むい |

六

훈독은 「むっつ(六つ) / むい(六)」, 음독은 「ろく」로 모두 주로 N5부터 출제된다. N5에서는 「六日(むいか) : 6일」, 「六つ(むっつ) : 6개」를 알아두면 된다. 「六百円(ろっぴゃくえん) : 600엔」과 같이 「ろく」가 「ろっ」으로 음이 바뀌는 경우도 있으니 잘 외워 두자.

N5
- 六時(ろくじ) 6시
- 六千円(ろくせんえん) 6천 엔
- 六年間(ろくねんかん) 6년간
- 六百円(ろっぴゃくえん) 6백 엔
- 六つ(むっつ) 6개
- 六日(むいか) 6일

일곱 칠

음 しち　**훈** ななつ / なの

훈독은 「ななつ(七つ) / なの(七)」, 음독은 「しち」로 모두 주로 N5부터 출제된다. N5에서는 「七日(なのか) : 7일」, 「七つ(ななつ) : 7개」가 주로 출제된다. 대표적인 예로 「七時(しちじ) : 7시」, 「七月(しちがつ) : 7월」가 있다. 「七夕(たなばた) : 칠석」은 통째로 외워 두자. 4자성어 「七転八起(しちてんはっき) : 칠전팔기」도 익혀 두자.

N5　七月(しちがつ) 7월 [4급]　　七時(しちじ) 7시 [4급]
　　　 七つ(ななつ) 7개　　　　　七日(なのか) 7일 [4급]
　　　 七夕(たなばた) 칠석*

여덟 팔

음 はち(はっ)　**훈** やっつ / よう

훈독은 「やっつ(八つ) / よう(八)」, 음독은 「はち」로 모두 주로 N5부터 출제된다. N5에서는 「八日(ようか) : 8일」, 「八つ(やっつ) : 8개」가 주로 출제된다. 「八百円(はっぴゃくえん) : 800엔」과 같이 「はち」가 「はっ」으로 음이 바뀌는 경우도 있으니 잘 외워 두자.

N5　八万円(はちまんえん) 8만 엔 [4급]　　八百人(はっぴゃくにん) 800명 [4급]
　　　 八つ(やっつ) 8개 [4급]　　　　　　　八日(ようか) 8일 [4급]

아홉 구

음 きゅう / く　**훈** ここのつ

훈독은 「ここのつ(九つ)」, 음독은 「きゅう / く」로 모두 주로 N5부터 출제된다. N5에서는 「九日(ここのか) : 9일」, 「九つ(ここのつ) : 9개」가 주로 출제된다. 대표적인 예로 「九本(きゅうほん) : 9자루」, 「九人(きゅうにん) : 9명」, 「九月(くがつ) : 9월」, 「九時(くじ) : 9시」 등이 있다. 4자성어 「九死一生(きゅうしいっしょう) : 구사일생」도 알아 두자.

N5　九十人(きゅうじゅうにん) 90명 [4급]
　　　 九人(きゅうにん) 9명　　　　　　九本(きゅうほん) 9자루, 9송이 [4급]
　　　 九月(くがつ) 9월 [4급]　　　　　九時(くじ) 9시 [4급]
　　　 九日(ここのか) 9일　　　　　　　九つ(ここのつ) 9개 [4급]

열 십

음 じっ / じゅう　**훈** とお

훈독은 「とお(十)」, 음독은 「じっ / じゅう」로 모두 주로 N5부터 출제된다. N5에서는 주로 「十日(とおか) : 10일」, 「二十日(はつか) : 20일」가 출제된다. 「じっ」은 「十回(じっかい) : 10회」 등에 쓰인다. 4자성어 「十人十色(じゅうにんといろ) : 각인각색」도 알아 두자.

N5　九十人(きゅうじゅうにん) 90명 [4급]
　　　 十月(じゅうがつ) 10월　　　　　十人(じゅうにん) 10명
　　　 十年(じゅうねん) 10년　　　　　二十四時間(にじゅうよじかん) 24시간 [4급]
　　　 十日(とおか) 10일 [4급]　　　　二十日(はつか) 20일 [4급]
N4　十回(じゅっかい・じっかい) 10회　十分(じゅうぶん) 충분히 [3급, N2교체]

| 일백 백 | 음 ひゃく(ぴゃく / ひゃっ) |

훈독은 거의 출제되지 않으며, 음독은 「ひゃく」로 주로 N5부터 출제된다. 특히 「六百円(ろっぴゃくえん) : 600엔」과 같이 「ひゃく」가 「ぴゃく」, 「百本(ひゃっぽん) : 100송이」과 같이 「ひゃっ」으로 음이 달라지는 단어들은 통째로 외워 두자.

N5 二百回(にひゃっかい) 200회 [4급]   百円(ひゃくえん) 100엔 [4급]
百本(ひゃっぽん) 100송이 [4급]   八百人(はっぴゃくにん) 800명 [4급]
六百円(ろっぴゃくえん) 600엔 [4급]

N4 百回(ひゃっかい) 100회   百個(ひゃっこ) 100개*

| 일천 천 | 음 せん(ぜん) | 훈 ち |

훈독은 거의 출제되지 않으며, 음독은 「せん」으로 주로 N5부터 출제된다. 「三千(さんぜん) : 3천」과 같이 「せん」이 「ぜん」으로 음이 달라지는 단어들은 통째로 외워 두자. 4자성어 「千差万別(せんさばんべつ) : 천차만별」도 알아 두자.

N5 三千(さんぜん) 3천 [4급]   千円(せんえん) 천엔 [4급]
千人(せんにん) 천명   六千円(ろくせんえん) 6천 엔 [4급]

| 일만 만 | 음 まん / ばん |

万

훈독은 거의 출제되지 않으며, 음독은 N5에서 주로 「まん」으로 출제된다. 그 밖에 「ばん」으로 읽는 경우가 있는데, 이는 주로 N1에서 「万能(ばんのう) : 만능」의 형태로 출제된다.

N5 三万円(さんまんえん) 3만엔 [4급]   八万円(はちまんえん) 8만 엔 [4급]
万一(まんいち) 만일*

| 쇠 금 | 음 きん(ぎん) | 훈 かね / かな |

훈독은 「かね(金)」, 음독은 「きん」으로 모두 주로 N5부터 출제된다. 훈독 「かな」는 「金づち(かなづち) : 쇠망치」 등에 쓰이고, 음독 「きん」은 「賃金(ちんぎん) : 보수」와 같이 「ぎん」으로 읽는 경우도 있다. 접두어 「金(きん)~」(p.22)과 접미어 「~金(きん)」(p.25)으로도 활용하므로 잘 익혀 두자.

N5 課徴金(かちょうきん) 과징금*   金製品(きんせいひん) 금제품*
金よう日(きんようび) 금요일 [4급]   お金(おかね) 돈 [4급]

N3 借金(しゃっきん) 빚, 빌린 돈   税金(ぜいきん) 세금 [N3읽기]
代金(だいきん) 대금 [N3문규]   貯金(ちょきん) 저금 [N3문규]
料金(りょうきん) 요금 [N3문규]

| 둥글 원 | 음 えん | 훈 まるい |

훈독은 거의 출제되지 않으며, 음독은 「えん」으로 주로 N5부터 출제된다. 일본 화폐 단위 (¥ : 엔)를 나타내므로 외우기 쉽다. 접미어 「~円(えん)」(p.27)으로도 활용하므로 잘 익혀 두자.

N5 三万円(さんまんえん) 3만 엔 4급   千円(せんえん) 천 엔 4급, N5 표기
    八万円(はちまんえん) 8만 엔 4급   百円(ひゃくえん) 100엔 4급
    六千円(ろくせんえん) 6천 엔 4급   六百円(ろっぴゃくえん) 600엔 4급

N2 円満(えんまん) 원만함

N1 円滑(えんかつ) 원활함* N1문규, N1용법

읽기 표기 콕콕 연습문제 02

정답 P.212

》》 下線(かせん)の 漢字(かんじ)はひらがなに、ひらがなは 漢字に なおしなさい。

1. しがつ 二十日に せんせいに あいます。　　　　（　　　　）
2. 一日は にじゅうよじかんです。　　　　（　　　　）
3. こんげつの 七日は きんようびです。　　　　（　　　　）
4. えんぴつを 九本 かいました。　　　　（　　　　）
5. 三つめの かどを みぎに まがって ください。　　　　（　　　　）
6. 八百人の がいこくじんが べんきょうして います。　　　　（　　　　）
7. きょうしつに せいとが 二人 います。　　　　（　　　　）
8. この ふくは 三千六百円です。　　　　（　　　　）
9. ひゃくえんの りんごを 八つ かいました。　　　　（　　　　）
10. ここに あるのは ぜんぶ 百円です。　　　　（　　　　）
11. いちじかんはんぐらい テレビを みます。　　　　（　　　　）
12. しちがつ うみへ いきます。　　　　（　　　　）
13. わたしの たんじょうびは いちがつ ついたちです。　　　　（　　　　）
14. きょうは しちがつ よっかです。　　　　（　　　　）
15. きゅうにんで やきゅうの チームを つくった。　　　　（　　　　）
16. にじかんぐらい あるいて きました。　　　　（　　　　）
17. おとうとは ことし ここのつに なります。　　　　（　　　　）
18. せんしゅうの きんようびに ほんを かえした。　　　　（　　　　）
19. おとうとは ことし よっつに なります。　　　　（　　　　）
20. いっしゅうかん かかりました。　　　　（　　　　）

읽기표기 콕콕 연습문제 03

정답 P.213

≫ 下線の 漢字はひらがなに、ひらがなは 漢字に なおしなさい。

1. 円満に かいけつ する。 (　　　　　)
2. あしたは はちがつ 八日です。 (　　　　　)
3. そちらの カメラは 三万円です。 (　　　　　)
4. 七時に きょうしつへ きて ください。 (　　　　　)
5. あしたは 九月 ついたちです。 (　　　　　)
6. 一人で がっこうへ いきます。 (　　　　　)
7. こんげつの 二日に カメラを かいました。 (　　　　　)
8. 十日の あさ、がっこうへ きて ください。 (　　　　　)
9. きのう はなを 百本 かいました。 (　　　　　)
10. すこしずつ 貯金を する。 (　　　　　)
11. もじの おおきさは とういつして ください。 (　　　　　)
12. くろい ペンを さんぼん かいました。 (　　　　　)
13. いちおう ようい して おきましょう。 (　　　　　)
14. ここから えきまでは いっぷん かかります。 (　　　　　)
15. きょうは たなばたです。 (　　　　　)
16. タクシーの りょうきんを しはらう。 (　　　　　)
17. りんごを むっつ かいました。 (　　　　　)
18. きょうは しがつ よっかです。 (　　　　　)
19. らいげつ みっかに ともだちが あそびに きます。 (　　　　　)
20. おかねは せんえんしか ありません。 (　　　　　)

콕콕 연습문제 04

정답 P.213

≫ (　　　)に　なにを　いれますか。1・2・3・4から　いちばん　いい　ものを　ひとつえらんで　ください。

1 こんなに　大(おお)きな　家(いえ)に(　　　)で　すむのは　さびしく　ないですか。
　1　一人(ひとり)　　2　一月(いちがつ)　　3　一時(いちじ)　　4　一日(いちにち)

2 よこはまから　サンフランシスコまで　ふねで(　　　)かかりました。
　1　二月(にがつ)　　2　二本(にほん)　　3　二十日(はつか)　　4　二人(ふたり)

3 にわに　さくらの　木が(　　　)うえて　あります。
　1　三台(さんだい)　　2　三枚(さんまい)　　3　三人(さんにん)　　4　三本(さんぼん)

4 あの　みせは　らいげつ(　　　)で　しまります。
　1　四人(よにん)　　2　四日(よっか)　　3　四回(よんかい)　　4　四月(しがつ)

5 むすめは　らいげつ(　　　)に　なります。
　1　八つ(やっつ)　　2　八月(はちがつ)　　3　八時(はちじ)　　4　八人(はちにん)

6 (　　　)に　ちちが　ほっかいどうへ　来(き)ます。
　1　十日(じゅうにち)　　2　十日(じっかい)　　3　十日(じゅうまい)　　4　十日(とおか)

7 きのうは(　　　)に　ねました。
　1　九本(きゅうほん)　　2　九時(くじ)　　3　九日(ここのか)　　4　九人(きゅうにん)

8 (　　　)は　ありますが、時間(じかん)が　ありません。
　1　お茶(ちゃ)　　2　お金(かね)　　3　お皿(さら)　　4　お礼(れい)

9 ヨーロッパに(　　　)いて、それから　アメリカに　行きました。
　1　八日(ようか)　　2　八つ(やっつ)　　3　八人(はちにん)　　4　八回(はっかい)

10 あした　かならず　かえしますから(　　　)まって　ください。
　1　一駅(ひとえき)　　2　一枚(いちまい)　　3　一階(いっかい)　　4　一日(いちにち)

[연월일, 시간과 요일] N5

年 週 時 間 分 半 今 毎 午 月 火 水 木 土 日

해 년 　음 ねん　훈 とし

훈독은 「とし(年)」, 음독은 「ねん」으로 모두 주로 N5부터 출제된다. 「今年(ことし) : 금년, 올해」는 통째로 외워 두자. 접미어 「~年(ねん)」(p.25)으로도 활용하므로 잘 익혀 두자.

年

N5	一年(いちねん) 1년	何年(なんねん) 몇년
	年三回(ねんさんかい) 연 3회	来年(らいねん) 내년 4급
	六年間(ろくねんかん) 6년간 4급	今年(ことし) 금년, 올해 4급
N4	観測年(かんそくねん) 관측년*	去年(きょねん) 작년 3급
	太陽年(たいようねん) 태양년*	
N3	年中(ねんじゅう) 연중, 늘 N3교체	翌年(よくとし・よくねん) 다음 해 N3교체
	年(とし) 해, 나이 N3교체	
N2	年代順(ねんだいじゅん) 연대순 N2단어형성	

돌 주 　음 しゅう

훈독은 없고, 음독은 「しゅう」로 주로 N5부터 출제된다. 활용도가 낮고 정해진 한자 숙어가 많다.

N5	一週間(いっしゅうかん) 1주일 4급	今週(こんしゅう) 이번 주 4급
	先週(せんしゅう) 저번 주, 지난주 4급	来週(らいしゅう) 다음 주 4급
N4	週間(しゅうかん) 주간	毎週(まいしゅう) 매주
N3	週間誌(しゅうかんし) 주간지 N3표기	

때 시   음 じ   훈 とき

훈독은「とき(時)」, 음독은「じ」로 모두 주로 N5부터 출제된다.「時計(とけい) : 시계」는 통째로 외워 두자. 접미어「~時(じ)」(p.27)로도 활용하므로 잘 익혀 두자.

時

N5
- 九時(くじ) 9시 `4급`
- 七時(しちじ) 7시 `4급`
- 当時(とうじ) 당시*
- 二時間半(にじかんはん) 2시간 반 `4급`
- 六時(ろくじ) 6시 `4급`
- 時間(じかん) 시간 `4급`
- 十三時(じゅうさんじ) 13시
- 二時間(にじかん) 2시간 `4급`
- ~時(とき) ~때

N4
- 時代(じだい) 시대 `3급`
- 時計(とけい) 시계 `3급`
- 同時(どうじ) 동시*

N3
- 時差(じさ) 시차

N2
- 一時的(いちじてき) 일시적임

N1
- 瞬時(しゅんじ) 순간
- 随時(ずいじ) 수시 `N1읽기`

사이 간   음 かん / けん(げん)   훈 あいだ / ま

훈독은「あいだ(間) / ま(間)」로 주로 N4부터 출제된다. 음독은「かん / けん」으로 N5에서는 주로「かん」으로 읽는 문제가 출제된다.「けん」은 주로 N3부터 출제되지만「人間(にんげん) : 인간」과 같이「げん」으로 읽는 경우도 있다. 접미어「~間(かん)」(p.25)으로도 활용하므로 잘 익혀 두자.

間

N5
- 時間(じかん) 시간 `4급`
- 夫婦間(ふうふかん) 부부간*
- 二時間半(にじかんはん) 2시간 반 `4급`
- 六年間(ろくねんかん) 6년간 `4급`

N4
- 一週間(いっしゅうかん) 1주일 `3급`
- 間に合う(まにあう) 시간에 대다
- ~間(あいだ) ~동안 `3급`
- 人間(にんげん) 인간, 사람

N3
- 間隔(かんかく) 간격 `N3문규`
- 夜間(やかん) 야간, 밤 동안

N2
- 世間(せけん) 세간, 세상 `N2용법`
- 間際(まぎわ) 직전 `N2교체`
- 昼間(ひるま) 주간, 낮 `N2교체`

나눌 분

음 ふん (ぷん) / ぶん / ぶ　　**훈** わける

훈독은 「わける(分ける)」로 주로 N3부터 출제된다. 음독은 「ふん / ぶん / ぶ」로 「ふん」과 「ぶん」이 N5부터, 「ぶ」가 N2부터 출제된다. 「一分(いっぷん)」과 같이 「ぷん」으로 읽히는 단어도 있다. 접미어 「〜分(ふん)」(p.26)으로도 활용하므로 잘 익혀 두자.

分

- **N5**　一分(いっぷん) 1분 [4급]　　　　　二分(にふん) 2분
　　　　半分(はんぶん) 절반 [4급]
- **N4**　親分(おやぶん) 두목*　　　　　　気分(きぶん) 기분 [3급]
　　　　五人分(ごにんぶん) 5인분*　　　　自分(じぶん) 자신 [3급]
　　　　十分(じゅうぶん) 충분히 [3급, N2교체]
- **N3**　分解(ぶんかい) 분해 [N2용법]　　分類(ぶんるい) 분류 [N3읽기, N3용법]
- **N2**　自分で(じぶんで) 스스로 [N2교체]　主成分(しゅせいぶん) 주성분
　　　　多分(たぶん) 아마 [N2교체]　　　分析(ぶんせき) 분석 [N2문규]
　　　　分配(ぶんぱい) 분배　　　　　　分別(ふんべつ・ぶんべつ) 분별
　　　　分野(ぶんや) 분야 [N2용법]　　　分厚い(ぶあつい) 두껍다
- **N1**　手分け(てわけ) 분담 [N1교체]　　分担(ぶんたん) 분담 [N1교체]

반 반

음 はん　　**훈** なかば

훈독은 「なかば(半ば)」로 주로 N2부터 출제되고, 음독은 「はん」으로 주로 N5부터 출제된다. 4자성어 「半信半疑(はんしんはんぎ) : 반신반의」도 알아 두자. 접두어 「半(はん)〜」(p.23)으로도 활용하므로 잘 익혀 두자.

半

- **N5**　二時間半(にじかんはん) 2시간 반 [4급]
　　　　半導体(はんどうたい) 반도체*　　半年(はんねん・はんとし) 반년
　　　　半分(はんぶん) 절반 [4급]
- **N4**　半日(はんにち) 한나절 [N3문규]　半面(はんめん) 반면*
- **N3**　半々(はんはん) 반반
- **N2**　半透明(はんとうめい) 반투명 [N2단어형성]

이제 금

음 こん　　**훈** いま

훈독은 「いま」, 음독은 「こん」으로 모두 주로 N5부터 출제된다. 「今年(ことし) : 금년, 올해」, 「今日(きょう) : 오늘」, 「今朝(けさ) : 오늘 아침」는 통째로 외워 두자. 접두어 「今(こん)〜」(p.22)으로도 활용하므로 잘 익혀 두자.

- **N5**　今月(こんげつ) 이번 달 [4급]　　今週(こんしゅう) 이번 주 [4급]
　　　　今日(きょう) 오늘　　　　　　　今年(ことし) 금년, 올해 [4급]
　　　　今(いま) 지금 [N1교체]
- **N4**　今度(こんど) 이번 [3급]　　　　今晩(こんばん) 오늘 밤
　　　　今朝(けさ) 오늘 아침 [3급]
- **N1**　今更(いまさら) 새삼스럽게 [N1용법]

| 매양 매 | 음 まい |

훈독은 없으며, 음독은 「まい」로 주로 N5부터 출제된다. 접두어 「毎(まい)~」(p.22)로도 활용하므로 잘 익혀 두자.

毎

N5 毎朝(まいあさ) 매일 아침 [4급]　　毎日(まいにち) 매일 [4급]

N4 毎週(まいしゅう) 매주　　毎月(まいつき・まいげつ) 매달
毎年(まいとし・まいねん) 매년　　毎土曜日(まいどようび) 매 토요일*
毎秒(まいびょう) 매초*

| 낮 오 | 음 ご |

훈독은 없으며, 음독은 「ご」로 주로 N5부터 출제된다. 비슷한 형태의 「牛(우)」자와 혼동하지 않도록 주의한다.

午

N5 午後(ごご) 오후 [4급]　　午前(ごぜん) 오전
午前中(ごぜんちゅう) 오전 중 [4급]

| 달 월 | 음 がつ / げつ　훈 つき |

훈독은 「つき(月)」로 주로 N4부터 출제되고, 음독은 「げつ / がつ」로 주로 N5부터 출제된다. 「一月(いちがつ) : 1월」부터 「十二月(じゅうにがつ) : 12월」까지는 「~がつ」로 읽으며 「先月(せんげつ)・今月(こんげつ)・来月(らいげつ)」는 「~げつ」로 읽는다. 접미어 「~月(がつ / つき)」(p.192)로도 활용하므로 잘 익혀 두자.

月

N5 九月(くがつ) 9월 [4급]　　月水金(げっすいきん) 월수금
月よう日(げつようび) 월요일 [4급]　　今月(こんげつ) 이번 달 [4급]
四月(しがつ) 4월 [4급]　　来月(らいげつ) 다음 달 [4급]

N4 お正月(おしょうがつ) 정월, 설 [3급]　　先月(せんげつ) 저번 달, 지난달
月(つき) 달　　毎月(まいつき・まいげつ) 매달

| 불 화 | 음 か　훈 ひ |

훈독은 「ひ(火)」로 N4부터 출제되고, 음독은 「か」로 주로 N5부터 출제된다. N3부터 관련된 단어가 많이 등장한다.

火

N5 火よう日(かようび) 화요일 [4급]　　発火(はっか) 발화*
火(ひ) 불

N4 火気(かき) 화기*

N2 強火(つよび) 센 불 [N2읽기]

N5 대응 중요 한자　**047**

| 물 수 | 음 すい　훈 みず |

훈독은「みず(水)」, 음독은「すい」으로 모두 주로 N5부터 출제된다. 접미어「~水(すい)」(p.26)로도 활용하므로 잘 익혀 두자.

- **N5** 水よう日(すいようび) 수요일 4급　　水(みず) 물 4급
- **N4** 水道(すいどう) 수도 3급　　冷却水(れいきゃくすい) 냉각수*
- **N2** 高水準(こうすいじゅん) 고수준 N2단어형성

| 나무 목 | 음 もく / ぼく　훈 き |

훈독은「き(木)」로 주로 N5부터 출제된다. 음독은「もく / ぼく」로「もく」가 주로 N5부터,「ぼく」는 N2부터 출제된다. 대표적인 예로「大木(たいぼく) : 거목」등이 있다.「木綿(もめん) : 면」은 통째로 외워 두자.

- **N5** 木よう日(もくようび) 목요일 4급　　木(き) 나무 4급
- **N1** 樹木(じゅもく) 수목 N1읽기　　大木(たいぼく) 거목
  木綿(もめん) 면

| 흙 토 | 음 ど / と　훈 つち |

훈독은「つち(土)」로 주로 N2부터 출제된다. 음독은「ど / と」이고 N5에서는 주로「ど」를 묻는 문제가 출제된다.「と」는 N3에서 주로 출제되는「土地(とち) : 토지」를 제외하고는 해당 단어가 거의 없다. 즉「土地」이외에는 전부「ど」라고 읽는다고 알아 두면 된다.「土産(みやげ) : 선물」은 통째로 외워 두자.

- **N5** 土地(とち) 토지*　　土よう日(どようび) 토요일 4급
  土産(みやげ) (기념, 여행)선물

날 일   음 にち / じつ   훈 か / ひ(び)

훈독은 「か(日) / ひ(日)」로 주로 N5부터 출제된다. 음독은 「にち」가 주로 N5부터, 「じつ」는 주로 N3부터 출제된다. 「一日(ついたち) : 1일」, 「二日(ふつか) : 2일」, 「二十日(はつか) : 20일」, 「明日(あす) : 내일」, 「昨日(きのう) : 어제」, 「今日(きょう) : 오늘」 등은 통째로 외워 두자. 접미어 「～日(にち / か / び)」(p.28)로도 활용하므로 잘 익혀 두자.

N5 一日(いちにち) 하루 4급   毎日(まいにち) 매일 4급
　　　 火よう日(かようび) 화요일 4급   金よう日(きんようび) 금요일 4급
　　　 月よう日(げつようび) 월요일 4급   十日(とおか) 10일 4급
　　　 土よう日(どようび) 토요일 4급   七日(なのか) 7일 4급
　　　 日本語(にほんご) 일본어 4급   六日(むいか) 6일 4급
　　　 木よう日(もくようび) 목요일 4급

N4 半日(はんにち) 한나절* N3문규

N3 休日(きゅうじつ) 휴일   当日(とうじつ) 당일 N3문규
　　　 平日(へいじつ) 평일 N3읽기   日記(にっき) 일기
　　　 日光(にっこう) 일광   日中(にっちゅう) 낮 N2교체
　　　 日(ひ) 날 N3교체

N2 日本流(にほんりゅう) 일본식 N2단어형성   日本式(にほんしき) 일본식 N2단어형성

N1 日夜(にちや) 주야, 늘 N1읽기

읽기 표기 콕콕 연습문제 04

정답 P.213

≫ 下線の 漢字はひらがなに、ひらがなは 漢字に なおしなさい。
　　(かせん)　(かんじ)

1. <u>今年</u>の　なつは　あついです。　　　　　　　　　　（　　　　　）
2. <u>木</u>よう日は　いそがしいです。　　　　　　　　　　（　　　　　）
3. <u>来月</u>は　いそがしく　ありません。　　　　　　　　（　　　　　）
4. ほとんど　<u>同時</u>に　つく。　　　　　　　　　　　　（　　　　　）
5. <u>五日</u>から　テストが　あります。　　　　　　　　　（　　　　　）
6. <u>今日</u>は　どこへも　でかけません。　　　　　　　　（　　　　　）
7. しごとは　よる　<u>九時</u>に　おわりました。　　　　　（　　　　　）
8. <u>午前</u>　くじに　しゅっぱつします。　　　　　　　　（　　　　　）
9. すいかを　<u>半分</u>に　きりました。　　　　　　　　　（　　　　　）
10. つめたい　<u>水</u>が　のみたいです。　　　　　　　　　（　　　　　）
11. <u>まいにち</u>　しんぶんを　よみます。　　　　　　　　（　　　　　）
12. きょうは　<u>ろくじ</u>に　おきました。　　　　　　　　（　　　　　）
13. <u>とうじつ</u>に　よやくを　キャンセルする。　　　　　（　　　　　）
14. <u>こんしゅう</u>は　とても　いそがしいです。　　　　　（　　　　　）
15. <u>きゅうじつ</u>は　やまに　のぼります。　　　　　　　（　　　　　）
16. きょうの　<u>ごご</u>　ともだちが　きます。　　　　　　（　　　　　）
17. <u>にほんご</u>は　とても　やさしいです。　　　　　　　（　　　　　）
18. りんごを　<u>はんぶん</u>に　きりました。　　　　　　　（　　　　　）
19. ねる　まえに　<u>にっき</u>を　つける。　　　　　　　　（　　　　　）
20. <u>つき</u>が　きれいですね。　　　　　　　　　　　　　（　　　　　）

콕콕 연습문제 05

정답 P.201

》》 下線の 漢字はひらがなに、ひらがなは 漢字に なおしなさい。
   (かせん) (かんじ)   (かんじ)

1. クリックしても 反応が ありません。   (   )
2. 土地を やすく かう ことが できました。   (   )
3. 今 ごぜん はちじです。   (   )
4. よっかから 八日まで いそがしいです。   (   )
5. 今月は とても いそがしいです。   (   )
6. おとうとの たんじょうびは 九月 はつかです。   (   )
7. こんどの 月よう日は やすみです。   (   )
8. 午後 ろくじに かえります。   (   )
9. 六年間 ピアノを ならいました。   (   )
10. お正月は かぞくと すごします。   (   )
11. なのかから とおかまで やすみです。   (   )
12. きょうは きぶんが いいです。   (   )
13. らいねん にほんへ いきます。   (   )
14. すいどうが こおって しまった。   (   )
15. はんにち バスツアーに さんか する。   (   )
16. しょくじの じかんは たのしいです。   (   )
17. きょうは しちがつ むいかです。   (   )
18. げつようびは ひまです。   (   )
19. ことしは ゆきが たくさん ふりました。   (   )
20. きょねん だいがくを そつぎょう しました。   (   )

문맥규정 콕콕 연습문제 05

정답 P.213

≫ (　　) に なにを いれますか。1・2・3・4から いちばん いい ものを ひとつ えらんで ください。

1 (　　) から かぜを ひいて、まだ なおりません。
　1 らいしゅう　来週　　2 せんしゅう　先週　　3 まいしゅう　毎週　　4 らいねん　来年

2 (　　) は とても いそがしいから その しごとは 来月(らいげつ)に しよう。
　1 せんげつ　先月　　2 ことし　今年　　3 せんしゅう　先週　　4 こんげつ　今月

3 (　　) へやを そうじ します。
　1 まいあさ　毎朝　　2 じかん　時間　　3 しゅうかん　週間　　4 せんげつ　先月

4 きょう、(　　) 10時(じ)の ひこうきで アメリカへ 行(い)きます。
　1 はんぶん　半分　　2 きょねん　去年　　3 ごご　午後　　4 こんしゅう　今週

5 としょかんは たいてい (　　) は 休(やす)みです。
　1 ごにんぶん　五人分　　2 ねんかん　年間　　3 げつようび　月よう日　　4 にほんご　日本語

6 夏(なつ)は まいにち、花(はな)に (　　) を やります。
　1 みず　水　　2 ひ　火　　3 いま　今　　4 き　木

7 ちょっと あつかったので まどを (　　) 開(あ)けました。
　1 なんねん　何年　　2 はんぶん　半分　　3 こんど　今度　　4 ごぜん　午前

8 今年(ことし)の なつは うみへ 行(い)ったから (　　) は やまへ 行(い)こう。
　1 らいにち　来日　　2 きょねん　去年　　3 こんど　今度　　4 ごぜん　午前

9 きょうは 月(げつ)よう日(び)だから あしたは (　　) だ。
　1 にちようび　日よう日　　2 すいようび　水よう日　　3 かようび　火よう日　　4 どようび　土よう日

10 いそがしくて 本(ほん)を よむ (　　) が ありません。
　1 じかん　時間　　2 きょねん　去年　　3 はんぶん　半分　　4 まいにち　毎日

[사람, 학교와 가족] N5

人 子 男 女 学 校 先 生 父 母

사람 인   음 じん / にん   훈 ひと

훈독은 「ひと(人)」, 음독은 「じん / にん」으로 모두 주로 N5부터 출제된다. 「一人(ひとり) : 1명」, 「二人(ふたり) : 2명」, 「玄人(くろうと) : 숙련자, 전문가」는 통째로 외워 두자. 접미어 「~人(じん / にん)」(p.28)으로도 활용하므로 잘 익혀 두자.

人

N5
- 外国人(がいこくじん) 외국인 4급
- 三人(さんにん) 3명
- 四人(よにん) 4명 4급
- 一人(ひとり) 1명 4급
- 九十人(きゅうじゅうにん) 90명 4급
- 何人(なんにん) 몇 명 4급
- 人(ひと) 사람 4급
- 二人(ふたり) 2명

N4
- 案内人(あんないにん) 안내인*
- 主人(しゅじん) 주인, 남편 3급
- 経済人(けいざいじん) 경제인*
- 人口(じんこう) 인구 3급

N3
- 個人(こじん) 개인 N3읽기
- 全人口(ぜんじんこう) 전인구 N3문규
- 人工(じんこう) 인공
- 他人(たにん) 타인 N3읽기

N2
- 求人(きゅうじん) 구인 N2읽기

N1
- 人脈(じんみゃく) 인맥 N1읽기
- 人込み(ひとごみ) 붐빔, 북적임 N1교체
- 人通り(ひとどおり) 사람의 왕래
- 玄人(くろうと) 숙련자, 전문가 N3읽기
- 人一倍(ひといちばい) 남보다 배로 N3읽기
- 人出(ひとで) 군중 N1문규
- 人波(ひとなみ) 인파

아들 자   음 し / す   훈 こ

훈독은 「こ(子)」로 주로 N5부터 출제된다. 「迷子(まいご) : 미아」, 「息子(むすこ) : 아들」는 통째로 외워 두자. 음독은 「し / す」이고 모두 주로 N3부터 출제된다. 대표적인 예로는 「男子(だんし) :남자」, 「様子(ようす) : 모양, 상태」 등이 있다. 대체로 「し」가 많이 쓰인다.

N5
- 男子(だんし) 남자*
- 男の子(おとこのこ) 남자아이 4급
- 子ども(こども) 아이 4급
- 様子(ようす) 모습*
- 女の子(おんなのこ) 여자아이 4급

N4
- 迷子(まいご) 미아
- 息子(むすこ) 아들 N3교체

N3
- 調子(ちょうし) 상태, 컨디션 N3문규
- 様子(ようす) 모양, 상태

N2
- 親子連れ(おやこづれ) 부모와 자녀 동반 N2단어형성

N1
- 拍子(ひょうし) 박자, 찰나 N1용법

| 사내 남 | 음 だん / なん   훈 おとこ |

훈독은 「おとこ(男)」로 주로 N5부터 출제된다. 음독은 「だん / なん」으로 주로 N3부터 출제된다. 대표적인 예로 「男性(だんせい) : 남성」, 「長男(ちょうなん) : 장남」 등이 있다.

N5 男女(だんじょ) 남녀*　　　男性(だんせい) 남성*
　　 長男(ちょうなん) 장남*　　　次男(じなん) 차남*
　　 男(おとこ) 남자 4급　　　男の子(おとこのこ) 남자아이 4급
　　 男っぽい(おとこっぽい) 남자답다, 남성적이다

男

| 계집 녀 | 음 じょ / にょう   훈 おんな |

훈독은 「おんな(女)」로 주로 N5부터 출제된다. 음독은 「じょ / にょう」으로 주로 N3부터 출제된다. 참고로 「にょう」로 읽는 단어에는 「女房(にょうぼう) : 아내」가 있으며, 「海女(あま) : 해녀」, 「乙女(おとめ) : 소녀, 처녀」는 통째로 외워 두자. 접두어 「女(じょ)~」(p.23)로도 활용하므로 잘 익혀 두자.

N5 女学生(じょがくせい) 여학생*　　　女子(じょし) 여자*
　　 女性(じょせい) 여성*　　　女店員(じょてんいん) 여점원*
　　 男女(だんじょ) 남녀*　　　女(おんな) 여자 4급
　　 女の子(おんなのこ) 여자아이 4급　　　乙女(おとめ) 소녀, 처녀*

| 배울 학 | 음 がく(がっ)   훈 まなぶ |

훈독은 「まなぶ(学ぶ)」로 주로 N2부터 출제된다. 음독은 「がく」로 주로 N5부터 출제된다. 「がく」 뒤에 「か・き・く・け・こ」가 오면 「がく」가 「がっ」이 된다. 접미어 「~学(がく)」(p.29)로도 활용하므로 잘 익혀 두자.

N5 学生(がくせい) 학생　　　学校(がっこう) 학교 4급
　　 大学(だいがく) 대학(교) 4급　　　入学(にゅうがく) 입학
N4 医学(いがく) 의학 3급　　　学者(がくしゃ) 학자*
　　 学習(がくしゅう) 학습*
N3 医学界(いがくかい) 의학계 N2단어형성　　　経営学(けいえいがく) 경영학 N3읽기
　　 通学(つうがく) 통학
N2 文学賞(ぶんがくしょう) 문학상 N2단어형성

054

| 학교 교 | 음 こう |

훈독은 없고, 음독은 「こう」로 주로 N5부터 출제된다. N5에서는 「学校(がっこう) : 학교」, N4에서는 「校長(こうちょう) : 교장」, 「小学校(しょうがっこう) : 초등학교」로 많이 출제된다. 접미어 「~校(こう)」(p.25)로도 활용하므로 잘 익혀 두자.

校

N5   学校(がっこう) 학교 `4급`

N4   休校(きゅうこう) 휴교* 　　下校(げこう) 하교*
　　　　高校(こうこう) 고등학교 　　校長(こうちょう) 교장 `3급`
　　　　小学校(しょうがっこう) 초등학교 　中学校(ちゅうがっこう) 중학교
　　　　登校(とうこう) 등교*

| 먼저 선 | 음 せん | 훈 さき |

훈독은 「さき」, 음독은 「せん」으로 모두 주로 N5부터 출제된다. 접미어 「~先(さき)」(p.26)로도 활용하므로 잘 익혀 두자.

先

N5   先月(せんげつ) 저번 달, 지난달* 　先週(せんしゅう) 저번 주, 지난주 `4급`
　　　　先生(せんせい) 선생님 `4급` 　　先輩(せんぱい) 선배(님)*
　　　　先に(さきに) 먼저 `4급`

N4   目先(めさき) 눈 앞, 목전* `N1문규`

N3   行き先(いきさき・ゆきさき) 행선지 `N3용법`

N1   先方(せんぽう) 상대방 `N1교체` 　真っ先(まっさき) 맨 앞 `N1용법`

| 날 생 | 음 せい / しょう | 훈 うまれる / なま / はえる 등 |

훈독은 「うまれる(生まれる) / なま(生) / はえる(生える)」 등 여러 가지가 있는데, N5에서 출제되는 것은 「うまれる」뿐이다. 음독은 「せい / しょう」이며 「せい」가 주로 N5부터, 「しょう」는 N2부터 출제된다. 「芝生(しばふ) : 잔디」는 통째로 외워 두자. 접두어 「生(なま)~」(p.23)와 접미어 「~生(せい)」(p.26)로도 활용하므로 잘 익혀 두자.

生

N5   学生(がくせい) 학생 　　　先生(せんせい) 선생님 `4급`
　　　　同期生(どうきせい) 동기생* 　生まれる(うまれる) 태어나다 `4급`
　　　　生意気(なまいき) 건방짐* 　　芝生(しばふ) 잔디

N3   発生(はっせい) 발생 `N3용법` 　　生える(はえる) 나다 `N3읽기`

N2   生き生き(いきいき) 생생한 모양 `N2용법`
　　　　一生懸命(いっしょうけんめい) 열심히 함 `N2교체`
　　　　生じる(しょうじる) 생기다 `N2용법`

아비 부 　음 ふ　훈 ちち

훈독은 「ちち(父)」로 주로 N5부터 출제되고, 음독은 「ふ」로 주로 N3부터 출제된다. 대표적인 예로 「父母(ふぼ) : 부모」 등이 있다. 「叔父 / 伯父(おじ) : 숙부」, 「お父さん(おとうさん) : 아버지」은 통째로 외워 두자.

N5　父母(ふぼ) 부모*　　　　　　　　父(ちち) 아버지 4급
　　　お父さん(おとうさん) 아버지 4급

어미 모 　음 ぼ　훈 はは

훈독은 「はは(母)」로 주로 N5부터 출제되고, 음독은 「ぼ」로 주로 N4부터 출제된다. 「叔母 / 伯母(おば) : 숙모」, 「お母さん(おかあさん) : 어머니」은 통째로 외워 두자.

N5　母(はは) 어머니 4급　　　　　　　お母さん(おかあさん) 어머니 4급
N4　祖母(そぼ) 조모, 할머니 3급　　　父母(ふぼ) 부모*
　　　母校(ぼこう) 모교*　　　　　　　母国(ぼこく) 모국*
　　　母親(ははおや) 어머니 3급

읽기 표기 콕콕 연습문제 06

정답 P.213

≫ 下線の 漢字はひらがなに、ひらがなは 漢字に なおしなさい。

1. きのう こどもが 生まれました。 (   )
2. 男の子が さんにん います。 (   )
3. わたしの かぞくは 四人です。 (   )
4. 学校の まえに ぎんこうが あります。 (   )
5. せんせいは 先に かえりました。 (   )
6. たなかさんの お父さんは かいしゃいんです。 (   )
7. 人口が ふえました。 (   )
8. こどもは 何人ですか。 (   )
9. 母は かいものに いきました。 (   )
10. 外国人が あした うちに きます。 (   )
11. だいがくの せいかつは たのしいです。 (   )
12. おんなの ひとに ききました。 (   )
13. あの ひとは がっこうの せんせいです。 (   )
14. いもうとは ことし こうこうに はいりました。 (   )
15. こどもは しゅくだいを して います。 (   )
16. やまださんの おかあさんが きました。 (   )
17. せんしゅうの きんようびは やすみでした。 (   )
18. ちょうなんも かわいいが、 じなんは もっと かわいい。 (   )
19. ちちは しんぶんを よんで います。 (   )
20. ははは テレビを みて います。 (   )

문맥규정 콕콕 연습문제 06

정답 P.214

》( )に なにを いれますか。1・2・3・4から いちばん いい ものを ひとつ えらんで ください。

1. ようちえんや 小学校では ( )の 先生が 多い。
   1 時   2 年   3 今   4 女

2. わたしの ( )には 学生が 3000人 います。
   1 大学   2 気分   3 先週   4 週間

3. ( )の トイレは こっちです。
   1 月   2 今   3 男   4 水

4. 入場料は おとなは 1200円、( )は 600円です。
   1 今週   2 子供   3 午後   4 先月

5. ( )は 日本の 政治家に なる ことは できません。
   1 土よう日   2 日本語   3 小学校   4 外国人

6. 電車で ( )に かよって います。
   1 学校   2 半分   3 午前   4 今月

7. かのじょは はたちで 男の子の ( )に なった。
   1 水   2 年   3 母   4 今

8. この 子は ( ) とき 3000グラムでした。
   1 休んだ   2 生まれた   3 食べた   4 飲んだ

9. ( )は 日本人で、母は 韓国人です。
   1 木   2 水   3 父   4 日

10. わたしたちの 学校には ( )が 35人 います。
    1 先生   2 午前   3 今年   4 半分

[위치와 방향] N5

上 中 下 外 前 後 左 右 東 西 南 北

위 상   음 じょう   훈 あげる / うえ / うわ

훈독은 「あげる(上げる) / うえ(上) / うわ(上)」로 모두 주로 N5부터 출제된다. 음독은 「じょう」로 주로 N4부터 출제된다. 접두어 「上(じょう / かみ)~」(p.23)와 접미어 「~上(じょう)」(p.26), 복합동사 「~上がる(あがる) / ~上げる(あげる)」(p.31)로도 활용하므로 잘 익혀 두자.

上

N5 上げる(あげる) 올리다 [4급]   上(うえ) 위 [4급]
       上着(うわぎ) 윗도리, 상의 [4급]

N4 以上(いじょう) 이상 [3급]   屋上(おくじょう) 옥상 [4급]
       上水道(じょうすいどう) 상수도*   上半身(じょうはんしん) 상반신*
       上半期(かみはんき) 상반기*

N3 上下(じょうげ) 상하   上手(じょうず) 잘함 [N3교체]
       上達(じょうたつ) 숙달됨   上品(じょうひん) 고상함, 품위가 있음

N2 上昇(じょうしょう) 상승* [N2문규]   頂上(ちょうじょう) 정상 [N2용법]
       目上(めうえ) 윗사람 [N2용법]   総売上(そううりあげ) 총매상 [N2단어형성]
       仕上げる(しあげる) 완성시키다 [N2교체]

N1 歴史上(れきしじょう) 역사상 [N1문규]   お手上げ(おてあげ) 어쩔 도리가 없음 [N1교체]
       仕上がる(しあがる) 완성되다 [N1교체]   吸い上げる(すいあげる) 빨아 올리다

가운데 중   음 ちゅう / じゅう   훈 なか

훈독은 「なか(中)」로 주로 N5부터 출제된다. 음독은 「ちゅう / じゅう」로 주로 N3부터 출제된다. 대표적인 예로 「中央(ちゅうおう) : 중앙」가 있다. 접두어 「中(ちゅう)~」(p.24)와 접미어 「~中(ちゅう : 지금 그 상태에 있음)」, 「~中(じゅう) : ~동안, ~이 온통」(p.29)로도 활용하므로 잘 익혀 두자.

中

N5 中(なか) 안, 속 [4급]

N4 中古(ちゅうこ) 중고 [N3용법]   中止(ちゅうし) 중지 [N1교체]

N3 集中(しゅうちゅう) 집중 [N3읽기]   中央(ちゅうおう) 중앙
       中間(ちゅうかん) 중간   日中(にっちゅう) 낮 [N2교체]
       年中(ねんじゅう) 연중, 늘 [N3교체]   中身(なかみ) 알맹이, 내용

N2 集中力(しゅうちゅうりょく) 집중력 [N2단어형성]
       中継(ちゅうけい) 중계 [N2문규]   中断(ちゅうだん) 중단 [N2용법]
       夢中(むちゅう) 열중함, 몰두함   真夜中(まよなか) 한밤중 [N2단어형성]
       世の中(よのなか) 세상 [N2읽기]

N1 中枢(ちゅうすう) 중추 [N1읽기]

아래 하
음 か / げ　**훈** した / おりる / さげる 등

훈독은 「した(下) / おりる(下りる) / さげる(下げる)」 등 다양하게 읽지만 N5에서는 주로 「した」로 출제된다. 음독은 「か / げ」으로 「か」가 N4부터, 「げ」는 N3부터 출제된다. 대표적인 예로 「下線(かせん) : 밑줄」, 「下宿(げしゅく) : 하숙」 등이 있다. 접두어 「下(か / しも)~」(p.24)와 접미어 「~下(か)」(p.29)로도 활용하므로 잘 익혀 두자.

下

- **N5**　下(した) 아래, 밑　4급, N2교체
- **N4**　下半身(かはんしん) 하반신*　　下水道(げすいどう) 하수도*
  　　下半期(しもはんき) 하반기*
- **N3**　下線(かせん) 밑줄 N3읽기　　上下(じょうげ) 상하
  　　地下鉄(ちかてつ) 지하철 3급
- **N2**　管理下(かんりか) 관리하 N2단어형성　　目下(めした) 아랫사람

바깥 외
음 がい / げ　**훈** そと / はずす

훈독은 「そと(外) / はずす(外す)」 등으로 읽는데 N5에서 출제되는 것은 「そと」뿐이다. 음독은 「がい」가 주로 N4부터, 「げ」는 주로 N3부터 출제된다. 대표적인 예로 「外科(げか) : 외과」 등이 있다. 접미어 「~外(がい)」(p.27)로도 활용하므로 잘 익혀 두자.

- **N5**　外国(がいこく) 외국 4급　　外国人(がいこくじん) 외국인 4급
  　　勤務外(きんむがい) 근무외*　　外(そと) 밖 4급
- **N4**　以外(いがい) 이외 3급　　外見(がいけん) 외관, 겉보기 N2용법
- **N3**　外食(がいしょく) 외식 N3문규　　外科(げか) 외과 N3읽기
- **N2**　意外(いがい) 의외임 N1교체, N2교체　　諸外国(しょがいこく) 여러 외국 N2단어형성

앞 전
음 ぜん　**훈** まえ

훈독은 「まえ(前)」, 음독은 「ぜん」으로 모두 주로 N5부터 출제된다. 접두어 「前(ぜん)~」(p.24)과 접미어 「~前(ぜん)」(p.28)으로도 활용하므로 잘 익혀 두자.

前

- **N5**　午前(ごぜん) 오전　　午前中(ごぜんちゅう) 오전중 4급
  　　使用前(しようぜん) 사용 전*　　前(まえ) 앞, 전 4급, N3교체
- **N3**　以前(いぜん) 이전 N1교체, N2교체　　前後(ぜんご) 전후 N3문규
- **N2**　前社長(ぜんしゃちょう) 전 사장 N2단어형성
  　　直前(ちょくぜん) 직전 N2교체　　事前に(じぜんに) 사전에 N1교체
- **N1**　腕前(うでまえ) 솜씨 N1문규

060

뒤 후

음 ご / こう **훈** あと / うしろ / のち

훈독은 「あと(後) / うしろ(後ろ) / のち(後)」로 「あと / うしろ」가 주로 N5부터, 「のち」는 주로 N2부터 출제된다. 음독은 「ご / こう」로 「ご」가 주로 N5부터, 「こう」는 주로 N3부터 출제된다. 접두어 「後(こう)~」(p.24)와 접미어 「~後(ご)」(p.30)로도 활용하므로 잘 익혀 두자.

後

- **N5** 午後(ごご) 오후 `4급`
  後ろ(うしろ) 뒤, 뒤쪽 `4급`
  後で(あとで) 나중에 `4급`
- **N3** 前後(ぜんご) 전후 `N3문규`
  後方(こうほう) 후방
  後者(こうしゃ) 후자
  後(あと) 뒤, 나중 `N3교체`
- **N1** 後援(こうえん) 후원

왼 좌

음 さ **훈** ひだり

훈독은 「ひだり(左)」로 주로 N5부터 출제되고, 음독은 「さ」로 주로 N3부터 출제된다. 대표적인 예로 「左右(さゆう) : 좌우」가 있다. 그 밖에 상위 레벨의 단어로 「左折(させつ) : 좌회전」, 「左遷(させん) : 좌천」 등이 있다.

左

- **N5** 左右(さゆう) 좌우*
  左側(ひだりがわ) 왼쪽 `4급`
  左(ひだり) 왼쪽 `4급`

오른쪽 우

음 ゆう / う **훈** みぎ

훈독은 「みぎ(右)」로 주로 N5부터 출제된다. 음독은 「ゆう / う」로 「ゆう」가 주로 N3부터, 「う」는 거의 출제되지 않는다. 대표적인 예로 「左右(さゆう) : 좌우」가 있다. 참고로 「う」로 읽는 단어로는 「右翼(うよく) : 우익」, 「極右(きょくう) : 극우」 등이 있다.

右

- **N5** 左右(さゆう) 좌우*
  右(みぎ) 오른쪽 `4급`

동녘 동

음 とう **훈** ひがし

훈독은 「ひがし(東)」로 주로 N5부터 출제되고, 음독은 「とう」로 주로 N3부터 출제된다. 대표적인 예로 「東西(とうざい) : 동서」, 「東洋(とうよう) : 동양」 등이 있다.

東

- **N5** 東海岸(とうかいがん) 동해안*
  東洋(とうよう) 동양*
  東西(とうざい) 동서*
  東(ひがし) 동쪽 `4급`
- **N2** 東京駅発(とうきょうえきはつ) 동경역발 `N2단어형성`

| 서녘 서 | 음 さい / せい　훈 にし |

훈독은 「にし(西)」로 주로 N5부터 출제되고, 음독은 「さい / せい」로 모두 주로 N3부터 출제된다. 대표적인 예로 「西洋(せいよう) : 서양」, 「関西(かんさい) : 간사이(지명)」 등이 있다.

N5　関西(かんさい) 간사이(지명)*　　　西海岸(せいかいがん) 서해안*
　　　西洋(せいよう) 서양*　　　　　　西(にし) 서쪽 4급
　　　西口(にしぐち) 서쪽 출입구 4급

| 남녘 남 | 음 なん　훈 みなみ |

훈독은 「みなみ(南)」로 주로 N5부터 출제되고, 음독은 「なん」으로 주로 N3부터 출제된다. 대표적인 예로 「南北(なんぼく) : 남북」, 「南米(なんべい) : 남미」 등이 있다.

N5　南(みなみ) 남쪽 4급
N3　南北(なんぼく) 남북*　　　　　南米(なんべい) 남미*

| 북녘 북 | 음 ほく(ぼく)　훈 きた |

훈독은 「きた(北)」로 주로 N5부터 출제되고, 음독은 「ほく」로 주로 N3부터 출제된다. 특히 「南北(なんぼく) : 남북」, 「敗北(はいぼく) : 패배」와 같이 「ほく」가 「ぼく」로 음이 바뀌는 단어는 주의해서 외워 두도록 한다.

N5　北(きた) 북쪽 4급
N3　南北(なんぼく) 남북*　　　　　敗北(はいぼく) 패배*

읽기 표기 콕콕 연습문제 07

정답 P.214

》 下線の 漢字はひらがなに、ひらがなは 漢字に なおしなさい。
(か せん) (かん じ)

1. 上着を ぬいで しごとを します。 (　　　　)
2. 上下に がめんが ゆれる。 (　　　　)
3. ごはんを たべた 後で、はを みがきます。 (　　　　)
4. 外は ゆきが ふって います。 (　　　　)
5. 西口の こうばんで あいましょう。 (　　　　)
6. ほんやは ぎんこうの 左がわに あります。 (　　　　)
7. ピアノを にかいに 上げました。 (　　　　)
8. かばんの 中に ハンカチが あります。 (　　　　)
9. 地下鉄に のって いきました。 (　　　　)
10. 後で れんらくします。 (　　　　)
11. いえの うしろに やまが あります。 (　　　　)
12. まちの きたに ながい かわが あります。 (　　　　)
13. かのじょは じょうひんに わらいます。 (　　　　)
14. しゅうちゅうして ほんを よみます。 (　　　　)
15. がっこうの みなみに かわが あります。 (　　　　)
16. いすの したに ねこが います。 (　　　　)
17. しょくじの まえに しゅくだいを します。 (　　　　)
18. まちの ひがしに やまが あります。 (　　　　)
19. みっつめの かどを みぎに まがって ください。 (　　　　)
20. つくえの うえに かびんが あります。 (　　　　)

문맥규정 콕콕 연습문제 07

정답 P.214

≫ (　　) に なにを いれますか。1・2・3・4から いちばん いい ものを ひとつ えらんで ください。

1 おきなわけんは 日本の いちばん (　　) に あります。
　1 女　　　　2 父　　　　3 南　　　　4 男

2 つぎの かどを (　　) に まがると すぐに ほんやさんが あります。
　1 左　　　　2 月　　　　3 母　　　　4 口

3 (　　) に うみが、左に やまが 見えました。
　1 今　　　　2 右　　　　3 年　　　　4 水

4 朝だ。(　　) の そらが あかるく なった。
　1 男　　　　2 父　　　　3 人　　　　4 東

5 フランスは ロシアの (　　) に あります。
　1 西　　　　2 人　　　　3 車　　　　4 川

6 (　　) に せの 高い 人が すわったので テレビが 見えない。
　1 時　　　　2 年　　　　3 前　　　　4 人

7 あの 木の (　　) で やすみましょう。
　1 水　　　　2 下　　　　3 人　　　　4 今

8 きょうしつの (　　) には だれも いませんでした。
　1 女　　　　2 人　　　　3 道　　　　4 中

9 多くの 日本人が (　　) へ りょこうに でかけて いきます。
　1 学生　　　2 外国　　　3 先月　　　4 先生

10 こたえが わかった 人は 手を (　　) ください。
　1 会って　　2 生まれて　3 帰って　　4 上げて

[날씨와 색, 형용] N5

天 気 雨 白 大 小 安 高 長 多 少 新 古

하늘 천   음 てん

天

훈독은 거의 출제되지 않고, 음독은 「てん」으로 주로 N5부터 출제된다. 대표적인 예로 「天候(てんこう) : 기후, 날씨」, 「天井(てんじょう) : 천장」 등이 있다.

- **N5** 天気(てんき) 날씨 `4급, N1교체`   天候(てんこう) 기후, 날씨
  天井(てんじょう) 천장
- **N1** 仰天(ぎょうてん) 몹시 놀람 `N1교체`

기운 기   음 き / け

気

훈독은 없다. 음독은 「き / け」로 「き」가 주로 N5부터, 「け」는 주로 N2부터 출제된다. 대표적인 예로 「気配(けはい) : 낌새, 분위기」, 「寒気(さむけ) : 한기, 오한」 등이 있다. 「意気地(いくじ) : 고집, 의지」는 통째로 외워 두자.

- **N5** 気(き) 마음   天気(てんき) 날씨 `4급, N1교체`
  電気(でんき) 전기 `4급`
- **N4** 気分(きぶん) 기분 `3급`   気持ち(きもち) 기분 `3급`
  空気(くうき) 공기 `3급`   元気(げんき) 건강함
  短気(たんき) 성급함 `N3교체`   病気(びょうき) 병
- **N3** 気温(きおん) 기온 `N3표기`   気に入る(きにいる) 마음에 들다 `N3교체`
- **N2** 活気(かっき) 활기 `N2문규`   風邪気味(かぜぎみ) 감기 기운 `N2단어형성`
  根気(こんき) 끈기   活気(かっき) 활기
  一気に(いっきに) 단숨에 `N2문규`   本気(ほんき) 진심
  弱気(よわき) 나약함   意気地(いくじ) 고집, 의지
- **N1** 意気込み(いきごみ) 분발함, 기세 `N1교체`
  気掛かり(きがかり) 걱정, 근심 `N1교체`   気心(きごころ) 속마음
  気配(けはい) 낌새, 분위기 `N1용법`   寒気(さむけ) 한기, 오한

비 우

음 う **훈** あめ(あま)

훈독은 「あめ(雨)」로 주로 N5부터 출제되고, 음독은 「う」로 거의 출제되지 않는다. 간혹 훈독 「あめ」가 「あま」로 변하는 경우도 있는데, 주로 N2에 출제되는 「雨戸(あまど) : 덧문」가 대표적이다. 「う」로 읽는 경우는 「雨量(うりょう) : 우량」 등이 있고, 「梅雨(つゆ) : 장마」는 통째로 외워 두자. 접미어 「~雨(う)」(p.27)로도 활용하므로 잘 익혀 두자.

N5 酸性雨(さんせいう) 산성비*   雨(あめ) 비 4급
　　　梅雨(つゆ) 장마*

흰 백

음 はく **훈** しろい

훈독은 「しろい(白い)」로 주로 N5부터 출제되고, 음독은 「はく」로 주로 N1부터 출제된다. 대표적인 예로 「告白(こくはく) : 고백」, 「白状(はくじょう) : 자백」 등이 있다. 「白髪(しらが) : 백발」는 통째로 외워 두자. 접두어 「白(はく)~」(p.23)로도 활용하므로 잘 익혀 두자.

N5 告白(こくはく) 고백   白人種(はくじんしゅ) 백인종*
　　　白地図(はくちず) 백지도* 白い(しろい) 희다 4급
N1 白状(はくじょう) 자백   明白(めいはく) 명백함 N1교체
　　　白髪(しらが) 백발

클 대

음 だい / たい **훈** おおきい

훈독은 「おおきい(大きい)」로 주로 N5부터 출제된다. 음독은 「だい / たい」로 「だい」가 주로 N5부터, 「たい」는 주로 N4부터 출제된다. 「大人(おとな) : 어른」는 통째로 외워 두자. 접두어 「大(だい / おお)~」(p.22)로도 활용하므로 잘 익혀 두자.

N5 大学(だいがく) 대학(교) 4급   大震災(だいしんさい) 대진재*
　　　大流行(だいりゅうこう) 대유행*   大雪(おおゆき) 대설*
　　　大きい(おおきい) 크다 4급, N2교체

N4 大使(たいし) 대사 3급   大事(だいじ) 중요함 3급
　　　大使館(たいしかん) 대사관 3급   大切(たいせつ) 소중함 3급
　　　大変(たいへん) 무척 힘듦 N3교체 大げさ(おおげさ) 과장됨 N1교체, N2교체, N2용법

N3 増大(ぞうだい) 증대   大会(たいかい) 대회 N3읽기
　　　大小(だいしょう) 대소   大量(たいりょう) 대량 N3표기
　　　大きさ(おおきさ) 크기 N3교체   大声(おおごえ) 큰 소리 N3교체

N2 大家(たいか) 대가   大体(だいたい) 대체로 N1교체, N2교체
　　　大別(たいべつ) 대별   大勢(おおぜい) 많은 사람
　　　大幅に(おおはばに) 대폭적으로 N2읽기

N1 偉大(いだい) 위대함   強大(きょうだい) 강대함
　　　絶大(ぜつだい) 절대, 아주 큼 N1문규 膨大(ぼうだい) 방대함

| 작을 소 | 음 しょう　훈 ちいさい / お / こ |

훈독은 「ちいさい(小さい) / お(小) / こ(小)」로, 「ちいさい」가 주로 N5부터, 「こ」는 주로 N2부터, 「お」는 거의 출제되지 않는다. 대표적인 예로 「小包(こづつみ) : 소포」 등이 있다. 음독은 「しょう」로 주로 N4부터 출제된다. 「小豆(あずき) : 팥」는 통째로 외워 두자. 「小(しょう / こ)~」(p.23)로도 활용하므로 잘 익혀 두자.

小

N5　小さい(ちいさい) 작다　4급, N1교체, N2교체

N4　小学校(しょうがっこう) 초등학교　　小休止(しょうきゅうし) 잠시 쉼*
　　小切手(こぎって) 수표*

N3　縮小(しゅくしょう) 축소　N3용법　　大小(だいしょう) 대소

N2　小柄(こがら) 몸집이 작음　N2교체　　小声(こごえ) 작은 소리　N2교체
　　小包み(こづつみ) 소포　　　　　　　小豆(あずき) 팥

| 편안할 안 | 음 あん　훈 やすい |

훈독은 「やすい(安い)」로 주로 N5부터 출제되고, 음독은 「あん」으로 주로 N4부터 출제된다.

安

N5　安い(やすい) 싸다　4급

N4　安心(あんしん) 안심　3급

N3　不安(ふあん) 불안함　N3문규, N3교체

N2　安易(あんい) 안이함　N2문규

N1　安静(あんせい) 안정　N1용법　　安堵(あんど) 안도　N1교체
　　安らぐ(やすらぐ) 편안해지다

| 높을 고 | 음 こう　훈 たかい / たかめる / たかまる |

훈독은 「たかい(高い) / たかめる(高める) / たかまる(高まる)」로 「たかい」가 주로 N5부터, 「たかめる / たかまる」는 N2부터 출제된다. 음독 「こう」는 주로 N4부터 출제된다. N3부터는 다양한 단어가 등장한다. 접두어 「高(こう)~」(p.22)와 접미어 「~高(だか)」(p.25)로도 활용하므로 잘 익혀 두자.

N5　高い(たかい) 높다, 비싸다　4급

N4　高校(こうこう) 고등학교　　　　　高校生(こうこうせい) 고등학생
　　高姿勢(こうしせい) 고자세*

N2　高収入(こうしゅうにゅう) 고수입　N2단어형성
　　高水準(こうすいじゅん) 고수준　N2단어형성
　　高性能(こうせいのう) 고성능

N1　高低(こうてい) 고저

| 길 장 | 음 ちょう　훈 ながい |

훈독은 「ながい(長い)」로 주로 N5부터 출제되고, 음독은 「ちょう」로 주로 N4부터 출제된다. N3부터는 다양한 단어가 등장한다. 접두어 「長(ちょう / なが)~」(p.24)와 접미어 「~長(ちょう)」(p.28)로도 활용하므로 잘 익혀 두자.

- **N5** 長い(ながい) 길다 `4급`
- **N4** 校長(こうちょう) 교장 `3급`　　社長(しゃちょう) 사장 `3급`
  身長(しんちょう) 신장, 키 `N3표기`　部長(ぶちょう) 부장
- **N2** 延長(えんちょう) 연장 `N2용법`　　成長(せいちょう) 성장 `N2문규`
  副社長(ふくしゃちょう) 부사장 `N2단어형성`

| 많을 다 | 음 た　훈 おおい |

훈독은 「おおい(多い)」로 주로 N5부터 출제되고, 음독은 「た」로 주로 N3부터 출제된다. 대표적인 예로 「多数決(たすうけつ) : 다수결」, 「多忙(たぼう) : 대단히 바쁨」 등이 있다.

- **N5** 多い(おおい) 많다 `4급, N3교체, N5읽기`
- **N3** 多少(たしょう) 다소　　多分(たぶん) 아마 `N2교체`
- **N1** 多岐(たき) 다기 `N1읽기`

| 적을 소 | 음 しょう　훈 すくない / すこし |

훈독은 「すくない(少ない) / すこし(少し)」로 모두 주로 N5부터 출제된다. 음독은 「しょう」로 주로 N3부터 출제된다. 대표적인 예로 「少年(しょうねん) : 소년」, 「多少(たしょう) : 다소」 등이 있다. 비슷한 형태의 「小(소)」자와 혼동하지 않도록 주의하자.

- **N5** 少年(しょうねん) 소년　　多少(たしょう) 다소
  少ない(すくない) 적다 `4급, N1교체, N3교체`
  少し(すこし) 조금, 약간 `4급, N2교체, N3교체`
- **N3** 減少(げんしょう) 감소 `N3표기, N3용법`

| 새 신 | 음 しん　훈 あたらしい / あらた |

훈독은 「あたらしい(新しい) / あらた(新た)」로 「あたらしい」가 주로 N5부터, 「あらた」는 주로 N2부터 출제된다. 음독은 「しん」으로 주로 N5부터 출제된다. N3부터 음독 관련 문제가 많이 등장한다. 접두어 「新(しん)~」(p.23)로도 활용하므로 잘 익혀 두자.

- **N5** 新聞(しんぶん) 신문 `4급`　　新しい(あたらしい) 새롭다 `4급, N1교체`
- **N4** 最新(さいしん) 최신 `N3문규`
- **N3** 新鮮(しんせん) 신선함 `N3용법`
- **N2** 真新しい(まあたらしい) 아주 새롭다 `N2단어형성`

| 옛 고 | 음 こ | 훈 ふるい |

훈독은 「ふるい(古い)」로 주로 N5부터 출제되고, 음독은 「こ」로 주로 N3부터 출제된다. 대표적인 예로 「古典(こてん) : 고전」, 「古代(こだい) : 고대」 등이 있다. 접두어 「古(ふる)〜」(p.22)로도 활용하므로 잘 익혀 두자.

N5 古新聞(ふるしんぶん) 헌신문* 古本屋(ふるほんや) 헌책방*
     古い(ふるい) 낡다, 오래되다 `4급`

N4 中古(ちゅうこ) 중고 `N3용법`

N3 古代(こだい) 고대 古典(こてん) 고전

읽기표기 콕콕 연습문제 08

정답 P.214

>> 下線の 漢字はひらがなに、ひらがなは 漢字に なおしなさい。
(か せん) (かん じ)

1. <u>最新</u>の スマートテレビを かいました。　　　　　　　(　　　　　)
2. みぎがわに <u>大きい</u> ホテルが あります。　　　　　　(　　　　　)
3. <u>白くて</u> おおきい たてものが あります。　　　　　　(　　　　　)
4. <u>古い</u> いすが みっつ あります。　　　　　　　　　　(　　　　　)
5. <u>少年</u>たちが たのしく あそんで います。　　　　　　(　　　　　)
6. <u>新鮮</u>な さかなを かいました。　　　　　　　　　　(　　　　　)
7. みぎの <u>小さい</u> とけいは さんぜんえんです。　　　　(　　　　　)
8. まいにち バスで <u>大学</u>へ いきます。　　　　　　　　(　　　　　)
9. おとうとは <u>電気</u>を つけました。　　　　　　　　　(　　　　　)
10. こどもの <u>身長</u>を はかって きろくして おく。　　　(　　　　　)
11. <u>ながい</u> じかん バスに のりました。　　　　　　　(　　　　　)
12. あの レストランは ねだんが <u>たかい</u>です。　　　　(　　　　　)
13. <u>しろい</u> はこの なかに あります。　　　　　　　　(　　　　　)
14. ドアの みぎに <u>でんき</u>の スイッチが あります。　 (　　　　　)
15. <u>やすい</u> スカートを かいました。　　　　　　　　　(　　　　　)
16. こうえんの ちかくに <u>おおきい</u> かわが あります。　(　　　　　)
17. <u>あめ</u>の ひは、うちで テレビを みます。　　　　　(　　　　　)
18. おかねが なくて しょうらいの ことが <u>ふあん</u>です。(　　　　　)
19. きょうは いい <u>てんき</u>ですね。　　　　　　　　　　(　　　　　)
20. ここは <u>てんじょう</u>が たかいです。　　　　　　　　(　　　　　)

콕콕 연습문제 09

》 下線の 漢字はひらがなに、ひらがなは 漢字に なおしなさい。
   (か せん) (かん じ)

1. はるは 気温が あたたかいです。 (　　　　　)
2. わたしの おとうとは せが 高いです。 (　　　　　)
3. ビールを 一気に のみました。 (　　　　　)
4. わたしは いえに いる ことが 多いです。 (　　　　　)
5. この おかしは 安くて おいしいです。 (　　　　　)
6. この としの じんこうは 少ないです。 (　　　　　)
7. 多分 だいじょうぶだと おもいます。 (　　　　　)
8. ともだちに ひみつを 告白しました。 (　　　　　)
9. 大事な しりょうを なくして しまいました。 (　　　　　)
10. この こは 成長が おそくて しんぱいです。 (　　　　　)
11. けさは しんぶんを よみませんでした。 (　　　　　)
12. いえの うしろに ちいさい かわが あります。 (　　　　　)
13. としょかんには おおくの ほんが あります。 (　　　　　)
14. きのう ふるい ほんを さんさつ かいました。 (　　　　　)
15. おおゆきに なりそうです。 (　　　　　)
16. にほんの ほんは すくないです。 (　　　　　)
17. きのうは てんきが わるかったので いえに いました。 (　　　　　)
18. その かばんは すこし たかいです。 (　　　　　)
19. あるいて ながい はしを わたりました。 (　　　　　)
20. あたらしい ノートを もって きて ください。 (　　　　　)

문맥규정 콕콕 연습문제 08

정답 P.214

>> (　　) に なにを いれますか。1・2・3・4から いちばん いい ものを ひとつ えらんで ください。

1 いしゃや かんごしは (　　) ふくを 着て います。
　1 白い　　　　2 近い　　　　3 多い　　　　4 少ない

2 もう すこし (　　) へやが ほしいです。
　1 青い　　　　2 多い　　　　3 大きい　　　　4 少ない

3 こっちの へやだけ (　　) を つけて あとは けしましょう。
　1 先生　　　　2 電気　　　　3 来週　　　　4 学校

4 あすの (　　) は 午前中は くもりですが ひるからは はれるでしょう。
　1 半分　　　　2 午後　　　　3 毎日　　　　4 天気

5 あそこの レストランは (　　) おいしいです。
　1 安くて　　　2 白くて　　　3 強くて　　　4 弱くて

6 こちらは わたしの (　　) ともだちの やまたさんです。
　1 多い　　　　2 短い　　　　3 低い　　　　4 古い

7 ちちは せが (　　) ですが、わたしは せが ひくいです。
　1 高い　　　　2 少ない　　　3 安い　　　　4 長い

8 サッカーの ボールより テニスの ボールの ほうが (　　)。
　1 近い　　　　2 小さい　　　3 長い　　　　4 遠い

9 わたしたちの クラスは ほとんど 男の子で 女の子は (　　)。
　1 強い　　　　2 新しい　　　3 少ない　　　4 古い

10 まいにち (　　) が ふって いやですね。
　1 水　　　　　2 雨　　　　　3 年　　　　　4 木

[동작] N5

行 来 食 飲 会 話 見 聞 言 入 出 読 書 休 買 立

갈 행   음 こう / ぎょう   훈 いく・ゆく / おこなう

훈독은 「いく・ゆく(行く) / おこなう(行う)」로 「いく・ゆく」가 주로 N5부터, 「おこなう」는 주로 N4부터 출제된다. 음독은 「こう / ぎょう」로 「こう」가 주로 N5부터, 「ぎょう」가 주로 N2부터 출제된다. 대표적인 예로 「行事(ぎょうじ) : 행사」, 「行列(ぎょうれつ) : 행렬」 등이 있다. 「行方(ゆくえ) : 행방」는 통째로 외워 두자. 접미어 「~行(こう / ゆき)」(p.29)로도 활용하므로 잘 익혀 두자.

行

N5	銀行(ぎんこう) 은행 [4급]	行く(いく・ゆく) 가다 [4급, N3교체]
N4	急行(きゅうこう) 급행 [3급]	逃避行(とうひこう) 도피행*
	旅行(りょこう) 여행 [3급]	行う(おこなう) 행하다 [3급]
N3	行き先(いきさき・ゆきさき) 행선지 [N3용법]	
	行動(こうどう) 행동	進行(しんこう) 진행
	発行(はっこう) 발행	流行(りゅうこう) 유행 [N2교체, N3문규]
N2	移行(いこう) 이행	行列(ぎょうれつ) 행렬
	行事(ぎょうじ) 행사 [N2읽기]	行方(ゆくえ) 행방 [N2용법]
N1	遂行(すいこう) 수행 [N1읽기]	並行(へいこう) 병행 [N1문규]

올 래   음 らい   훈 くる / きたる

훈독은 「くる(来る) / きたる(来る)」로 「くる」가 주로 N5부터, 「きたる」가 주로 N1에서 출제된다. 음독은 「らい」로 주로 N5부터 출제된다.

N5	未来(みらい) 미래* [N3문규, N3용법]	来月(らいげつ) 다음 달 [4급]
	来週(らいしゅう) 다음 주 [4급]	来年(らいねん) 내년 [4급]
	来る(くる) 오다 [4급, N1교체, N5표기]	
N2	来シーズン(らいしーずん) 다음 시즌 [N2단어형성]	
N1	従来(じゅうらい) 종래 [N1교체]	

N5 대응 중요 한자   073

밥 식

음 しょく(しょっ)　**훈** たべる / くう

훈독은 「たべる(食べる) / くう(食う)」로 「たべる」가 주로 N5부터, 「くう」가 주로 N2부터 출제된다. 음독은 「しょく」로 주로 N4부터 출제된다. 음독의 경우 「-く」로 끝나기 때문에 뒤에 「か・き・く・け・こ」가 오면 「-っ」으로 음이 달라진다. 대표적인 예로 「食器(しょっき):식기」가 있다. 접두어 「食(しょく)~」(p.23)와 접미어 「~食(しょく)」(p.27)로도 활용하므로 잘 익혀 두자.

食

- **N5** 食堂(しょくどう) 식당 `4급`　食べる(たべる) 먹다 `4급`
- **N4** 食事(しょくじ) 식사 `3급`　食料品(しょくりょうひん) 식료품 `3급`
- **N3** 外食(がいしょく) 외식 `N3문규`　試食(ししょく) 시식
  食欲(しょくよく) 식욕　食器(しょっき) 식기 `N3읽기`
  朝食(ちょうしょく) 조식 `N3읽기`
- **N2** 食器類(しょっきるい) 식기류 `N2단어형성`
- **N1** 食い違う(くいちがう) 엇갈리다 `N1용법`　食い止める(くいとめる) 저지하다* `N1문규`

마실 음

음 いん　**훈** のむ

훈독은 「のむ(飲む)」로 주로 N5부터 출제되고, 음독은 「いん」으로 별로 출제되지 않는다. 「いん」으로 읽는 단어에는 「飲酒(いんしゅ):음주」, 「飲料水(いんりょうすい):음료수」 등이 있다.

- **N5** 飲む(のむ) 마시다 `4급`
- **N1** 飲酒(いんしゅ) 음주　飲料水(いんりょうすい) 음료수

모일 회

음 かい / え　**훈** あう

훈독은 「あう(会う)」, 음독은 「かい」로 모두 주로 N5부터 출제된다. 출제기준 외에 「え」라고 읽는 경우가 있는데 대표적인 예로 「会釈(えしゃく):가벼운 인사」 등이 있다. 접미어 「~会(かい)」(p.30)로도 활용하므로 잘 익혀 두자.

- **N5** 会社(かいしゃ) 회사 `4급`　会う(あう) 만나다 `4급`
- **N4** 研究会(けんきゅうかい) 연구회 `3급`　公聴会(こうちょうかい) 공청회 `3급`
- **N3** 会計(かいけい) 회계, 계산　会費(かいひ) 회비
  機会(きかい) 기회 `N3교체`　大会(たいかい) 대회 `N3읽기`
- **N2** 会見(かいけん) 회견 `N2용법`　会社員風(かいしゃいんふう) 회사원풍 `N2단어형성`
- **N1** 会心(かいしん) 회심 `N1문규`　照会(しょうかい) 조회 `N1교체`

| 말할 화 | 음 わ　훈 はなし / はなす |

話

훈독은 「はなし(話) / はなす(話す)」, 음독은 「わ」로 모두 주로 N5부터 출제된다.

- **N5**　電話(でんわ) 전화 [4급]　　話(はなし) 이야기 [4급]
　　　　話す(はなす) 이야기하다 [4급, N2교체, N3교체]
- **N4**　会話(かいわ) 회화, 대화 [3급]　　世話(せわ) 돌봄, 신세 [3급]
　　　　電話代(でんわだい) 전화 요금 [3급]
- **N3**　話しかける(はなしかける) 말을 걸다 [N3용법]

| 볼 견 | 음 けん　훈 みえる / みせる / みる |

見

훈독은 「みえる(見える) / みせる(見せる) / みる(見る)」로 주로 N5부터 출제되고, 음독은 「けん」으로 주로 N4부터 출제된다.

- **N5**　花見(はなみ) 꽃구경 [4급]　　見える(みえる) 보이다
　　　　見せる(みせる) 보여주다 [4급]　　見る(みる) 보다 [4급]
- **N4**　意見(いけん) 의견 [3급]　　見物(けんぶつ) 구경 [3급]
　　　　外見(がいけん) 외관, 겉보기* [N2용법]　　見解(けんかい) 견해* [N2교체]
　　　　発見(はっけん) 발견* [N3읽기]
- **N3**　見送る(みおくる) 배웅하다 [N3용법]
- **N2**　会見(かいけん) 회견 [N2용법]　　見当(けんとう) 짐작 [N2문규]
　　　　見分ける(みわける) 분별하다
- **N1**　見込み(みこみ) 전망 [N1용법]　　見通し(みとおし) 전망
　　　　見合せる(みあわせる) 보류하다* [N1교체]
　　　　見失う(みうしなう) 시야에서 놓치다 [N1용법]
　　　　見落とす(みおとす) 간과하다* [N1용법]　　見かける(みかける) 눈에 띄다 [N1문규]
　　　　見過ごす(みすごす) 그냥 지나가다　　見違える(みちがえる) 몰라 보다

| 들을 문 | 음 ぶん / もん　훈 きく / きこえる |

훈독은 「きく(聞く) / きこえる(聞こえる)」로 「きく」가 주로 N5부터, 「きこえる」는 주로 N4부터 출제된다. 음독은 「ぶん / もん」으로 「ぶん」이 주로 N5부터, 「もん」은 거의 출제 되지 않는다. 대표적인 예로 「前代未聞(ぜんだいみもん) : 전대미문」이 있다.

- **N5**　新聞(しんぶん) 신문 [4급]　　聞く(きく) 듣다 [4급]
　　　　聞こえる(きこえる) 들리다
- **N2**　聞き取る(ききとる) 알아듣다, 청취하다

말씀 언

음 げん / ごん **훈** いう

훈독은「いう(言う)」로 주로 N5부터 출제되고, 음독은「げん / ごん」으로 모두 주로 N2부터 출제된다. 대표적인 예로「言語(げんご) : 언어」,「伝言(でんごん) : 전언」등이 있다.

言

- **N5** 言う(いう) 말하다 `4급, N1교체, N3교체, N5읽기`
- **N2** 言い訳(いいわけ) 변명 `N1교체, N2용법`
- **N3** 言語(げんご) 언어 　　　伝言(でんごん) 전언
- **N1** 助言(じょげん) 조언 `N1교체`
  　　言い残す(いいのこす) 당부의 말을 남기다
  　　言い放つ(いいはなつ) 단언하다
  　　言い張る(いいはる) 우겨대다 `N1문규`
  　　言い渡す(いいわたす) 선고하다, 언도하다

들 입

음 にゅう **훈** いれる / はいる / いる

훈독은「いれる(入れる) / はいる(入る) / いる(入る)」로「いる」를 제외하고는 모두 주로 N5부터 출제된다. 음독은「にゅう」로 주로 N3부터 출제된다. 대표적인 예로「入学(にゅうがく) : 입학」,「入院(にゅういん) : 입원」등이 있다. 복합동사「〜入れる(いれる)」(p.31)로도 활용하므로 잘 익혀 두자.

入

- **N5** 入れる(いれる) 넣다 `4급`　　入る(はいる) 들어가다 `4급`
- **N4** 入院(にゅういん) 입원　　入学(にゅうがく) 입학*
  　　入り口(いりぐち) 입구 `3급`
- **N3** 入力(にゅうりょく) 입력
  　　受け入れる(うけいれる) 받아들이다 `N2용법, N3용법`
  　　気に入る(きにいる) 마음에 들다 `N3교체`
- **N2** 収入(しゅうにゅう) 수입
  　　高収入(こうしゅうにゅう) 고수입 `N2단어형성`
  　　導入(どうにゅう) 도입 `N2문규`
- **N1** 入手(にゅうしゅ) 입수 `N1용법`　　入念(にゅうねん) 정성들임 `N1교체`
  　　入手(ひとで) 일손 `N1용법`

날 出

음 しゅつ(しゅっ)　**훈** だす / でる

훈독은 「だす(出す) / でる(出る)」로 모두 주로 N5부터 출제된다. 음독은 「しゅつ」로 주로 N4부터 출제된다. 이 한자는 음독의 경우 뒤에 「は・か・さ・た행」이 오면 「ー っ」으로 음이 바뀐다. 대표적인 예로 「出発(しゅっぱつ) : 출발」, 「出席(しゅっせき) : 출석」 등이 있다. 복합동사 「〜出す(だす) / 出る(でる)」(p.31)로도 활용하므로 잘 익혀 두자.

N5 出す(だす) 내다 4급　　　　　　出かける(でかける) 외출하다 4급
　　　出る(でる) 나오다 4급

N4 出世(しゅっせ) 출세* N2표기　　　出席(しゅっせき) 출석 3급
　　　出発(しゅっぱつ) 출발 3급　　　続出(ぞくしゅつ) 속출* N2용법
　　　出口(でぐち) 출구 3급　　　　　思い出す(おもいだす) 생각해 내다 3급

N3 支出(ししゅつ) 지출　　　　　　出勤(しゅっきん) 출근
　　　出国(しゅっこく) 출국　　　　出世(しゅっせ) 출세 N2표기
　　　出張(しゅっちょう) 출장 N3읽기, N3문규, N3용법
　　　輸出(ゆしゅつ) 수출 N2표기

N2 再提出(さいていしゅつ) 재제출 N2단어형성
　　　選出(せんしゅつ) 선출　　　　退出(たいしゅつ) 퇴출

N1 口出し(くちだし) 말참견 N1용법　　出没(しゅつぼつ) 출몰
　　　摘出(てきしゅつ) 적출　　　　　排出(はいしゅつ) 배출
　　　流出(りゅうしゅつ) 유출 N1문규　切り出す(きりだす) 말을 꺼내다 N1문규
　　　投げ出す(なげだす) 내던지다

읽을 讀

음 とう / どく / とく　**훈** よむ

훈독은 「よむ(読む)」로 주로 N5부터 출제된다. 음독은 「とう / どく / とく」로 「とう / どく」가 주로 N2부터, 「とく」는 해당되는 단어가 별로 없다. 대표적인 예로 「句読点(くとうてん) : 구두점」, 「読書(どくしょ) : 독서」 등이 있다. 「読経(どきょう) : 독경, 경문을 소리 내어 읽음」는 참고로 외워 두자.

N5 読む(よむ) 읽다 4급

N3 読書(どくしょ) 독서

쓸 書

음 しょ　**훈** かく

훈독은 「かく(書く)」, 음독은 「しょ」로 모두 주로 N5부터 출제된다. 대표적인 예로 「投書(とうしょ) : 투서」, 「願書(がんしょ) : 원서」 등이 있다. 접미어 「〜書(しょ)」(p.26)로도 활용하므로 잘 익혀 두자.

N5 図書館(としょかん) 도서관 4급　　書く(かく) 쓰다 4급

N4 書類(しょるい) 서류*　　　　　　書き方(かきかた) 쓰는 법 3급

N3 申込書(もうしこみしょ) 신청서 N3문규
　　　領収書(りょうしゅうしょ) 영수증 N2표기

| 쉴 휴 | 음 きゅう　훈 やすむ |

훈독은 「やすむ(休む)」로 주로 N5부터 출제되고, 음독은 「きゅう」로 주로 N3부터 출제된다. 대표적인 예로 「休暇(きゅうか) : 휴가」, 「休業(きゅうぎょう) : 휴업」 등이 있다. 비슷한 형태의 「体(체)」 자와 혼동하지 않도록 주의한다.

N5　夏休み(なつやすみ) 여름 방학 [4급]　　休み(やすみ) 휴일, 방학 [4급]
　　　　休む(やすむ) 쉬다 [4급, N2교체]

N2　休暇(きゅうか) 휴가　　　　　　休業(きゅうぎょう) 휴업

N2　休日(きゅうじつ) 휴일　　　　　休息(きゅうそく) 휴식*
　　　　夏休み明け(なつやすみあけ) 여름방학이 끝난 직후 [N2단어형성]

| 살 매 | 음 ばい　훈 かう |

훈독은 「かう(買う)」로 주로 N5부터 출제되고, 음독은 「ばい」로 주로 N2부터 출제된다. 대표적인 예로 「売買(ばいばい) : 매매」, 「購買(こうばい) : 구매」 등이 있다.

N5　買う(かう) 사다 [4급, N2교체]　　買い物(かいもの) 쇼핑, 장보기

N2　売買(ばいばい) 매매　　　　　　購買(こうばい) 구매
　　　　買い占める(かいしめる) 매점하다 [N2교체]

| 설 립 | 음 りつ　훈 たつ |

훈독은 「たつ(立つ)」로 주로 N5부터 출제되고, 음독은 「りつ」로 주로 N2부터 출제된다. 대표적인 예로 「独立(どくりつ) : 독립」, 「設立(せつりつ) : 설립」 등이 있다. 「建立(こんりゅう) : 건립」는 통째로 외워 두자. 접두어 「立(りつ/りっ)~」(p.22)으로도 활용하므로 잘 익혀 두자.

N5　市立(しりつ) 시립*　　　　　　立つ(たつ) 서다 [4급]

N4　県立(けんりつ) 현립*

N3　成立(せいりつ) 성립　　　　　　独立(どくりつ) 독립 [N3읽기]
　　　　立派(りっぱ) 훌륭함

N2　腹を立てる(はらをたてる) 화를 내다 [N2문규]

N1　設立(せつりつ) 설립
　　　　立て替える(たてかえる) 대신 치르다, 입체하다 [N1문규]
　　　　積み立てる(つみたてる) 적립하다

읽기 표기 콕콕 연습문제 10

정답 P.215

» 下線の 漢字はひらがなに、ひらがなは 漢字に なおしなさい。

1. わたしの あねは <u>銀行</u>に つとめて います。　　　　　　　(　　　　　)
2. あめの ひは そとへ <u>出ないで</u> ください。　　　　　　　　　(　　　　　)
3. きのうは <u>図書館</u>で べんきょうを しました。　　　　　　　(　　　　　)
4. きのう ははに てがみを <u>書きました</u>。　　　　　　　　　　(　　　　　)
5. さいふから おかねを にまんえん <u>出しました</u>。　　　　　　(　　　　　)
6. <u>休みの</u> まえに テストが あります。　　　　　　　　　　　(　　　　　)
7. わたしは まいにち <u>新聞</u>を よみます。　　　　　　　　　　　(　　　　　)
8. きのうは にじかんぐらい テレビを <u>見ました</u>。　　　　　　(　　　　　)
9. <u>来月</u> くにへ かえります。　　　　　　　　　　　　　　　　(　　　　　)
10. きょうしつで せんせいと <u>話</u>を しました。　　　　　　　　(　　　　　)
11. きのう せんせいに <u>でんわ</u>を かけました。　　　　　　　　(　　　　　)
12. わたしは へやで ざっしを <u>よみました</u>。　　　　　　　　　(　　　　　)
13. まいあさ、 <u>かいしゃ</u>に いきます。　　　　　　　　　　　　(　　　　　)
14. せんせいは やまださんと <u>はなして</u> います。　　　　　　　(　　　　　)
15. かぜで がっこうを <u>やすみます</u>。　　　　　　　　　　　　　(　　　　　)
16. こどもは <u>みらい</u> そのものだと おもいます。　　　　　　　(　　　　　)
17. あしたは じしょを もって <u>きて</u> ください。　　　　　　　(　　　　　)
18. みなみの ほうへ 100メートルぐらい <u>いって</u> ください。　(　　　　　)
19. へやで ラジオを <u>ききました</u>。　　　　　　　　　　　　　　(　　　　　)
20. おふろに <u>はいって</u> すこし やすみました。　　　　　　　　(　　　　　)

읽기 표기 콕콕 연습문제 11

정답 P.215

» 下線(かせん)の 漢字(かんじ)はひらがなに、ひらがなは 漢字に なおしなさい。

1. がいこくじんと えいごで <u>会話</u>を する。　　　　　（　　　　　）
2. <u>外見</u>で はんだん しては いけない。　　　　　　（　　　　　）
3. <u>言語</u>を おしえるのは むずかしい。　　　　　　（　　　　　）
4. <u>市立</u> としょかんを りようする。　　　　　　　（　　　　　）
5. あした ともだちと <u>花見</u>に いきます。　　　　　（　　　　　）
6. らいげつの ようかに ともだちが <u>来</u>ます。　　　（　　　　　）
7. あしたは いえで ゆっくり <u>休</u>みます。　　　　　（　　　　　）
8. おとうとは ことし だいがくに <u>入</u>りました。　　（　　　　　）
9. <u>来週</u>の げつようびに テストが あります。　　　（　　　　　）
10. <u>夏休</u>みには、まいあさ はちじに おきました。　（　　　　　）
11. ねる まえに ほんを <u>よみ</u>ます。　　　　　　　（　　　　　）
12. <u>としょかん</u>で ほんを かりました。　　　　　　（　　　　　）
13. <u>らいねん</u>の なつは にほんへ いきたいです。　（　　　　　）
14. わたしは ごご <u>ぎんこう</u>に いきます。　　　　　（　　　　　）
15. こうえんで おべんとうを <u>たべ</u>ました。　　　　（　　　　　）
16. しごとが おわってから、えいがを <u>み</u>に いきます。（　　　　　）
17. へやで てがみを <u>かき</u>ました。　　　　　　　　（　　　　　）
18. <u>でかける</u> まえに そうじを しました。　　　　（　　　　　）
19. いつも ここで <u>しんぶん</u>を かいます。　　　　（　　　　　）
20. えきの にしぐちを <u>でて</u> ください。　　　　　（　　　　　）

콕콕 연습문제 09

>>> (　　)に　なにを　いれますか。1・2・3・4から　いちばん　いい　ものを　ひとつえらんで　ください。

1 ちかくの　スーパーへ（　　）に　行きました。
1 買い物　　2 教室　　3 病院　　4 旅行

2 大学に（　　）から　したいことは　何ですか。
1 立って　　2 入れて　　3 入って　　4 乗って

3 わたしは　いつも　7時に　おきて、8時に　学校へ（　　）。
1 乗ります　　2 行きます　　3 食べます　　4 買います

4 朝は　たいてい　パンと　サラダを（　　）。
1 飲みます　　2 読みます　　3 生まれます　　4 食べます

5 一日に　二回　かぜの　くすりを（　　）います。
1 飲んで　　2 食べて　　3 読んで　　4 着て

6 この　ホテルは　どの　へやにも（　　）が　ついて　います。
1 自動車　　2 電車　　3 天気　　4 電話

7 わたしの　へやから　うみが（　　）。
1 帰ります　　2 読みます　　3 見えます　　4 行きます

8 むすめたちは　わたしの（　　）ことを　少しも　聞かない。
1 食べる　　2 言う　　3 買う　　4 売る

9 一週間に　いちどは　母に　てがみを（　　）。
1 飲みます　　2 帰ります　　3 出します　　4 生まれます

10 頭が　いたいので　きょうは　学校を（　　）びょういんに　いきます。
1 帰って　　2 生まれて　　3 答えて　　4 休んで

[기타] N5

電車名友手目耳口足空川山道花魚何本国語駅店社

번개 전 | 음 でん

훈독은 없고, 음독은 「でん」으로 주로 N5부터 출제된다.

電

- **N5** 電気(でんき) 전기 `4급`　　電車(でんしゃ) 전철 `4급`
  電話(でんわ) 전화 `4급`
- **N4** 電話代(でんわだい) 전화 요금 `3급`
- **N3** 停電(ていでん) 정전 `N3표기`
- **N2** 電車賃(でんしゃちん) 전철 요금 `N2단어형성`

수레 차 | 음 しゃ 훈 くるま

훈독은 「くるま(車)」, 음독은 「しゃ」로 모두 주로 N5부터 출제된다. 주로 N3부터 음독 관련 단어가 많이 등장한다. 접미어 「~車(しゃ)」(p.29)로도 활용하므로 잘 익혀 두자.

車

- **N5** 電車(でんしゃ) 전철 `4급`　　車(くるま) 자동차 `4급`
- **N4** 自転車(じてんしゃ) 자전거 `3급`　　自動車(じどうしゃ) 자동차 `3급`
  乗車(じょうしゃ) 승차* `N3표기`　　発車(はっしゃ) 발차*
- **N3** 駐車(ちゅうしゃ) 주차 `N3표기`
- **N2** 電車賃(でんしゃちん) 전철 요금 `N2단어형성`

이름 명 | 음 めい 훈 な

훈독은 「な(名)」, 음독은 「めい」로 모두 주로 N5부터 출제된다. 「名残(なごり) : 여운, 아쉬움」, 「仮名(かな) : 일본문자」 등은 통째로 외워 두자. 접두어 「名(めい)~」(p.23)와 접미어 「~名(めい)」(p.25)로도 활용하므로 잘 익혀 두자.

- **N5** 名演技(めいえんぎ) 명연기　　有名(ゆうめい) 유명함 `4급`
  名前(なまえ) 이름 `4급`
- **N2** 名作(めいさく) 명작　　名所(めいしょ) 명소 `N2문규`
- **N1** 名刺(めいし) 명함　　名誉(めいよ) 명예 `N1읽기`

082

벗 우 | 음 ゆう 훈 とも

友

훈독은「とも(友)」로 주로 N5부터 출제되고, 음독은「ゆう」로 주로 N3부터 출제된다. 대표적인 예로「友好(ゆうこう) : 우호」,「友人(ゆうじん) : 친구」등이 있다.

- **N5** 友人(ゆうじん) 친구* 　　友だち(ともだち) 친구 4급
- **N3** 友情(ゆうじょう) 우정
- **N1** 友好(ゆうこう) 우호

손 수 | 음 しゅ 훈 て

手

훈독은「て(手)」로 주로 N5부터 출제되고, 음독은「しゅ」로 주로 N3부터 출제된다. 대표적인 예로「選手(せんしゅ) : 선수」,「手芸(しゅげい) : 수예」등이 있다.「上手(じょうず) : 능숙함」,「下手(へた) : 서툼」는 통째로 외워 두자. 접미어「~手(しゅ)」(p.26)로도 활용하므로 잘 익혀 두자.

- **N5** 手(て) 손 4급 　　手紙(てがみ) 편지 4급
- **N4** 切手(きって) 우표 3급 　　下手(へた) 서툼
- **N3** 手術(しゅじゅつ) 수술 N3읽기 　　手段(しゅだん) 수단 N3교체
  選手(せんしゅ) 선수 N3읽기 　　上手(じょうず) 능숙함 N3교체
  相手(あいて) 상대 N1교체, N3읽기 　　苦手(にがて) 서투름
  派手(はで) 화려함 　　手伝う(てつだう) 거들다, 돕다 N3교체
- **N2** 手工業(しゅこうぎょう) 수공업* 　　手工芸(しゅこうげい) 수공예*
  勝手(かって) 제멋대로임* N1용법, N2교체 　　手薄(てうす) 허술함* N2용법
  手軽い(てがるい) 손쉬움 N2용법
- **N1** 入手(にゅうしゅ) 입수 N1용법 　　お手上げ(おてあげ) 어쩔 도리가 없음 N1교체
  手際(てぎわ) 솜씨 N1읽기 　　手がかり(てがかり) 단서 N1교체
  手分け(てわけ) 분담 N1교체 　　人手(ひとで) 일손 N1용법

눈 목 | 음 もく/ぼく 훈 め

훈독은「め(目)」로 주로 N5부터 출제된다. 음독은「もく/ぼく」로「もく」가 주로 N3부터,「ぼく」는 주로 N1에서 출제된다. 대표적인 예로는「目的(もくてき) : 목적」,「目標(もくひょう) : 목표」,「面目(めんもく/めんぼく) : 면목, 체면」등이 있다. 접미어「~目(め)」(p.25)로도 활용하므로 잘 익혀 두자.

- **N5** 目(め) 눈 4급
- **N4** 注目(ちゅうもく) 주목* N2용법, N2교체
- **N3** 目的(もくてき) 목적 N3문규 　　目標(もくひょう) 목표 N3문규
- **N2** 目上(めうえ) 윗사람 N2용법 　　目下(めした) 아랫사람
  目印(めじるし) 안표, 표시 　　目指す(めざす) 목표로 하다, 노리다 N2문규
- **N1** 目先(めさき) 눈앞 N1용법 　　目覚しい(めざましい) 눈부시다 N1용법

 귀 이 　음 じ　훈 みみ

훈독은 「みみ(耳)」로 주로 N5부터 출제되고, 음독은 「じ」로 주로 N1에서 출제된다. 대표적인 예로 「耳鼻科(じびか : 이비인후과)」 등이 있다. 이 한자는 활용도가 낮으므로 정해진 단어만 알아두면 된다.

N5　耳(みみ) 귀 [4급]

N1　耳鼻科(じびか) 이비인후과　　　初耳(はつみみ) 처음 들음

 입 구 　음 こう / く　훈 くち(ぐち)

훈독은 「くち(口)」로 주로 N5부터 출제된다. 음독은 「こう / く」로 「こう」가 주로 N4부터, 「く」는 별로 출제되지 않는다. 대표적인 예로 「口調(くちょう) : 말투, 어조」가 있다. 접미어 「～口(こう / ぐち)」(p.25)로도 활용하므로 잘 익혀 두자.

N5　入り口(いりぐち) 입구 [4급]　　　口(くち) 입 [4급]
　　　出口(でぐち) 출구 [4급]

N4　人口(じんこう) 인구 [3급]　　　全人口(ぜんじんこう) 전인구 [N3문규]

N2　無口(むくち) 과묵함 [N2교체]

N1　糸口(いとぐち) 실마리 [N1교체]　　大口(おおぐち) 호언장담
　　　口出し(くちだし) 말참견 [N1용법]　　口調(くちょう) 말투, 어조

 발 족 　음 そく　훈 あし / たりる 등

훈독은 「あし(足) / たりる(足りる)」 등으로 「あし」가 주로 N5부터, 「たりる」는 주로 N3부터 출제된다. 음독은 「そく」로 주로 N2부터 출제된다. 대표적인 예로 「遠足(えんそく : 소풍)」, 「発足(ほっそく / はっそく) : 발족」 등이 있다. 접미어 「～足(そく) : 신발이나 양말 등을 세는 말」(p.29)로도 활용하므로 잘 익혀 두자.

N5　足(あし) 발, 다리 [4급]

N4　足りる(たりる) 족하다 [3급]

N3　遠足(えんそく) 소풍
　　　満足(まんぞく) 만족 [N3표기]　　　足す(たす) 더하다 [N2교체]

N2　補足(ほそく) 보충 [N2용법]　　　物足りない(ものたりない) 부족하다 [N2용법]

N1　発足(ほっそく・はっそく) 발족* [N1용법]

| 빌 공 | 음 くう 훈 そら / あく / から |

空

훈독은 「そら(空) / あく(空く) / から(空)」로 「そら」가 주로 N5부터, 「あく」가 주로 N4부터, 「から」는 주로 N3부터 출제된다. 음독은 「くう」로 주로 N4부터 출제된다. 접두어 「空(そら)〜」(p.22)로도 활용하므로 잘 익혀 두자.

- **N5** 空(そら) 하늘 `4급` 空模様(そらもよう) 날씨, 형세*
- **N4** 空気(くうき) 공기 `3급` 空港(くうこう) 공항 `N4읽기`
  空く(あく) (자리가) 비다 `3급` 空ける(あける) 비우다, (구멍을) 뚫다*
- **N3** 空席(くうせき) 공석 `N3읽기` 空(から) 빔, 비어 있음 `N3용법`

| 내 천 | 음 せん 훈 かわ |

훈독은 「かわ」로 주로 N5부터, 음독은 「せん」으로 주로 N1에서 출제된다. 활용도가 낮은 한자이므로 정해진 단어만 알아두면 된다. 「川原(かわら) : 모래밭」는 통째로 외워 두자.

- **N5** 川(かわ) 강 `4급`
- **N2** 川原(かわら) 모래밭

| 뫼 산 | 음 さん 훈 やま |

훈독은 「やま(山)」로 주로 N5부터, 음독은 「さん」으로 주로 N2부터 출제된다. 간혹 「登山(とざん) : 등산」, 「火山(かざん) : 화산」과 같이 「さん」이 「ざん」으로 발음되는 경우도 있으므로 이러한 단어들은 통째로 외워 두자. 접두어 「山(やま)〜」(p.23)와 접미어 「〜山(さん)」(p.26)로도 활용하므로 잘 익혀 두자.

- **N5** 山(やま) 산 `4급`
- **N4** 富士山(ふじさん) 후지산* 山火事(やまかじ) 산불*
  山道(やまみち) 산길 `3급`

| 길 도 | 음 どう 훈 みち |

道

훈독은 「みち(道)」로 주로 N5부터 출제되고, 음독은 「どう」로 주로 N4부터 출제된다. 예외적으로 「神道」는 「しんとう」라 읽는다. 음독과 관련된 한자는 주로 N3부터 많이 등장한다. 접미어 「〜道(どう)」(p.25)로도 활용하므로 잘 익혀 두자.

- **N5** 道(みち) 길 `4급`
- **N4** 水道(すいどう) 수도 `3급` 東海道(とうかいどう) 동해도*
  北海道(ほっかいどう) 홋카이도* 山道(やまみち) 산길 `3급`
- **N3** 坂道(さかみち) 언덕 길 `N3표기`
- **N1** 軌道(きどう) 궤도 `N1용법` 神道(しんとう) 신도, 일본 고유의 전통적인 신앙

꽃 화 　 음 か　 훈 はな

花

훈독은 「はな(花)」로 주로 N5부터, 음독은 「か」로 주로 N1에서 출제된다. 대표적인 예로 「花壇(かだん : 화단)」, 「花粉(かふん : 꽃가루)」 등이 있다. 접미어 「~花(か)」(p.30)로도 활용하므로 잘 익혀 두자.

- N5　花(はな) 꽃 4급　　　　　花見(はなみ) 꽃구경 4급
- N1　花壇(かだん) 화단　　　　花粉(かふん) 꽃가루

고기 어 　 음 ぎょ　 훈 さかな

魚

훈독은 「さかな(魚)」로 주로 N5부터, 음독은 「ぎょ」로 주로 N1부터 출제된다. 대표적인 예로 「金魚(きんぎょ) : 금붕어」 등이 있다. 예외적으로 「雑魚」는 「ざこ」라고 읽는다. 접미어 「~魚(ぎょ)」(p.27)로도 활용하므로 잘 익혀 두자.

- N5　魚(さかな) 생선, 물고기 4급
- N4　金魚(きんぎょ) 금붕어　　　雑魚(ざこ) 잡어, 송사리

어찌 하 　 음 か　 훈 なに / なん

何

훈독은 「なに(何) / なん(何)」으로 주로 N5부터 출제된다. 뒤에 오는 음에 따라 「なに」 또는 「なん」으로 읽으므로 가능하면 「なにが / なにを / なんで」처럼 조사를 붙여서 통째로 외워 두자. 음독은 「か」로 N1까지 해당되는 단어가 별로 없다.

- N5　何時間(なんじかん) 몇 시간*　　　何世紀(なんせいき) 몇 세기*
  　 何人(なんにん) 몇 명 4급　　　　　何の(なんの) 어느, 어떤 4급
  　 何(なに) 무엇 4급　　　　　　　　何語(なにご) 어떤 언어, 무슨 말 4급
- N4　何度(なんど) 몇 번 3급
- N3　何も(なにも) 아무것도 N3교체　　何度も(なんども) 몇 번이고 N1교체, N2교체
- N1　何とか(なんとか) 어떻게든 N1교체

| 밑 본 | 음 ほん(ぽん・ぼん) | 훈 もと |

훈독은 「もと(本)」로 별로 출제되지 않고, 음독은 「ほん」으로 주로 N4부터 출제된다. 간혹 「百本(ひゃっぽん) : 100송이」, 「三本(さんぼん) : 3송이」과 같이 「ほん」이 「ぽん / ぼん」으로 읽기도 하므로 이런 단어들은 주의해서 외워 두도록 한다. 접두어 「本(ほん)~」(p.23)과 접미어 「~本(ほん)」(p.25)으로도 활용하므로 잘 익혀 두자.

- **N5** 九本(きゅうほん) 9개 `4급` 日本語(にほんご) 일본어 `4급`
  百本(ひゃっぽん) 100송이 `4급` 本(ほん) 책 `4급`
  本舞台(ほんぶたい) 본무대* `4급`
- **N3** 本当(ほんとう) 정말 `N3교체`
- **N2** 日本式(にほんしき) 일본식 `N2단어형성` 日本流(にほんりゅう) 일본식 `N2단어형성`
- **N1** 本心(ほんしん) 본심 本筋(ほんすじ) 본 줄거리* `N1읽기`
  本音(ほんね) 본심* `N1문규`

| 나라 국 | 음 こく(ごく・こっ) | 훈 くに |

훈독은 「くに(国)」, 음독은 「こく」로 모두 주로 N5부터 출제된다. 주의할 것은 「中国(ちゅうごく) : 중국」, 「天国(てんごく) : 천국」 등은 「こく」가 아니라 「ごく」라는 점이다. 이 한자는 「-く」로 끝나므로 뒤에 「か・き・く・け・こ」가 오면 「-っ」의 형태가 된다. 대표적인 예로 「国会(こっかい) : 국회」 등이 있다. 접미어 「~国(こく)」(p.25)로도 활용하므로 잘 익혀 두자.

- **N5** 外国(がいこく) 외국 `4급` 外国人(がいこくじん) 외국인 `4급`
  国(くに) 나라 `4급`
- **N4** 帰国(きこく) 귀국
- **N3** 国際(こくさい) 국제 出国(しゅっこく) 출국
- **N2** 国際色(こくさいしょく) 국제색 `N2단어형성`
  債権国(さいけんこく) 채권국* 諸外国(しょがいこく) 여러 외국 `N2단어형성`
  発展途上国(はってんとじょうこく) 발전도상국*

| 말씀 어 | 음 ご | 훈 かたる |

훈독은 「かたる(語る)」로 주로 N3부터 출제되고, 음독은 「ご」로 주로 N5부터 출제된다. 접미어 「~語(ご)」(p.27)로도 활용하므로 잘 익혀 두자.

- **N5** 何語(なにご) 무슨 말 `4급` 日本語(にほんご) 일본어 `4급`
- **N4** 英語(えいご) 영어 `3급` 物語(ものがたり) 이야기 `N3읽기, N3표기`

| 역참 역 | 음 えき |

駅

훈독은 없고, 음독은 「えき」로 주로 N5부터 출제된다. 접미어 「〜駅(えき)」(p.27)로도 활용하므로 잘 익혀 두자.

N5 駅(えき) 역 `4급`　　駅員(えきいん) 역무원
　　始発駅(しはつえき) 시발역*
　　新宿駅(しんじゅくえき) 신주쿠역*　　終着駅(しゅうちゃくえき) 종착역*

N2 東京駅発(とうきょうえきはつ) 동경역발 `N2단어형성`

| 가게 점 | 음 てん | 훈 みせ |

店

훈독은 「みせ(店)」로 주로 N5부터, 음독은 「てん」으로 주로 N4부터 출제된다. 접미어 「〜店(てん)」(p.29)으로도 활용하므로 잘 익혀 두자.

N5 店(みせ) 가게 `4급`

N4 店員(てんいん) 점원 `3급`　　売店(ばいてん) 매점 `3급`

N2 商店(しょうてん) 상점　　商店街(しょうてんがい) 상점가 `N2단어형성`

| 모일 사 | 음 しゃ(じゃ) |

훈독은 N1까지 거의 출제되지 않고, 음독은 「しゃ」로 주로 N5부터 출제된다. 「神社(じんじゃ) : 신사」와 같이 「じゃ」로 음이 바뀌는 경우도 있다. 접미어 「〜社(しゃ)」(p.26)로도 활용하므로 잘 익혀 두자.

N5 会社(かいしゃ) 회사 `4급`　　社会(しゃかい) 사회

N4 社員(しゃいん) 사원　　社長(しゃちょう) 사장(님) `3급`

N2 会社員風(かいしゃいんふう) 회사원풍 `N2단어형성`
　　副社長(ふくしゃちょう) 부사장(님) `N2단어형성`

연습문제 12

》》 下線の 漢字はひらがなに、ひらがなは 漢字に なおしなさい。

1. けさ いもうとに 電話を かけました。　　　　　　　　　　（　　　）
2. これは わたしの 名刺です。　　　　　　　　　　　　　　（　　　）
3. きのう 友だちに てがみを かきました。　　　　　　　　（　　　）
4. 駅員さんに みちを きく。　　　　　　　　　　　　　　（　　　）
5. だいがくを そつぎょうして 社会に でる。　　　　　　　（　　　）
6. あなたの くにでは 何語を はなしますか。　　　　　　　（　　　）
7. あかい 金魚が およいで います。　　　　　　　　　　　（　　　）
8. きのう ともだちと 山道を あるきました。　　　　　　　（　　　）
9. あした 有名な こうえんへ でかけます。　　　　　　　　（　　　）
10. けさ はなを 百本 かいました。　　　　　　　　　　　（　　　）
11. にほんごの ことばを むっつ おぼえました。　　　　　（　　　）
12. みみを かたむけて ねっしんに きく。　　　　　　　　（　　　）
13. くるまの なかに おんなのこが なんにん いますか。　（　　　）
14. ここに あなたの なまえを かいて ください。　　　　（　　　）
15. この あたらしい ほんは いくらですか。　　　　　　　（　　　）
16. きょう たばこを きゅうほん すいました。　　　　　　（　　　）
17. でんしゃに のって がっこうへ いきます。　　　　　　（　　　）
18. デパートの うしろに なにが ありますか。　　　　　　（　　　）
19. かれは あしが はやいです。　　　　　　　　　　　　　（　　　）
20. ながい かわが あります。　　　　　　　　　　　　　　（　　　）

읽기 표기 콕콕 연습문제 13

정답 P.215

>> 下線(かせん)の 漢字(かんじ)はひらがなに、ひらがなは 漢字に なおしなさい。

1. きのう えんぴつを <u>九本</u> かいました。 (　　　　)
2. この かばんを もって <u>山</u>へ いきます。 (　　　　)
3. きのう <u>本</u>を さんさつ かいました。 (　　　　)
4. <u>停電</u>で くらくなりました。 (　　　　)
5. あした <u>帰国</u>します。 (　　　　)
6. ながい じかん <u>電車</u>に のりました。 (　　　　)
7. がっこうの まえに <u>何</u>が ありますか。 (　　　　)
8. <u>出口</u>は どこですか。 (　　　　)
9. がっこうで <u>日本語</u>を ならって います。 (　　　　)
10. あの ひとなら <u>名前</u>だけは しって います。 (　　　　)
11. きのう ともだちに <u>でんわ</u>を かけました。 (　　　　)
12. ゆうべ じっぷんぐらい <u>やまみち</u>を あるきました。 (　　　　)
13. えきの ひがしに おおきい <u>かわ</u>が あります。 (　　　　)
14. あなたの くにでは <u>なにご</u>を はなしますか。 (　　　　)
15. ともだちと はなを <u>ひゃっぽん</u> かいました。 (　　　　)
16. みなみの <u>くに</u>は いちねんじゅう あついです。 (　　　　)
17. にほんの <u>ゆうめい</u>な うたを うたいました。 (　　　　)
18. せかい ぶんがくの <u>めいさく</u>を よむ。 (　　　　)
19. この がっこうに がくせいが <u>なんにん</u> いますか。 (　　　　)
20. さんにんで たべるには りょうが すこし <u>たりない</u>。 (　　　　)

콕콕 연습문제 10

정답 P.215

≫ (　　)に なにを いれますか。1・2・3・4から いちばん いい ものを ひとつえらんで ください。

1 バスより (　　) で いった ほうが 早(はや)く つきます。
1 前後(ぜんご)　　2 天気(てんき)　　3 午後(ごご)　　4 電車(でんしゃ)

2 この 大学(だいがく)は おかねが かかる ことで (　　) です。
1 有名(ゆうめい)　　2 便利(べんり)　　3 親切(しんせつ)　　4 心配(しんぱい)

3 ときどき 母(はは)に (　　) を 書(か)いて こちらの ようすを 知(し)らせて います。
1 南北(なんぼく)　　2 手紙(てがみ)　　3 半分(はんぶん)　　4 毎日(まいにち)

4 さゆうを よく 見(み)て (　　) を わたりましょう。
1 右(みぎ)　　2 花(はな)　　3 道(みち)　　4 月(つき)

5 こどもの ころ、ちかくの (　　) で あそびました。
1 川(かわ)　　2 左(ひだり)　　3 年(とし)　　4 時(とき)

6 ベランダの (　　) を きって げんかんに かざりました。
1 上(うえ)　　2 水(みず)　　3 道(みち)　　4 花(はな)

7 日本(にほん)の うみでは いろいろな (　　) が とれます。
1 月(つき)　　2 魚(さかな)　　3 花(はな)　　4 西(にし)

8 (　　) が おわってから ときどき おさけを 飲(の)んで かえります。
1 会社(かいしゃ)　　2 天気(てんき)　　3 学生(がくせい)　　4 名刺(めいし)

9 あの (　　) は いい しなものを たくさん おいて いるから 客(きゃく)が 多(おお)い。
1 右(みぎ)　　2 道(みち)　　3 花(はな)　　4 店(みせ)

10 ひとりで しずかに (　　) を よむのが すきです。
1 下(した)　　2 駅(えき)　　3 本(ほん)　　4 水(みず)

N4
제 2 장

Part 01
N4 한자 대비

Part 02
N4 대응 중요 한자

Part 01

N4 한자 대비

01 N4 예상 한자
02 N4 한자 활용

01 N4 예상 한자

》》1순위 한자

한자 읽기	한자 쓰기	뜻
□ あおい	青い	파랗다
□ あね	姉	누나, 언니
□ あるく	歩く	걷다
□ いしゃ	医者	의사
□ おくる	送る	보내다
□ おもい	重い	무겁다
□ かえる	帰る	돌아가다, 돌아오다
□ かす	貸す	빌려주다
□ かぞく	家族	가족
□ かりる	借りる	빌리다
□ きょねん	去年	작년
□ けいかく	計画	계획
□ けんきゅう	研究	연구
□ こうじょう	工場	공장
□ しごと	仕事	일
□ しんせつ	親切	친절함
□ せかい	世界	세계

한자 읽기	한자 쓰기	뜻
□ とり	鳥	새
□ ならう	習う	배우다
□ はたらく	働く	일하다
□ はやく	早く	일찍, 빨리
□ はる	春	봄
□ びょういん	病院	병원
□ まち	町	동네, 마을
□ ゆうめい	有名	유명함
□ りょこう	旅行	여행
□ あかい	赤い	빨갛다
□ あかるい	明るい	밝다
□ あつまる	集まる	모이다
□ あんしん	安心	안심
□ いそぐ	急ぐ	서두르다
□ いろ	色	색
□ うた	歌	노래
□ うみ	海	바다
□ うる	売る	팔다
□ えいご	英語	영어
□ えき	駅	역
□ おおい	多い	많다

한자 읽기	한자 쓰기	뜻
□ おわる	終わる	끝나다
□ きょうしつ	教室	교실
□ ぎんこう	銀行	은행
□ くろい	黒い	검다
□ こんど	今度	이번
□ じてんしゃ	自転車	자전거
□ しなもの	品物	물건
□ しぬ	死ぬ	죽다
□ しゅっぱつ	出発	출발
□ しる	知る	알다
□ すむ	住む	살다
□ たのしい	楽しい	즐겁다
□ つかう	使う	사용하다
□ つく	着く	도착하다
□ つくる	作る	만들다
□ はしる	走る	달리다
□ ひる	昼	점심, 낮
□ ひろい	広い	넓다
□ ふく	服	옷
□ ふべん	不便	불편함
□ ふるい	古い	낡다

한자 읽기	한자 쓰기	뜻
□ べんきょう	勉強	공부
□ もつ	持つ	들다, 가지다
□ やさい	野菜	채소
□ よる	夜	밤
□ わかれる	別れる	헤어지다

≫ 2순위 한자

한자 읽기	한자 쓰기	뜻
□ あう	会う	만나다
□ あき	秋	가을
□ あける	開ける	열다
□ あじ	味	맛
□ あたま	頭	머리
□ あたらしい	新しい	새롭다
□ あつい	暑い	덥다
□ あらう	洗う	씻다
□ いう	言う	말하다
□ いがい	以外	이외
□ いけ	池	연못
□ いけん	意見	의견
□ いじょう	以上	이상

한자 읽기	한자 쓰기	뜻
☐ いぬ	犬	개
☐ いみ	意味	의미
☐ いもうと	妹	여동생
☐ うごく	動く	움직이다
☐ うつす	写す	베끼다, (사진을) 찍다
☐ うんてん	運転	운전
☐ うんどう	運動	운동
☐ えいが	映画	영화
☐ おきる	起きる	일어나다
☐ おくじょう	屋上	옥상
☐ おしえる	教える	가르치다
☐ おとうと	弟	남동생
☐ おなじ	同じ	같음
☐ おもいだす	思い出す	생각해 내다, 떠올리다
☐ おんがく	音楽	음악
☐ かいしゃ	会社	회사
☐ かう	買う	사다
☐ かえす	返す	돌리다, 돌려주다
☐ かぜ	風	바람
☐ かよう	通う	다니다
☐ からだ	体	몸, 신체

한자 읽기	한자 쓰기	뜻
□ かわり	代わり	대신
□ かんがえる	考える	생각하다
□ きぶん	気分	기분
□ きもの	着物	옷, 기모노
□ きゅうに	急に	갑자기
□ ぎゅうにく	牛肉	쇠고기
□ きる	着る	입다
□ きんじょ	近所	근처
□ くすり	薬	약
□ くび	首	목
□ くらい	暗い	어둡다
□ こうえん	公園	공원
□ こうぎょう	工業	공업
□ こえ	声	목소리
□ こたえる	答える	대답하다
□ ことり	小鳥	작은 새
□ さかな	魚	물고기, 생선
□ さんぎょう	産業	산업
□ しあい	試合	시합, 경기
□ しつもん	質問	질문
□ じぶん	自分	자기, 자신

한자 읽기	한자 쓰기	뜻
☐ しみん	市民	시민
☐ しゃしん	写真	사진
☐ しゃしんか	写真家	사진(작)가
☐ じゅうしょ	住所	주소
☐ じゅうぶん	十分	충분(히)
☐ しょくじ	食事	식사
☐ しょくどう	食堂	식당
☐ しょくりょうひん	食料品	식료품
☐ じんこう	人口	인구
☐ すき	好き	좋아함
☐ すすむ	進む	나아가다
☐ せいよう	西洋	서양
☐ せつめい	説明	설명
☐ せわ	世話	돌봄, 신세, 폐
☐ そぼ	祖母	할머니
☐ そら	空	하늘
☐ たいしかん	大使館	대사관
☐ だいどころ	台所	부엌
☐ たいふう	台風	태풍
☐ ただしい	正しい	옳다, 바르다
☐ たつ	立つ	일어서다, 일어나다

한자 읽기	한자 쓰기	뜻
☐ たてもの	建物	건물
☐ たてる	建てる	세우다, 짓다
☐ たりる	足りる	족하다, 충분하다
☐ ちかい	近い	가깝다
☐ ちかく	近く	가까운 곳, 근처
☐ ちかてつ	地下鉄	지하철
☐ ちから	力	힘
☐ ちず	地図	지도
☐ ちゃいろ	茶色	갈색
☐ ちゅうい	注意	주의, 충고
☐ ちゅうし	中止	중지
☐ ちり	地理	지리
☐ つよい	強い	강하다, 세다
☐ てがみ	手紙	편지
☐ てんいん	店員	점원
☐ とおく	遠く	먼 곳
☐ とくべつ	特別	특별함
☐ とけい	時計	시계
☐ としょかん	図書館	도서관
☐ とまる	止まる	멈추다
☐ なつ	夏	여름

한자 읽기	한자 쓰기	뜻
□ のむ	飲む	마시다
□ のる	乗る	타다
□ はこぶ	運ぶ	운반하다, 옮기다
□ はじまる	始まる	시작되다
□ はじめる	始める	시작하다
□ はつおん	発音	발음
□ はな	花	꽃
□ ひかり	光	빛
□ ふゆ	冬	겨울
□ ぶん	文	문장
□ へや	部屋	방
□ まつ	待つ	기다리다
□ まにあう	間に合う	시간에 맞추다
□ みじかい	短い	짧다
□ みせ	店	가게
□ もり	森	숲
□ やすい	安い	싸다
□ ゆうがた	夕方	저녁때, 해질녁
□ ゆうはん	夕飯	저녁밥
□ ようい	用意	준비
□ ようじ	用事	볼일, 용건

한자 읽기	한자 쓰기	뜻
□ ようふく	洋服	양복, 옷
□ りょうり	料理	요리, 음식
□ わるい	悪い	나쁘다, 못되다

≫ 3순위 한자

한자 읽기	한자 쓰기	뜻
□ あいだ	間	사이, 간격
□ あく	空く	비다
□ あさ	朝	아침
□ あし	足	발, 다리
□ あつさ	暑さ	더위
□ あつめる	集める	모으다
□ あに	兄	형, 오빠
□ いがく	医学	의학
□ いきかた	行き方	가는 법
□ いっしゅうかん	一週間	일주일, 일주간
□ いない	以内	이내
□ いりぐち	入り口	입구
□ うし	牛	소
□ うたう	歌う	노래 부르다
□ うまれる	生まれる	태어나다

한자 읽기	한자 쓰기	뜻
□ えいがかん	映画館	영화관
□ えんりょ	遠慮	사양
□ おこなう	行う	행하다, 시행하다
□ おしょうがつ	お正月	정월, 설
□ おちゃ	お茶	차
□ おと	音	소리
□ おにいさん	お兄さん	형, 오빠
□ おねえさん	お姉さん	누나, 언니
□ おもう	思う	생각하다
□ およぐ	泳ぐ	헤엄치다
□ おわり	終わり	끝
□ かいじょう	会場	회장
□ かいわ	会話	회화
□ かえり	帰り	귀갓길
□ かお	顔	얼굴
□ かきかた	書き方	쓰는 법
□ かじ	火事	화재, 불
□ かた	方	분
□ かみ	紙	종이
□ かるい	軽い	가볍다
□ かんがえかた	考え方	사고방식

한자 읽기	한자 쓰기	뜻
☐ かんじ	漢字	한자
☐ きかく	企画	기획
☐ きたく	北区	기타구
☐ きって	切手	우표
☐ きもち	気持ち	기분
☐ きゅうこう	急行	급행
☐ きゅうりょう	給料	급료, 월급
☐ きょうだい	兄弟	형제
☐ くうき	空気	공기
☐ くる	来る	오다
☐ けさ	今朝	오늘 아침
☐ げつようび	月よう日	월요일
☐ けん	県	현
☐ けんきゅうかい	研究会	연구회
☐ けんぶつ	見物	구경
☐ こうちょう	校長	교장 (선생님)
☐ ごご	午後	오후
☐ ことし	今年	올해
☐ こめ	米	쌀
☐ さくぶん	作文	작문
☐ さむい	寒い	춥다

한자 읽기	한자 쓰기	뜻
☐ じしょ	辞書	사전
☐ じどうしゃ	自動車	자동차
☐ しめる	閉める	닫다
☐ しゃかい	社会	사회
☐ しゃちょう	社長	사장(님)
☐ じゅうたい	渋滞	정체
☐ しゅじん	主人	주인, 남편
☐ しゅっせき	出席	출석
☐ じょゆう	女優	여배우
☐ しんぶんしゃ	新聞社	신문사
☐ すいどう	水道	수도
☐ すこし	少し	조금
☐ せき	席	자리
☐ せんしゅう	先週	저번 주, 지난주
☐ せんもん	専門	전문, 전공
☐ たいし	大使	대사
☐ だいじ	大事	중요함
☐ たいせつ	大切	중요함
☐ たっきゅう	卓球	탁구
☐ つごう	都合	사정
☐ でぐち	出口	출구

한자 읽기	한자 쓰기	뜻
□ でる	出る	나가다
□ でんわだい	電話代	전화 요금
□ ～ど	～度	～도
□ どうぶつ	動物	동물
□ とおり	通り	길
□ とおる	通る	지나다
□ とくに	特に	특히
□ とっきゅう	特急	특급
□ とまる	泊まる	묵다, 숙박하다
□ どようび	土よう日	토요일
□ なんども	何度も	몇 번이고
□ にし	西	서쪽
□ にだい	二台	두 대
□ にっき	日記	일기
□ にもつ	荷物	짐
□ ばいてん	売店	매점
□ ばしょ	場所	장소
□ はなし	話	이야기
□ ははおや	母親	어머니
□ はやし	林	숲
□ ひく	引く	잡아당기다

한자 읽기	한자 쓰기	뜻
☐ ひくい	低い	낮다
☐ ひょうしき	標識	표지
☐ ひらく	開く	열리다
☐ ひろう	拾う	줍다
☐ ひろば	広場	광장
☐ ふせぐ	防ぐ	방지하다
☐ ふとい	太い	굵다
☐ ぶんがく	文学	문학
☐ べんり	便利	편리함
☐ ほんや	本屋	책방
☐ むら	村	마을
☐ め	目	눈
☐ もん	門	문
☐ もんだい	問題	문제
☐ やくにたつ	役にたつ	도움이 되다
☐ やまみち	山道	산길
☐ ゆたかだ	豊かだ	풍요롭다, 풍부하다
☐ よてい	予定	예정
☐ よわい	弱い	약하다
☐ らいしゅう	来週	다음 주
☐ りょかん	旅館	여관
☐ わたくし	私	저, 나

읽기 표기 콕콕 연습문제 01

정답 P.216

≫ 下線の 漢字はひらがなに、ひらがなは 漢字に なおしなさい。

1. <u>校長</u>先生に あいさつを します。 (　　　　)
2. すぐ <u>帰る</u>から ちょっと まって いて ください。 (　　　　)
3. えきまで <u>行き方</u>を おしえて ください。 (　　　　)
4. <u>映画館</u>で たばこを すっては いけません。 (　　　　)
5. 6時に ここを 出れば その 電車に <u>十分</u> まにあうよ。 (　　　　)
6. ちゅうがくせいの ころ、<u>小鳥</u>を かって いました。 (　　　　)
7. きんじょで <u>火事</u>が ありました。 (　　　　)
8. かのじょの <u>気持ち</u>が わからない。 (　　　　)
9. 本を きっさてんに わすれて きた ことを <u>思い出した</u>。 (　　　　)
10. 山に 行って しんせんな <u>空気</u>を すう。 (　　　　)
11. <u>しんぶんしゃ</u>に つとめて います。 (　　　　)
12. おかしを <u>きょうだい</u>で わけました。 (　　　　)
13. <u>ほんや</u>で ざっしを 買いました。 (　　　　)
14. だいがくで <u>せいよう</u>の おんがくを ならって います。 (　　　　)
15. この まちの <u>じんこう</u>は 5万人に へりました。 (　　　　)
16. <u>じどうしゃ</u>で 2じかん かかります。 (　　　　)
17. かれは にほん <u>ぶんがく</u>に くわしいです。 (　　　　)
18. この <u>ぎゅうにく</u>は すこし かたいです。 (　　　　)
19. けがを した ところに <u>くすり</u>を ぬって もらった。 (　　　　)
20. <u>てんじかいじょう</u>は あの たてものです。 (　　　　)

02 N4 한자 활용

한자 파생어(접두어, 접미어)와 복합동사로 많이 쓰이는 N4 예상 한자를 정리하였다. N4의 출제 예상 한자이기는 하나, N1·N3·N4의 문맥규정과 N2 단어형성 문제에서도 파생어·복합동사로 출제될 가능성이 높으므로 잘 익혀 두도록 하자.

≫ 접두어 24

한자	뜻	출제 예상 단어		
□ 軽～	경～	けいおんがく 軽音楽 경음악 けいじどうしゃ 軽自動車 경자동차	けいかしつ 軽過失 경과실 けいごうきん 軽合金 경합금	けいきんぞく 軽金属 경금속 けいひこうき 軽飛行機 경비행기
□ 広～	광～	こうはんい 広範囲 광범위		
□ 区～	구～	くやくしょ 区役所 구청		
□ 急～	급～	きゅうかくど 急角度 급각도 きゅうじょうしょう 急上昇 급상승 きゅうていし 急停止 급정지	きゅうけいしゃ 急傾斜 급경사 きゅうしんてん 急進展 급진전 きゅうていしゃ 急停車 급정차	きゅうこうか 急降下 급강하 きゅうせいちょう 急成長 급성장 きゅうはっしん 急発進 급발진
□ 短～	단～	たんきかん 短期間 단기간	たんきょり 短距離 단거리	たんじかん 短時間 단시간
□ 同～	동～	どうかいしゃ 同会社 동 회사 どうだいがく 同大学 동 대학(교)	どうけいしき 同形式 동 형식 どうみんぞく 同民族 동 민족	どうせだい 同世代 동 세대 どうもんだい 同問題 동 문제
□ 動～	동～	どうでんき 動電気 동전기, 전류	どうでんりょく 動電力 동전력, 기전력	どうめいし 動名詞 동명사
□ 別～	별～	べつこうどう 別行動 다른 행동	べつせかい 別世界 별세계, 별천지	べつもんだい 別問題 별문제, 다른 문제
□ 不～	불～	ふあんてい 不安定 불안정함 ふごうかく 不合格 불합격 ふつごう 不都合 형편이 좋지 않음 ふひつよう 不必要 불필요함 ぶかっこう 不格好 모양이 나쁨	ふきそく 不規則 불규칙함 ふじゆう 不自由 부자유함 ふてきとう 不適当 부적당함 ふべんきょう 不勉強 애써 공부하지 않음 ぶさほう 不作法 버릇이 없음	ふけいき 不景気 불경기 ふせいかく 不正確 정확하지 않음 **N2단어형성** ふにんじょう 不人情 몰인정함 ふようい 不用意 부주의함 ぶようじん 不用心 경계가 소홀함

한자	뜻	출제 예상 단어		
□ 私~	사~	私(し)小説(しょうせつ) 사소설	私(し)生活(せいかつ) 사생활	
□ 市~	시~	市(し)議会(ぎかい) 시의회	市(し)当局(とうきょく) 시당국	市(し)役所(やくしょ) 시청
□ 試~	시~	試(し)運転(うんてん) 시운전	試(し)供品(きょうひん) 견본품	
□ 悪~	악~	悪(あく)影響(えいきょう) 악영향 N2단어형성	悪(あく)感情(かんじょう) 악감정	悪(あく)趣味(しゅみ) 악취미
		悪(あく)循環(じゅんかん) 악순환	悪(あく)条件(じょうけん) 악조건 N2단어형성	悪(あく)宣伝(せんでん) 악선전
暗~	어두운~	暗(あん)紫色(ししょく) 어두운 자색	暗(あん)緑色(りょくしょく) 어두운 녹색	
□ 洋~	양~	洋(よう)菓子(がし) 양과자	洋(よう)楽器(がっき) 양악기	洋(よう)定食(ていしょく) 서양식 정식
□ 英~	영~	英(えい)会話(かいわ) 영어 회화	英(えい)作文(さくぶん) 영작문	英(えい)文学(ぶんがく) 영문학
□ 銀~	은~	銀(ぎん)食器(しょっき) 은식기	銀(ぎん)製品(せいひん) 은제품	銀(ぎん)世界(せかい) 은세계
□ 自~	자~	自(じ)意識(いしき) 자의식		
□ 低~	저~	低(てい)学年(がくねん) 저학년	低(てい)カロリー 저칼로리 N2단어형성	低(てい)気圧(きあつ) 저기압
		低(てい)金利(きんり) 저금리	低(てい)次元(じげん) 저차원	低(てい)姿勢(しせい) 저자세
		低(てい)脂肪(しぼう) 저지방	低(てい)地帯(ちたい) 저지대	低(てい)賃金(ちんぎん) 저임금
□ 正~	정~	正(せい)会員(かいいん) 정회원	正(せい)社員(しゃいん) 정사원	正(せい)反対(はんたい) 정반대
□ 主~	주~	主(しゅ)産地(さんち) 주산지	主(しゅ)車輪(しゃりん) 주륜, 주축이 되는 바퀴	主(しゅ)成分(せいぶん) 주성분 N2단어형성
		主(しゅ)戦場(せんじょう) 주전장	主(しゅ)目的(もくてき) 주목적	
□ 重~	중~	重(じゅう)過失(かしつ) 중과실	重(じゅう)金属(きんぞく) 중금속	重(じゅう)工業(こうぎょう) 중공업
		重(じゅう)障児(しょうじ) 중장애아	重(じゅう)水素(すいそ) 중수소	重(じゅう)電気(でんき) 중전기
		重(じゅう)陽子(ようし) 중양자	重(じゅう)粒子(りゅうし) 중립자	重(じゅう)労働(ろうどう) 중노동
真~	완전히 ~함	真(ま)四角(しかく) 정사각형	真(ま)人間(にんげん) 참다운 인간	真(ま)夜中(よなか) 한밤중 N2단어형성
青~	청~	青(せい)少年(しょうねん) 청소년		
□ 漢~	한~	漢(かん)民族(みんぞく) 한족		

한자	뜻	출제 예상 단어		
☐ 合~	합~	ごうもくてきせい 合目的性 합목적성		
☐ 好~	호~	こうけいき 好景気 호경기 こうじんぶつ 好人物 호인 こうつごう 好都合 형편이 좋음	こうざいりょう 好材料 좋은 재료 こうせいせき 好成績 호성적 こうてんき 好天気 좋은 날씨	こうじょうけん 好条件 호조건 こうだんし 好男子 호남자, 호남 こうてきしゅ 好敵手 호적수

접미어 113

한자	뜻	출제 예상 단어		
□ ~家	~가	音楽家 (おんがくか) 음악가 芸術家 (げいじゅつか) 예술가 作曲家 (さっきょくか) 작곡가 宗教家 (しゅうきょうか) 종교가 政治家 (せいじか) 정치가 発明家 (はつめいか) 발명가	活動家 (かつどうか) 활동가 建築家 (けんちくか) 건축가 資産家 (しさんか) 자산가 小説家 (しょうせつか) 소설가 専門家 (せんもんか) 전문가 勉強家 (べんきょうか) 공부파	教育家 (きょういくか) 교육가 倹約家 (けんやくか) 절약가 思想家 (しそうか) 사상가 声楽家 (せいがくか) 성악가 努力家 (どりょくか) 노력가 理論家 (りろんか) 이론가
□ ~歌	~가	愛唱歌 (あいしょうか) 애창가 主題歌 (しゅだいか) 주제가 子守歌 (こもりうた) 자장가	革命歌 (かくめいか) 혁명가 流行歌 (りゅうこうか) 유행가 田植歌 (たうえうた) 모내기할 때 부르는 노래	賛美歌 (さんびか) 찬미가 労働歌 (ろうどうか) 노동가 流行歌 (はやりうた) 유행가
□ ~強	~보다 조금 더	五百円強 (ごひゃくえんきょう) 5백엔을 조금 넘음	三キロ強 (さんきょう) 3킬로그램을 조금 넘음	
□ ~犬	~견	軍用犬 (ぐんようけん) 군용견	警察犬 (けいさつけん) 경찰견	日本犬 (にほんけん) 일본견
□ ~界	~계	映画界 (えいがかい) 영화계 芸能界 (げいのうかい) 연예계 出版界 (しゅっぱんかい) 출판계	医学界 (いがくかい) 의학계 `N2단어형성` 自然界 (しぜんかい) 자연계 政治界 (せいじかい) 정치계	経済界 (けいざいかい) 경제계 社交界 (しゃこうかい) 사교계 文学界 (ぶんがくかい) 문학계
□ ~計	~계	圧力計 (あつりょくけい) 압력계 血圧計 (けつあつけい) 혈압계 体温計 (たいおんけい) 체온계	雨量計 (うりょうけい) 우량계 地震計 (じしんけい) 지진계 電力計 (でんりょくけい) 전력계	温度計 (おんどけい) 온도계 速度計 (そくどけい) 속도계 風力計 (ふうりょくけい) 풍력계
□ ~工	~공	印刷工 (いんさつこう) 인쇄공 修理工 (しゅうりこう) 수리공	機械工 (きかいこう) 기계공 見習工 (みならいこう) 견습공	組立工 (くみたてこう) 조립공 溶接工 (ようせつこう) 용접공
□ ~館	~관	映画館 (えいがかん) 영화관 水族館 (すいぞくかん) 수족관 博物館 (はくぶつかん) 박물관	写真館 (しゃしんかん) 사진관 西洋館 (せいようかん) 서양관 美術館 (びじゅつかん) 미술관	資料館 (しりょうかん) 자료관 図書館 (としょかん) 도서관 領事館 (りょうじかん) 영사관
□ ~光	~광	直射光 (ちょくしゃこう) 직사광		

한자	뜻	출제 예상 단어		
□ ~教	~교	イスラム教(きょう) 이슬람교	キリスト教(きょう) 기독교	
□ ~区	~구	渋谷区(しぶやく) 시부야구 全国区(ぜんこくく) 전국구	新宿区(しんじゅくく) 신주쿠구 地方区(ちほうく) 지방구	選挙区(せんきょく) 선거구 中野区(なかのく) 나카노구
□ ~堂	~당	音楽堂(おんがくどう) 음악당 納骨堂(のうこつどう) 납골당	教会堂(きょうかいどう) 교회당 礼拝堂(れいはいどう) 예배당	公会堂(こうかいどう) 공회당
□ ~台	~대	気象台(きしょうだい) 기상대 手術台(しゅじゅつだい) 수술대	化粧台(けしょうだい) 화장대 天文台(てんもんだい) 천문대	実験台(じっけんだい) 실험대 平均台(へいきんだい) 평균대
		一台(いちだい) 1대 五台(ごだい) 5대 九台(きゅうだい/くだい)(九台) 9대	二台(にだい) 2대 六台(ろくだい) 6대 十台(じゅうだい) 10대	三台(さんだい) 3대 七台(ななだい/しちだい)(七台) 7대 何台(なんだい) 몇 대	四台(よんだい/よだい)(四台) 4대 八台(はちだい) 8대
□ ~代	~대	切符代(きっぷだい) 표값 新聞代(しんぶんだい) 신문대 電気代(でんきだい) 전기세	修理代(しゅうりだい) 수리비 水道代(すいどうだい) 수도세 電話代(でんわだい) 전화비	食事代(しょくじだい) 식사대 洗濯代(せんたくだい) 세탁비 洋服代(ようふくだい) 양복값
□ ~図	~도	案内図(あんないず) 안내도 設計図(せっけいず) 설계도 天気図(てんきず) 일기도	航海図(こうかいず) 항해도 断面図(だんめんず) 단면도 投影図(とうえいず) 투영도	心電図(しんでんず) 심전도 地形図(ちけいず) 지형도 平面図(へいめんず) 평면도
□ ~度	~도	安静度(あんせいど) 안정도 幸福度(こうふくど) 행복도 難易度(なんいど) 난이도	感光度(かんこうど) 감광도 知名度(ちめいど) 지명도 満足度(まんぞくど) 만족도	危険度(きけんど) 위험도 透明度(とうめいど) 투명도 理解度(りかいど) 이해도
		一度(いちど) 한 번 五度(ごど) 다섯 번 九度(きゅうど) 아홉 번	二度(にど) 두 번 六度(ろくど) 여섯 번 十度(じゅうど) 열 번	三度(さんど) 세 번 七度(ななど/しちど)(七度) 일곱 번 何度(なんど) 몇 번	四度(よんど) 네 번 八度(はちど) 여덟 번
□ ~頭	~마리	一頭(いっとう) 1마리 五頭(ごとう) 5마리 九頭(きゅうとう) 9마리	二頭(にとう) 2마리 六頭(ろくとう) 6마리 十頭(じゅっとう/じっとう)(十頭) 10마리	三頭(さんとう) 3마리 七頭(ななとう) 7마리 何頭(なんとう) 몇 마리	四頭(よんとう) 4마리 八頭(はっとう/はちとう)(八頭) 8마리

한자	뜻	출제 예상 단어
☐ ~楽	~악	かんげんがく 管弦楽 관현악 / こうきょうがく 交響楽 교향악 / すいそうがく 吹奏楽 취주악
☐ ~力	~력	かんさつりょく 観察力 관찰력 / きおくりょく 記憶力 기억력 / きょうそうりょく 競争力 경쟁력 けつだんりょく 決断力 결단력 / げんしりょく 原子力 원자력 / げんどうりょく 原動力 원동력 こうどうりょく 行動力 행동력 / しこうりょく 思考力 사고력 / じっこうりょく 実行力 실행력 しゅうちゅうりょく 集中力 집중력 `N2단어형성` / せいかつりょく 生活力 생활력 / りかいりょく 理解力 이해력
☐ ~料	~료	いしゃりょう 慰謝料 위자료 / けしょうりょう 化粧料 화장료 / げんこうりょう 原稿料 원고료 こうこくりょう 広告料 광고료 / じゅぎょうりょう 授業料 수업료 / じゅけんりょう 受験料 수험료 しようりょう 使用料 사용료 `N3문규` / すいどうりょう 水道料 수도료 / せんこうりょう 選考料 전형료 ちょうみりょう 調味料 조미료 / てすうりょう 手数料 수수료 / にゅうえんりょう 入園料 (공원) 입장료 にゅうじょうりょう 入場料 입장료 / はいたつりょう 配達料 배송료 / ほけんりょう 保険料 보험료
☐ ~林	~림	げんしりん 原始林 원시림 / げんせいりん 原生林 원생림 / こくゆうりん 国有林 국유림 しんようじゅりん 針葉樹林 침엽수림 / ねったいりん 熱帯林 열대림 / ぼうふうりん 防風林 방풍림
☐ ~文	~문	きこうぶん 紀行文 기행문 / ぎもんぶん 疑問文 의문문 / せつめいぶん 説明文 설명문 ほうこくぶん 報告文 보고문 / めいれいぶん 命令文 명령문 / ろんせつぶん 論説文 논설문
☐ ~物	~물	えんかぶつ 塩化物 염화물 / かいさんぶつ 海産物 해산물 / かんこうぶつ 刊行物 간행물 けんちくぶつ 建築物 건축물 / しゅっぱんぶつ 出版物 출판물 / しょうがいぶつ 障害物 장애물 ちょさくぶつ 著作物 저작물 / はいきぶつ 廃棄物 폐기물 / ゆうびんぶつ 郵便物 우편물 けおりもの 毛織物 모직물 / じだいもの 時代物 시대물 / れんあいもの 恋愛物 연애물
☐ ~味	~미	げんじつみ 現実味 현실미 / しんじつみ 真実味 진실미 / にんげんみ 人間味 인간미
☐ ~民	~민	きょりゅうみん 居留民 거류민 / ひなんみん 避難民 피난민
☐ ~発	~발	いっぱつ 一発 1발 / にはつ 二発 2발 / さんはつ さんぱつ 三発(三発) 3발 / よんぱつ よんはつ 四発(四発) 4발 ごはつ 五発 5발 / ろっぱつ ろくはつ 六発(六発) 6발 / ななはつ 七発 7발 / はっぱつ 八発 8발 きゅうはつ 九発 9발 / じゅっぱつ じっぱつ 十発(十発) 10발 / なんぱつ 何発 몇 발

한자	뜻	출제 예상 단어		
~別	~별	職業別 (しょくぎょうべつ) 직업별 著者別 (ちょしゃべつ) 저자별	体重別 (たいじゅうべつ) 체중별 年齢別 (ねんれいべつ) 연령별	地方別 (ちほうべつ) 지방별 能力別 (のうりょくべつ) 능력별
~病	~병	黒死病 (こくしびょう) 흑사병 成人病 (せいじんびょう) 성인병 白血病 (はっけつびょう) 백혈병	職業病 (しょくぎょうびょう) 직업병 伝染病 (でんせんびょう) 전염병 皮膚病 (ひふびょう) 피부병	精神病 (せいしんびょう) 정신병 糖尿病 (とうにょうびょう) 당뇨병 婦人病 (ふじんびょう) 부인병
~歩	~보, ~걸음	一歩 (いっぽ) 1걸음 五歩 (ごほ) 5걸음 九歩 (きゅうほ) 9걸음	二歩 (にほ) 2걸음 六歩 (ろっぽ) 6걸음 十歩(十歩) (じゅっぽ/じっぽ) 10걸음	三歩 (さんぽ) 3걸음 七歩 (ななほ) 7걸음 何歩 (なんぽ) 몇 걸음	四歩 (よんぽ) 4걸음 八歩(八歩) (はっぽ/はちほ) 8걸음
~服	~복 / ~잔	宇宙服 (うちゅうふく) 우주복 事務服 (じむふく) 사무복	学生服 (がくせいふく) 학생복 婦人服 (ふじんふく) 부인복	作業服 (さぎょうふく) 작업복 防寒服 (ぼうかんふく) 방한복
		一服 (いっぷく) 1잔 五服 (ごふく) 5잔 九服 (きゅうふく) 9잔	二服 (にふく) 2잔 六服 (ろっぷく) 6잔 十服(十服) (じゅっぷく/じっぷく) 10잔	三服 (さんぷく) 3잔 七服(七服) (ななふく/しちふく) 7잔 何服 (なんぷく) 몇 잔	四服 (よんふく) 4잔 八服 (はっぷく) 8잔
~死	~사	安楽死 (あんらくし) 안락사	過労死 (かろうし) 과로사	事故死 (じこし) 사고사
~産	~산	外国産 (がいこくさん) 외국산	中国産 (ちゅうごくさん) 중국산	日本産 (にほんさん) 일본산
~色	~색	郷土色 (きょうどしょく) 향토색 地方色 (ちほうしょく) 지방색	国際色 (こくさいしょく) 국제색 N2단어형성 中間色 (ちゅうかんしょく) 중간색	反対色 (はんたいしょく) 반대색 天然色 (てんねんしょく) 천연색
~説	~설	原子説 (げんしせつ) 원자설 性善説 (せいぜんせつ) 성선설	権力説 (けんりょくせつ) 권력설 地動説 (ちどうせつ) 지동설	性悪説 (せいあくせつ) 성악설 予定説 (よていせつ) 예정설
~所	~소	案内所 (あんないじょ) 안내소 刑務所 (けいむしょ) 형무소 撮影所 (さつえいじょ) 촬영소 登記所 (とうきしょ) 등기소	営業所 (えいぎょうしょ) 영업소 研究所 (けんきゅうじょ) 연구소 事務所 (じむしょ) 사무소 派出所 (はしゅつじょ) 파출소	休憩所 (きゅうけいじょ) 휴게소 拘置所 (こうちしょ) 구치소 洗面所 (せんめんじょ) 화장실 保健所 (ほけんじょ) 보건소
~市	~시 / ~시장	大阪市 (おおさかし) 오사카시	京都市 (きょうとし) 교토시	長野市 (ながのし) 나가노시

한자	뜻	출제 예상 단어		
		あおものいち 青物市 야채 시장	ふるほんいち 古本市 헌책 시장	みほんいち 見本市 견본 시장
~室	~실	おうせつしつ 応接室 응접실	かいぎしつ 会議室 회의실	けんきゅうしつ 研究室 연구실
		けしょうしつ 化粧室 화장실	じっけんしつ 実験室 실험실	しゅじゅつしつ 手術室 수술실
		しょくいんしつ 職員室 직원실	としょしつ 図書室 도서실	めんかいしつ 面会室 면회실
~心	~심	あいこうしん 愛校心 애교심	きょうそうしん 競争心 경쟁심	きょえいしん 虚栄心 허영심
		けいかいしん 警戒心 경계심	こうきょうしん 公共心 공공심	どうとくしん 道徳心 도덕심
		ぼうけんしん 冒険心 모험심	ゆうもうしん 勇猛心 용맹심	りこしん 利己心 이기심
~悪	~악	しゃかいあく 社会悪 사회악	ひつようあく 必要悪 필요악	
~弱	~이 조금 안 됨	さんぜんめいじゃく 三千名弱 3천 명이 조금 안 됨	じゅうまんえんじゃく 十万円弱 10만 엔이 조금 안 됨	
~薬	~약	いちょうやく 胃腸薬 위장약	がいようやく 外用薬 외용약	かんぽうやく 漢方薬 한방약
		しょうどくやく 消毒薬 소독약	じょうびやく 常備薬 상비약	すいみんやく 睡眠薬 수면약
		とっこうやく 特効薬 특효약	ないふくやく 内服薬 내복약	ますいやく 麻酔薬 마취약
~業	~업	いんさつぎょう 印刷業 인쇄업	けんちくぎょう 建築業 건축업	じゆうぎょう 自由業 자유업
		せいぞうぎょう 製造業 제조업	ぞうせんぎょう 造船業 조선업	はんばいぎょう 販売業 판매업
~屋	~가게, 직업인	うんそうや 運送屋 운송기사	きかいや 機械屋 기계를 파는 사람	ぎじゅつや 技術屋 기술가
		せいじや 政治屋 정치가	でんきや 電気屋 전파상	りょうりや 料理屋 음식점
~用	~용	おとなよう 大人用 성인용	かていよう 家庭用 가정용	きょうそうよう 競争用 경쟁용
		ぎょうむよう 業務用 업무용	けんさよう 検査用 검사용	こうぎょうよう 工業用 공업용
		こどもよう 子供用 아이용	じかよう 自家用 자가용	じっけんよう 実験用 실험용
		じゅけんよう 受験用 수험용	じょせいよう 女性用 여성용	せいりよう 整理用 정리용
		だんせいよう 男性用 남성용	ひじょうよう 非常用 비상용	ますいよう 麻酔用 마취용
~院	~원	げいじゅついん 芸術院 예술원	こじいん 孤児院 고아원	さんぎいん 参議院 참의원
		しゅうぎいん 衆議院 중의원	しゅうどういん 修道院 수도원	しょうねんいん 少年院 소년원
		だいがくいん 大学院 대학원	びよういん 美容院 미용실	ようろういん 養老院 양로원

한자	뜻	출제 예상 단어		
~員	~원	運動員 운동원	会社員 회사원	学芸員 학예원
		教職員 교직원	警備員 경비원	研究員 연구원
		公務員 공무원	事務員 사무원	調査員 조사원
		通信員 통신원	特派員 특파원	販売員 판매원
~医	~의	開業医 개업의	眼科医 안과의	漢方医 한의사
		外科医 외과의	歯科医 치과의	主治医 주치의
		専属医 전속 의사	専門医 전문의	内科医 내과의
~者	~자	科学者 과학자	学習者 학습자	教育者 교육자
		協力者 협력자	経営者 경영자	研究者 연구자
		合格者 합격자	支配者 지배자	消費者 소비자
		生産者 생산자	責任者 책임자	代表者 대표자
		担当者 담당자	配偶者 배우자	文学者 문학자
		編集者 편집자	有力者 유력자	利用者 이용자
		田舎者 촌뜨기	無籍者 무적자	乱暴者 난폭자
~作	~작	出世作 출세작	代表作 대표작	平年作 평년작
~場	~장	運動場 운동장	会議場 회의장	競技場 경기장
		試験場 시험장	浄水場 정수장	駐車場 주차장
		停車場 정차장	飛行場 비행장	養魚場 양어장
~鳥	~조	不死鳥 불사조	保護鳥 보호조	
~族	~족	団地族 단지에 사는 사람	暴走族 폭주족	
~紙	~지	印画紙 인화지	画用紙 도화지	五線紙 오선지
		試験紙 시험지	新聞紙 신문지	全国紙 전국지
		複写紙 복사지	方眼紙 모눈종이	包装紙 포장지
~池	~지	貯水池 저수지	養魚池 양어지	

한자	뜻	출제 예상 단어		
☐ ～地	~지	原産地 원산지 出身地 출신지 生産地 생산지 避暑地 피서지	行楽地 행락지 植民地 식민지 占領地 점령지 目的地 목적지	住宅地 주택지 所在地 소재지 中心地 중심지 遊園地 유원지
☐ ～質	~질	筋肉質 근육질 神経質 신경질 電解質 전해질	原型質 원형질 象牙質 상아질 分裂質 분열질	細胞質 세포질 蛋白質 단백질 無機質 무기질
☐ ～集	~집	作品集 작품집 N2단어형성 標本集 표본집	写真集 사진집 問題集 문제집	単語集 단어집 用例集 용례집
☐ ～着	~착 / ~벌	上野着 우에노 도착	五時着 5시 도착	新大阪着 신오사카 도착
		一着 1벌 五着 5벌 九着 9벌	二着 2벌 六着 6벌 十着(十着) 10벌	三着 3벌　四着 4벌 七着 7벌　八着 8벌 何着 몇 벌
☐ ～通	~통	映画通 영화통 事情通 소식통	音楽通 음악통 情報通 정보통	経済通 경제통 日本通 일본통
☐ ～便	~편	航空便 항공편, 항공우편 速達便 속달편 搭乗便 탑승편	国際便 국제편 宅配便 택배편 バイク便 오토바이편	国内便 국내편 定期便 정기편 普通便 보통편
☐ ～品	~품	医薬品 의약품 携帯品 휴대품 国産品 국산품 装飾品 장식품 必需品 필수품	学用品 학용품 高級品 고급품 試供品 시공품 試作品 시작품 輸出品 수출품	芸術品 예술품 工芸品 공예품 消耗品 소모품 発明品 발명품 輸入品 수입품
☐ ～風	~풍	会社員風 회사원풍 N2단어형성 中世風 중세풍	紳士風 신사풍 日本風 일본풍	中国風 중국풍 ヨーロッパ風 유럽풍 N2단어형성

한자	뜻	출제 예상 단어
□ ～漢	～한	<ruby>正義<rt>せいぎ</rt></ruby><ruby>漢<rt>かん</rt></ruby> 정의한　<ruby>熱血<rt>ねっけつ</rt></ruby><ruby>漢<rt>かん</rt></ruby> 열혈한　<ruby>門外<rt>もんがい</rt></ruby><ruby>漢<rt>かん</rt></ruby> 문외한
□ ～海	～해	<ruby>地中<rt>ちちゅう</rt></ruby><ruby>海<rt>かい</rt></ruby> 지중해　<ruby>南極<rt>なんきょく</rt></ruby><ruby>海<rt>かい</rt></ruby> 남극해　<ruby>北極<rt>ほっきょく</rt></ruby><ruby>海<rt>かい</rt></ruby> 북극해
□ ～県	～현	<ruby>青森<rt>あおもり</rt></ruby><ruby>県<rt>けん</rt></ruby> 아오모리현　<ruby>長崎<rt>ながさき</rt></ruby><ruby>県<rt>けん</rt></ruby> 나가사키현　<ruby>長野<rt>ながの</rt></ruby><ruby>県<rt>けん</rt></ruby> 나가노현
□ ～画	～화	肖像画 초상화　人物画 인물화　水彩画 수채화 水墨画 수묵화　西洋画 서양화　想像画 상상화 東洋画 동양화　日本画 일본화　風俗画 풍속화
□ ～回	～회	最終回 최종회 一回 1회　二回 2회　三回 3회　四回 4회 五回 5회　六回 6회　七回 7회　八回 8회 九回 9회　十回(十回) 10회　何回 몇 회

≫ 복합동사 9

한자	출제 예상 단어
~始める	動き始める 움직이기 시작하다　書き始める 쓰기 시작하다　帰り始める 돌아가기 시작하다 咲き始める 피기 시작하다　使い始める 쓰기 시작하다　出始める 나오기 시작하다 照り始める 개기 시작하다　働き始める 일하기 시작하다　読み始める 읽기 시작하다
引き~	引き揚げる 철수하다　引き受ける 떠맡다　引き続く 잇따르다 引き留める 만류하다　引き取る 떠맡다　引き抜く 뽑다 引き寄せる 바싹 끌어당기다　引き分ける 비기다　引き渡す 인도하다
切り~	切り上げる 일단락짓다　切り換える 전환하다　切り捨てる 잘라 버리다 切り出す 말을 꺼내다　切り抜く 오려내다　切り抜ける 타개하다
~切る	言い切る 단언하다　思い切る 단념하다　貸し切る 대절하다 困り切る 궁지에 몰리다　締め切る 마감하다　信じ切る 완전히 믿다 使い切る 다 사용하다　疲れ切る 완전히 지치다　逃げ切る 무사히 달아나다 乗り切る 극복하다　焼き切る 모두 태우다　読み切る 독파하다
~終わる	集め終わる 다 모으다　書き終わる 다 쓰다　聞き終わる 다 듣다 食べ終わる 다 먹다　使い終わる 다 사용하다　飲み終わる 다 마시다 話し終わる 다 이야기하다　見終わる 다 보다　読み終わる 다 읽다
~合う	言い合う 서로 말하다　押し合う 서로 밀다　教え合う 서로 가르치다 知り合う 서로 알게 되다　抱き合う 서로 껴안다　信じ合う 서로 믿다 助け合う 서로 돕다　付き合う 교제하다　話し合う 대화하다
~合わせる	問い合わせる 문의하다　待ち合わせる 만나기로 하다　見合わせる 보류하다
~回る	歩き回る 걸어다니다　動き回る 계속 움직이다　駆け回る 뛰어다니다 出回る 나다니다　飛び回る 뛰어다니다　逃げ回る 도망다니다 走り回る 뛰어다니다　見回る 보고 다니다　持ち回る 들고 다니다
~回す	飲み回す 돌려 마시다　乗り回す 차를 몰고 돌아다니다　見回す 둘러보다

문맥규정 콕콕 연습문제 01

정답 P.216

≫ (　　) に　なにを　いれますか。1・2・3・4から　いちばん　いい　ものを　ひとつえらんで　ください。

1 さまざまな　メーカーが　競って、男性(　　)化粧品を　発売し始めた。
1 用　　　　2 服　　　　3 屋　　　　4 質

2 当研究所では　さまざまな　出版(　　)を　発行して　います。
1 通　　　　2 物　　　　3 者　　　　4 県

3 あの　書店は　文庫本を　著者(　　)に　たなに　ならべて　います。
1 作　　　　2 族　　　　3 便　　　　4 別

4 かのじょは　アマチュア発明(　　)として　有名です。
1 学　　　　2 地　　　　3 家　　　　4 品

5 (　　)規則な　生活を　して　いる　せいで　体を　くずした。
1 未　　　　2 不　　　　3 非　　　　4 無

6 どうも　日本人は　公共(　　)に　欠けて　いるように　思います。
1 心　　　　2 品　　　　3 風　　　　4 集

7 A「あきらは　アルバイトで　建設の　仕事を　やって　いるよ。」
　　B「かれに　とっては(　　)労働だろうね。」
1 暗　　　　2 不　　　　3 重　　　　4 急

8 電話(　　)は　合計で　年間　10万円に　達した。
1 館　　　　2 代　　　　3 家　　　　4 区

9 やまださんの　読書は(　　)範囲に　わたって　います。
1 青　　　　2 好　　　　3 試　　　　4 広

10 うちの　むすこの　家庭教師を　引き(　　)くれませんか。
1 受けて　　2 分けて　　3 続いて　　4 寄せて

문맥규정 콕콕 연습문제 02

정답 P.216

》》（　　　）に　なにを　いれますか。1・2・3・4から　いちばん　いい　ものを　ひとつえらんで　ください。

1 これは　かれの　初期の　代表（　　　）と　言える　映画です。
1 画　　　　2 作　　　　3 光　　　　4 紙

2 つかれると、集中（　　　）が　おちて　仕事が　進まなく　なります。
1 能　　　　2 考　　　　3 力　　　　4 気

3 かのじょは　ずっと　自分の　出身（　　　）を　かくして　いました。
1 着　　　　2 便　　　　3 海　　　　4 地

4 事務（　　　）に　パソコンを　10台　購入しました。
1 所　　　　2 集　　　　3 通　　　　4 場

5 この　小包を　航空（　　　）で　送りたいのですが。
1 品　　　　2 県　　　　3 屋　　　　4 便

6 温度（　　　）は　35℃に　なって　いました。
1 悪　　　　2 用　　　　3 計　　　　4 説

7 この　遊園地は　夕方　5時　以降　入場（　　　）が　半額に　なる。
1 心　　　　2 所　　　　3 室　　　　4 料

8 その　曲で　グループの　人気は（　　　）上昇しました。
1 急　　　　2 試　　　　3 自　　　　4 正

9 おじは　製造（　　　）に　従事して　いました。
1 上　　　　2 業　　　　3 側　　　　4 内

10 かれは　スイッチを　「入」の　位置に　切り（　　　）。
1 合った　　2 抜いた　　3 換えた　　4 入れた

문맥규정 콕콕 연습문제 03

정답 P.216

≫ (　　) に なにを いれますか。1・2・3・4から いちばん いい ものを ひとつえらんで ください。

1 かれの はなしには 真実(　　) が ありました。
　1 味　　　　2 漢　　　　3 者　　　　4 鳥

2 入院時、携帯(　　) は なるべく 少なく して ください。
　1 地　　　　2 品　　　　3 質　　　　4 便

3 日本で 消費される 大豆の 90パーセント以上が 外国(　　) です。
　1 文　　　　2 産　　　　3 楽　　　　4 堂

4 暴力的な テレビばんぐみや ゲームは 若者に (　　) 影響を およぼす。
　1 私　　　　2 洋　　　　3 悪　　　　4 主

5 わたしは 週に 2回(　　) 会話を 勉強して います。
　1 軽　　　　2 真　　　　3 好　　　　4 英

6 この 食品の (　　) 成分は でんぷんです。
　1 主　　　　2 市　　　　3 正　　　　4 短

7 (　　) 条件が そろった 会社を かのじょは 突然 やめて しまった。
　1 不　　　　2 別　　　　3 英　　　　4 好

8 この DVDは いろいろな 特典映像が ついて いて、満足(　　) 100%です。
　1 度　　　　2 力　　　　3 制　　　　4 能

9 新任の 大使は 日本(　　) だそうです。
　1 物　　　　2 病　　　　3 通　　　　4 歩

10 バッテリーは 充電前に つかい(　　) ほうが いいって ほんとう?
　1 合った　　2 切った　　3 始めた　　4 入れた

Part 02

N4 대응 중요 한자

[ㄱ][ㄷ][ㄹ·ㅁ·ㅂ][ㅅ]
[ㅇ][ㅈ][ㅊ·ㅌ]
[ㅍ·ㅎ][기타]

[ㄱ] N4

家 歌 強 開 去 建 犬 京 軽 界 計 考 工 館 光 広 教 究 区 帰 近 急 起

집 가

음 か **훈** いえ

훈독은 「いえ(家)」, 음독은 「か」로 모두 주로 N4부터 출제된다. 대표적인 예로 「家庭(かてい) : 가정」, 「家内(かない) : 아내」 등이 있다. 「家賃(やちん) : 집세, 방세」은 통째로 외워 두자. 접미어 「～家(か)」(p.113)로도 활용하므로 잘 익혀 두자.

N4
家族(かぞく) 가족 [3급]   家庭(かてい) 가정
家内(かない) 아내   写真家(しゃしんか) 사진가 [3급]
情熱家(じょうねつか) 정열가*   専門家(せんもんか) 전문가 [N3표기]
家(いえ) 집   家賃(やちん) 집세, 방세* [N3문규]

N2
家族連れ(かぞくづれ) 가족 동반 [N2단어형성]
大家(たいか) 대가

노래 가

음 か **훈** うた / うたう

훈독은 「うた(歌) / うたう(歌う)」로 주로 N4부터, 음독은 「か」로 주로 N3부터 출제된다. 대표적인 예로 「歌手(かしゅ) : 가수」, 「歌謡(かよう) : 가요」 등이 있다. 접미어 「～歌(か)」(p.113)로도 활용하므로 잘 익혀 두자.

N4
歌(うた) 노래 [3급]   歌う(うたう) 노래 부르다 [3급]

굳셀 강

음 きょう / ごう **훈** つよい / しいる

훈독은 「つよい(強い) / しいる(強いる)」로 「つよい」가 주로 N4부터, 「しいる」는 주로 N1에서 출제된다. 음독은 「きょう / ごう」로 「きょう」가 주로 N4부터, 「ごう」는 주로 N2 부터 출제된다. 대표적인 예로는 「強引(ごういん) : 억지로 함」, 「強盗(ごうとう) : 강도」 등이 있다. 접미어 「～強(きょう)」(p.113)로도 활용하므로 잘 익혀 두자.

N4
強調(きょうちょう) 강조   強引(ごういん) 억지로 함*
勉強(べんきょう) 공부 [3급, N3교체]   強い(つよい) 강하다 [3급]

N2
強盗(ごうとう) 강도   勉強漬け(べんきょうづけ) 공부 벌레 [N2단어형성]
心強い(こころづよい) 든든하다 [N2용법]   強火(つよび) 센 불 [N2읽기]

N1
強硬(きょうこう) 강경함 [N1문규]   強制(きょうせい) 강제 [N1문규]
強大(きょうだい) 강대함   強いて(しいて) 억지로, 굳이 [N1문규]
強み(つよみ) 강점 [N1문규, N2문규]

열 개

음 かい　**훈** あく / あける / ひらく

훈독은 「あく(開く) / あける(開ける) / ひらく(開く)」로 모두 주로 N4부터 출제된다. 음독은 「かい」로 주로 N3부터 출제된다. 대표적인 예로는 「開会(かいかい) : 개회」, 「展開(てんかい) : 전개」 등이 있다.

N4	開催(かいさい) 개최* N2표기	開店(かいてん) 개점*
	開幕(かいまく) 개막* N2표기	開く(あく) 열다 3급
	開ける(あける) 열다 3급	開く(ひらく) 열리다 3급
N2	展開(てんかい) 전개	
N1	開拓(かいたく) 개척 N1읽기	打開(だかい) 타개 N1용법

갈 거

음 きょ / こ　**훈** さる

훈독은 「さる(去る)」로 주로 N2부터 출제된다. 음독은 「きょ / こ」로 「きょ」가 주로 N4부터 「こ」는 주로 N3부터 출제된다. 대표적인 예로 「過去(かこ) : 과거」 등이 있다.

N4	過去(かこ) 과거 N3읽기	去年(きょねん) 작년 3급

세울 건

음 けん　**훈** たてる

훈독은 「たてる(建てる)」로 주로 N4부터 출제되고, 음독은 「けん」으로 주로 N3부터 출제된다. 대표적인 예로 「建設(けんせつ) : 건설」, 「建築(けんちく) : 건축」 등이 있다. 「建物(たてもの) : 건물」는 통째로 외워 두자.

N4	~建て(~だて) ~층 건물	建物(たてもの) 건물 3급
	建てる(たてる) 세우다 3급	
N3	建設(けんせつ) 건설 N3용법	建築(けんちく) 건축

개 견

음 けん　**훈** いぬ

훈독은 「いぬ(犬)」로 주로 N4부터 출제되고, 음독은 「けん」으로 주로 N1에서 출제된다. 대표적인 예로는 「愛犬(あいけん) : 애견」, 「犬猿(けんえん) : 견원, 개와 원숭이」 등이 있다. 접미어 「~犬(けん)」(p.113)으로도 활용하므로 잘 익혀 두자.

N4	犬(いぬ) 개 3급	
N1	愛犬(あいけん) 애견	犬猿(けんえん) 견원, 개와 원숭이

| 서울 경 | 음 きょう / けい |

훈독은 없고, 음독 「きょう」는 주로 N4부터, 「けい」는 주로 N1에서 출제된다. 대표적인 예로 「京浜(けいひん): 도쿄와 요코하마」 등이 있다.

京

- **N4** 東京(とうきょう) 도쿄, 동경
- **N1** 東京駅発(とうきょうえきはつ) 동경역발 N2단어형성
  京浜(けいひん) 도쿄와 요코하마

| 가벼울 경 | 음 けい 훈 かるい |

훈독은 「かるい(軽い)」로 주로 N4부터 출제되고, 음독은 「けい」로 주로 N1에서 출제된다. 대표적인 예로 「軽率(けいそつ): 경솔함」, 「軽快(けいかい): 경쾌함」 등이 있다. 접두어 「軽(けい)~」(p.110)로도 활용하므로 잘 익혀 두자.

軽

- **N4** 軽作業(けいさぎょう) 가벼운 작업*   軽い(かるい) 가볍다 3급
- **N2** 軽々と(かるがると) 가볍게, 거뜬히   手軽(てがる) 손쉬움 N2용법
- **N1** 軽快(けいかい) 경쾌함   軽率(けいそつ) 경솔함

| 지경 계 | 음 かい |

훈독은 없고, 음독은 「かい」로 주로 N4부터 출제된다. N3 출제 예상 단어인 「限界(げんかい): 한계」도 참고로 알아 두자. 접미어 「~界(かい)」(p.113)로도 활용하므로 잘 익혀 두자.

界

- **N4** 限界(げんかい) 한계*   世界(せかい) 세계 3급
- **N2** 視界(しかい) 시계, 시야

| 꾀 계 | 음 けい 훈 はかる |

훈독은 「はかる(計る)」로 주로 N2부터 출제되고, 음독은 「けい」로 주로 N4부터 출제된다. 「時計(とけい): 시계」는 통째로 외워 두자. 접미어 「~計(けい)」(p.113)로도 활용하므로 잘 익혀 두자.

計

- **N4** 計画(けいかく) 계획 3급, N1교체, N2교체   時計(とけい) 시계 3급
- **N3** 会計(かいけい) 회계, 계산   計算(けいさん) 계산 N3읽기
  合計(ごうけい) 합계 N3문규

| 생각할 고 | 음 こう 훈 かんがえる |

훈독은 「かんがえる(考える)」로 주로 N4부터 출제되고, 음독은 「こう」로 주로 N3부터 출제된다. 대표적인 예로 「考慮(こうりょ) : 고려」, 「参考(さんこう) : 참고」 등이 있다.

考

- **N4** 参考(さんこう) 참고* 　　　　　考え方(かんがえかた) 사고 방식 [3급], [N2교체]
  考える(かんがえる) 생각하다 [3급], [N2교체]
- **N3** 参考(さんこう) 참고 　　　　　考え(かんがえ) 생각
- **N1** 考察(こうさつ) 고찰 　　　　　考慮(こうりょ) 고려 [N1읽기]

| 장인 공 | 음 こう / く |

훈독은 없고, 음독은 「こう / く」이다. 「こう」가 주로 N4부터, 「く」는 주로 N3부터 출제된다. 대표적인 예로 「工夫(くふう) : 연구, 궁리」, 「細工(さいく) : 세공」 등이 있다. 접미어 「～工(こう)」(p.113)로도 활용하므로 잘 익혀 두자.

工

- **N4** 工業(こうぎょう) 공업 [3급] 　　　工場(こうじょう) 공장 [3급]
  配管工(はいかんこう) 배관공*
- **N3** 工夫(くふう) 연구, 궁리
- **N2** 加工(かこう) 가공 [N1문규] 　　　細工(さいく) 세공
- **N1** 工面(くめん) 돈 마련 [N1용법]

| 집 관 | 음 かん |

훈독은 없고, 음독은 「かん」으로 주로 N4부터 출제된다. 접미어 「～館(かん)」(p.113)으로도 활용하므로 잘 익혀 두자.

館

- **N4** 映画館(えいがかん) 영화관 　　　大使館(たいしかん) 대사관 [3급]
  図書館(としょかん) 도서관 [3급] 　博物館(はくぶつかん) 박물관
  美術館(びじゅつかん) 미술관 　　　旅館(りょかん) 여관 [3급]

| 빛 광 | 음 こう 훈 ひかり / ひかる |

훈독은 「ひかり(光) / ひかる(光る)」로 모두 주로 N4부터 출제된다. 음독은 「こう」로 주로 N3부터 출제되며, 대표적인 예로 「観光(かんこう) : 관광」, 「光景(こうけい) : 광경」 등이 있다. 접미어 「～光(こう)」(p.113)으로도 활용하므로 잘 익혀 두자.

光

- **N4** 観光(かんこう) 관광* [N3표기] 　　光景(こうけい) 광경*
  直射光(ちょくしゃこう) 직사광* 　　光(ひかり) 빛 [3급]
  光る(ひかる) 빛나다 [N3교체]

넓을 광

음 こう **훈** ひろい

훈독은 「ひろい(広い)」로 주로 N4부터 출제되고, 음독은 「こう」로 주로 N3부터 출제된다. 대표적인 예로 「広告(こうこく) : 광고」 등이 있다. N4 출제 예상 단어인 「広場(ひろば)」를 「こうじょう」라고 읽지 않도록 주의하자. 접두어 「広(こう)〜」(p.110)로도 활용하므로 잘 익혀 두자.

N4 広告(こうこく) 광고* N3읽기 　　広範囲(こうはんい) 광범위*
　　広場(ひろば) 광장 3급 　　広い(ひろい) 넓다 3급

N1 広大(こうだい) 광대함, 넓고 큼 N1용법 　　幅広い(はばひろい) 폭 넓다 N1문규

가르칠 교

음 きょう **훈** おしえる / おそわる

훈독은 「おしえる(教える) / おそわる(教わる)」로 「おしえる」가 주로 N4부터, 「おそわる」는 주로 N3부터 출제된다. 음독은 「きょう」로 주로 N4부터 출제된다. 접미어 「〜教(きょう)」(p.114)로도 활용하므로 잘 익혀 두자.

N4 教育(きょういく) 교육 　　教会(きょうかい) 교회*
　　教室(きょうしつ) 교실 3급 　　教える(おしえる) 가르치다 3급, N3교체
　　教わる(おそわる) 배우다*

N3 教師(きょうし) 교사 N3표기

N1 教訓(きょうくん) 교훈 N1문규

궁구할 구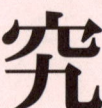

음 きゅう **훈** きわめる

훈독은 「きわめる(究める)」로 출제 가능성은 낮다. 음독은 「きゅう」로 주로 N4부터 출제된다. N1 출제 예상 단어인 「究極(きゅうきょく) : 궁극」도 참고로 알아 두자.

N4 研究(けんきゅう) 연구 3급 　　研究会(けんきゅうかい) 연구회 3급

N1 究極(きゅうきょく) 궁극

구역 구

음 く

훈독은 없고, 음독은 「く」로 주로 N4부터 출제된다. 대표적인 예로는 「区分(くぶん) : 구분」, 「区別(くべつ) : 구별」 등이 있다. 접두어 「区(く)〜」(p.110)와 접미어 「〜区(く)」(p.114)로도 활용하므로 잘 익혀 두자.

N4 北区(きたく) 기타구 3급 　　区分(くぶん) 구분
　　区別(くべつ) 구별 　　区役所(くやくしょ) 구청*
　　区切る(くぎる) 단락을 짓다, 구획 짓다 N3용법

| 돌아갈 귀 | 음 き　훈 かえる |

훈독은 「かえる(帰る)」로 주로 N4부터 출제되고, 음독은 「き」로 주로 N3부터 출제된다. 대표적인 예로는 「帰宅(きたく) : 귀가」, 「帰郷(ききょう) : 귀향」 등이 있다.

N4　帰宅(きたく) 귀가 *N3표기*　　　帰り(かえり) 귀갓길 3급
　　　帰る(かえる) 돌아가다 3급

N1　帰結(きけつ) 귀결

| 가까울 근 | 음 きん　훈 ちかい |

훈독은 「ちかい(近い)」, 음독은 「きん」으로 모두 주로 N4부터 출제된다. N1 출제 예상 단어인 「身近(みぢか) : 신변, 가까움, 친근함」는 「ちか」가 「ぢか」로 음이 바뀐 경우로 이런 단어는 통째로 외워 두자.

N4　近日(きんじつ) 근일*　　　近所(きんじょ) 근처 3급
　　　最近(さいきん) 최근*　　　接近(せっきん) 접근*
　　　近く(ちかく) 근처 3급　　　近い(ちかい) 가깝다 3급

N1　身近(みぢか) 신변, 가까움, 친근함

| 급할 급 | 음 きゅう　훈 いそぐ |

훈독은 「いそぐ(急ぐ)」, 음독은 「きゅう」로 모두 주로 N4부터 출제된다. N2 출제 예상 단어인 「急速(きゅうそく) : 급속」, 「急激(きゅうげき) : 급격함」도 참고로 알아 두자. 접두어 「急(きゅう)~」(p.110)로도 활용하므로 잘 익혀 두자.

N4　急カーブ(きゅうかーぶ) 급커브*　　　急行(きゅうこう) 급행 3급
　　　急発進(きゅうはっしん) 급발진*　　　特急(とっきゅう) 특급 3급
　　　急に(きゅうに) 갑자기 3급　　　急ぐ(いそぐ) 서두르다 3급, N3교체

N3　急(きゅう) 급함 N3용법　　　急速(きゅうそく) 급속

N2　急激(きゅうげき) 급격함　　　急性(きゅうせい) 급성

N1　急遽(きゅうきょ) 급거 N1문규　　　急がせる(いそがせる) 재촉하다 N1교체

| 일어날 기 | 음 き　훈 おきる / おこる |

훈독은 「おきる(起きる) / おこる(起こる)」로 「おきる」가 주로 N4부터, 「おこる」는 주로 N3부터 출제된다. 음독은 「き」로 주로 N2부터 출제된다. 대표적인 예로 「起源(きげん) : 기원」, 「起床(きしょう) : 기상」 등이 있다.

N4　起きる(おきる) 일어나다 3급, N3문규　　　起こる(おこる) 일어나다

N1　起源(きげん) 기원　　　起床(きしょう) 기상
　　　起伏(きふく) 기복 N1문규　　　提起(ていき) 제기 N1용법

읽기 표기 콕콕 연습문제 02

정답 P.216

>> 下線(かせん)の 漢字(かんじ)はひらがなに、ひらがなは 漢字に なおしなさい。

1. いつも あさ はやく まどを <u>開けて</u> おきます。 (   )
2. へんじを する まえに よく <u>考えて</u> ください。 (   )
3. <u>去年</u> せんせいと にほんへ いって きました。 (   )
4. じどうしゃが はしって きて、<u>急に</u> とまりました。 (   )
5. <u>近所</u>の レストランで アルバイトを して います。 (   )
6. たなかさんの <u>家</u>の ちかくに ゆうめいな りょかんが あります。 (   )
7. ことしは ほっかいどうを りょこうする <u>計画</u>です。 (   )
8. かれは しゃかいがくを <u>研究</u>して います。 (   )
9. にほんの <u>工業</u>に ついて よく しって います。 (   )
10. <u>家庭</u>きょうしに べんきょうを みて もらいます。 (   )
11. どようびの <u>けんきゅうかい</u>に しゅっせきします。 (   )
12. あの レストランは 20ねん まえに <u>たてられました</u>。 (   )
13. <u>さいきん</u> いそがしく なりました。 (   )
14. <u>ちかく</u>の こうえんまで あるいて いきました。 (   )
15. あさ 9じに <u>ひろば</u>に あつまって ください。 (   )
16. <u>こうこく</u> かいしゃに つとめて います。 (   )
17. たいふうが くるから、いそいで うちへ <u>かえりましょう</u>。 (   )
18. せかいの <u>きょういく</u> せいどについて かんがえて みる。 (   )
19. この まちは <u>こうじょう</u>が おおいです。 (   )
20. となりの いえから <u>うた</u>が きこえます。 (   )

연습문제 03

>>> 下線の 漢字はひらがなに、ひらがなは 漢字に なおしなさい。

1. あしたは ゆうめいな <u>写真家</u>の てんらんかいを みます。 (　　　　)
2. わたしの あねは <u>大使館</u>で はたらいて います。 (　　　　)
3. わたしは <u>世界</u>じゅうを りょこうして みたいです。 (　　　　)
4. あの レストランの <u>建物</u>は きたないです。 (　　　　)
5. いっしょに <u>美術館</u>に いきませんか。 (　　　　)
6. うみから <u>強い</u> かぜが ふいて きました。 (　　　　)
7. まいとし きんじょの <u>旅館</u>で アルバイトを します。 (　　　　)
8. わたしの <u>家内</u>は わたしと みっつちがいです。 (　　　　)
9. この へやは あかるくて <u>広い</u>です。 (　　　　)
10. <u>図書館</u>で ほんを さんさつ かりました。 (　　　　)
11. <u>いぬ</u>が あしで ドアを あけました。 (　　　　)
12. てんいんに うりばを <u>おしえて</u> もらいました。 (　　　　)
13. やまださんの <u>かんがえかた</u>は ただしいと おもう。 (　　　　)
14. とうきょうえきまで <u>きゅうこう</u>でんしゃで いきました。 (　　　　)
15. たいふうが <u>せっきん</u>する。 (　　　　)
16. きのう デパートで <u>とけい</u>を かいました。 (　　　　)
17. わたしは えきまで <u>いそいで</u> いきました。 (　　　　)
18. まいあさ 7じに <u>おきて</u>、コーヒーを のみます。 (　　　　)
19. この くすりは いたみを <u>かるく</u> して くれます。 (　　　　)
20. にほんの <u>かんこうめいしょ</u>を あんない する。 (　　　　)

문맥규정 콕콕 연습문제 04

정답 P.217

》》（　　）に なにを いれますか。1・2・3・4から いちばん いい ものを ひとつ えらんで ください。

1 あねは 大学院で 心理学の（　　）を つづけました。
　1 安全　　2 連絡　　3 研究　　4 拝見

2 夏休みは（　　）そろって 北海道 旅行を しました。
　1 計画　　2 生産　　3 注意　　4 家族

3 小さい ころは（　　）が きらいで 毎日 友だちと 遊んでいました。
　1 勉強　　2 説明　　3 技術　　4 貿易

4 （　　）も おととしも 雪が 少なかった。
　1 今週　　2 先週　　3 去年　　4 来年

5 ヨーロッパには 石で 作られた（　　）が 多いです。
　1 料理　　2 建物　　3 出席　　4 西洋

6 （　　）で 一番 物価の 高い 都市は 東京だと 言われて いる。
　1 世界　　2 大使　　3 見物　　4 作文

7 将来の（　　）を 早めに 立てる ことが 大切です。
　1 時代　　2 辞書　　3 都合　　4 計画

8 スイスの 経済は 精密（　　）と 観光に 依存して いる。
　1 地理　　2 工業　　3 売店　　4 文学

9 困った ときに（　　）の 人たちが 助けて くれました。
　1 医学　　2 近所　　3 気分　　4 野菜

10 温泉に 行くなら、（　　）と ホテルと どちらが いい？
　1 旅館　　2 食堂　　3 旅行　　4 講堂

短 答 堂 貸 待 台 代 図 度 都 冬 同 動 働 頭

짧을 단　음 たん　훈 みじかい

훈독은「みじかい(短い)」로 주로 N4부터, 음독은「たん」으로 주로 N3부터 출제된다. 대표적인 예로「短縮(たんしゅく) : 단축」,「短所(たんしょ) : 단점」등이 있다. 4자성어「一長一短(いっちょういったん) : 일장일단」도 알아 두자. 접두어「短(たん)〜」(p.110)으로도 활용하므로 잘 익혀 두자.

N4	短気(たんき) 성급함* N3교체	短縮(たんしゅく) 단축*
	短所(たんしょ) 단점*	短い(みじかい) 짧다 3급, N3읽기

대답할 답　음 とう　훈 こたえる

훈독은「こたえる(答える)」로 주로 N4부터 출제되고, 음독은「とう」로 주로 N3부터 출제된다. 대표적인 예로「回答(かいとう) : 회답, 대답」,「答案(とうあん) : 답안」등이 있다.

N4	回答(かいとう) 회답, 대답*	答え(こたえ) 대답, 답안
	答える(こたえる) 대답하다 3급	
N2	応答(おうとう) 응답	答案(とうあん) 답안

집 당　음 どう

훈독은 없고, 음독은「どう」로 주로 N4부터 출제된다. N2 출제 예상 단어인「講堂(こうどう) : 강당」도 참고로 알아 두자. 접미어「〜堂(どう)」(p.114)로도 활용하므로 잘 익혀 두자.

N4	食堂(しょくどう) 식당 3급
N2	講堂(こうどう) 강당

| 빌릴 대 | 음 たい　훈 かす |

훈독은「かす(貸す)」로 주로 N4부터 출제되고, 음독은「たい」로 출제 가능성이 낮다. 대표적인 예로「賃貸(ちんたい) : 임대」가 있다.

- **N4** 貸す(かす) 빌려주다 `3급, N3표기`
- **N3** 貸し出し(かしだし) 대출
- **N1** 貸与(たいよ) 빌　　　　　賃貸(ちんたい) 임대

| 기다릴 대 | 음 たい　훈 まつ |

훈독은「まつ(待つ)」로 주로 N4부터, 음독은「たい」로 주로 N3부터 출제된다. 대표적인 예로「期待(きたい) : 기대」,「招待(しょうたい) : 초대」,「待遇(たいぐう) : 대우」등이 있다. 비슷한 형태의「侍(시)」,「持(지)」,「特(특)」자와 혼동하지 않도록 주의하자.

- **N4** 期待(きたい) 기대 `N3표기, N3문규`　　　待つ(まつ) 기다리다 `3급`
- **N3** 招待(しょうたい) 초대 `N2표기`　　　待遇(たいぐう) 대우*
- **N2** 招待状(しょうたいじょう) 초대장 `N2단어형성`

| 집 대 | 음 たい / だい |

훈독은 없고, 음독은「たい / だい」로 모두 주로 N4부터 출제된다. N2 출제 예상 단어인「舞台(ぶたい) : 무대」, N1 출제 예상 단어인「台本(だいほん) : 대본」도 참고로 알아 두자. 접미어「~台(だい)」(p.114)로도 활용하므로 잘 익혀 두자.

- **N4** 台所(だいどころ) 부엌 `3급, N3교체`　　　台風(たいふう) 태풍 `3급`
  二台(にだい) 2대 `3급`
- **N2** 台本(だいほん) 대본　　　舞台(ぶたい) 무대

| 대신할 대 | 음 だい / たい　훈 かわる |

훈독은「かわる(代わる)」로 주로 N4부터 출제된다. 음독은「だい / たい」로「だい」가 주로 N4부터,「たい」는 주로 N1에서 출제된다. 대표적인 예로「交代(こうたい) : 교대」가 있다. 접미어「~代(だい)」(p.114)로도 활용하므로 잘 익혀 두자.

- **N4** 時代(じだい) 시대 `3급`　　　十代(じゅうだい) 10대*
  電話代(でんわだい) 전화 요금 `3급`　　　二十代(にじゅうだい) 20대*
  代わり(かわり) 대리, 대신　　　代わりに(かわりに) 대신에 `3급`
- **N3** 交代(こうたい) 교대 `N2용법`　　　代金(だいきん) 대금 `N3문규`
  代表的(だいひょうてき) 대표적임 `N3문규`

| 그림 도 | 음 ず / と　훈 はかる |

훈독은 「はかる(図る)」로 주로 N1에서 출제되고, 음독은 「ず / と」로 모두 주로 N4부터 출제된다. 접미어 「~図(ず)」(p.114)로도 활용하므로 잘 익혀 두자.

N4　側面図(そくめんず) 측면도*　　五十音図(ごじゅうおんず) 오십음도*
　　地図(ちず) 지도 3급　　　　　図書館(としょかん) 도서관 3급
N3　合図(あいず) 신호 N2용법, N3읽기　図る(はかる) 생각하다, 노리다
N2　意図(いと) 의도
N1　指図(さしず) 지시 N1읽기

| 법도 도 | 음 ど / たく / と　훈 たび |

훈독은 「たび(度)」로 주로 N2부터 출제된다. 음독은 「ど / たく / と」로 「ど」가 주로 N4부터, 「たく」는 주로 N3부터 출제되고, 「と」는 출제 가능성이 낮다. 비슷한 형태의 「席(석)」자와 혼동하지 않도록 주의하자. 접미어 「~度(ど) : 온도, 습도, 각도 등의 세기와 횟수를 나타내는 말」(p.114)로도 활용하므로 잘 익혀 두자.

N4　温度(おんど) 온도*　　　　　　今度(こんど) 이번, 다음 3급
　　支度(したく) 준비*　　　　　　何度(なんど) 몇 번 3급
　　何度も(なんども) 몇 번이고 N1교체, N2교체　20度(にじゅうど) 20도 3급
N3　一度(いちど) 한 번 N3교체　　　　制度(せいど) 제도
N2　旧制度(きゅうせいど) 구제도 N2단어형성　初年度(しょねんど) 초년도, 첫해 N2단어형성
　　適度(てきど) 알맞음 N2문규

| 도읍 도 | 음 つ / と　훈 みやこ |

훈독은 「みやこ(都)」로 N2부터 출제되고, 음독은 「つ / と」로 모두 주로 N4부터 출제된다. 대표적인 예로 「都合(つごう) : 형편, 사정」, 「都会(とかい) : 도시」 등이 있다.

N4　都合(つごう) 형편, 사정 3급　　都会(とかい) 도시
　　都市(とし) 도시*
N1　都(みやこ) 수도, 도시

| 겨울 동 | 음 とう　훈 ふゆ |

훈독은 「ふゆ(冬)」로 주로 N4부터 출제되고, 음독은 「とう」로 주로 N1에서 출제된다. 대표적인 예로 「冬眠(とうみん) : 동면, 겨울잠」이 있다.

N4　冬眠(とうみん) 동면, 겨울잠　　冬(ふゆ) 겨울 3급

한 가지 동

음 どう　　**훈** おなじ

훈독은「おなじ(同じ)」로 주로 N4부터 출제되고, 음독은「どう」로 주로 N3부터 출제된다. 대표적인 예로「同様(どうよう) : 마찬가지임」,「合同(ごうどう) : 합동」등이 있다. 접두어「同(どう)~」(p.110)로도 활용하므로 잘 익혀 두자.

同

N4
- 合同(ごうどう) 합동 N2용법
- 同事務所(どうじむしょ) 동사무소*
- 同じ(おなじ) 같음 3급, N1교체, N2교체, N3교체, N5표기
- 同意(どうい) 동의*
- 同様(どうよう) 마찬가지임*

N2
- 同調(どうちょう) 동조

N1
- 同伴(どうはん) 동반
- 同伴者(どうはんしゃ) 동반자

움직일 동

음 どう　　**훈** うごく

훈독은「うごく(動く)」, 음독은「どう」로 모두 주로 N4부터 출제된다. N3부터 많은 단어가 등장한다. 접두어「動(どう)~」(p.110)로도 활용하므로 잘 익혀 두자.

動

N4
- 運動(うんどう) 운동 3급
- 動作(どうさ) 동작*
- 動物園(どうぶつえん) 동물원
- 動く(うごく) 움직이다 3급, N2교체, N5표기
- 感動(かんどう) 감동* N3문규
- 動物(どうぶつ) 동물 3급
- 動き出す(うごきだす) 움직이기 시작하다 3급

N3
- 移動(いどう) 이동 N3용법
- 行動(こうどう) 행동
- 動力(どうりょく) 동력
- 活動(かつどう) 활동 N3용법
- 自動的(じどうてき) 자동적임 N3문규
- 動かす(うごかす) 옮기다, 움직이다

N1
- 稼動(かどう) 가동 N1문규

일할 동

음 どう　　**훈** はたらく

훈독은「はたらく(働く)」로 주로 N4부터 출제되고, 음독은「どう」로 주로 N3부터 출제된다. 대표적인 예로「労働(ろうどう) : 노동」이 있는데, 이 때 주의해야 할 것은「労働」을「労動」이라고 쓰지 않는다는 점이다.

N4
- 労働(ろうどう) 노동*
- 働く(はたらく) 일하다 3급

N1
- 稼働(かどう) 가동

머리 두

음 ず / とう　　**훈** あたま

훈독은「あたま」로 주로 N4부터 출제되고, 음독은「ず / とう」로「とう」가 주로 N1에서,「ず」는 주로 N2부터 출제된다. 대표적인 예로「口頭(こうとう) : 구두, 입으로 말함」,「頭痛(ずつう) : 두통」,「頭脳(ずのう) : 두뇌」등이 있다. 접미어「~頭(とう) : 소, 말 따위를 세는 단위」(p.114)로도 활용하므로 잘 익혀 두자.

N4
- 頭痛(ずつう) 두통* N3표기
- 頭(あたま) 머리 3급, N2교체

N1
- 口頭(こうとう) 구두, 입으로 말함
- 念頭(ねんとう) 염두 N1문규
- 頭脳(ずのう) 두뇌
- 没頭(ぼっとう) 몰두 N1용법

읽기 표기 콕콕 연습문제 04

정답 P.217

》》下線(かせん)の 漢字(かんじ)はひらがなに、ひらがなは 漢字に なおしなさい。

1. ははおやは <u>台所</u>で りょうりを して います。　　　(　　　　)
2. <u>電話代</u>は よるの あいだと にちようびが やすいです。　　　(　　　　)
3. ともだちに くろい かさを <u>貸して</u> もらいました。　　　(　　　　)
4. わたしの いちばん すきな <u>動物</u>は いぬです。　　　(　　　　)
5. この しごとは <u>今度</u>の なつまでに おわる はずです。　　　(　　　　)
6. <u>貸し出し</u> できない しりょうも あります。　　　(　　　　)
7. なにを そんなに <u>期待</u> して いるの。　　　(　　　　)
8. ははの じてんしゃは <u>何度</u>も こわれた そうです。　　　(　　　　)
9. こうばんの まえに くるまが <u>二台</u> とまって います。　　　(　　　　)
10. いま でかける ところだと <u>答えた</u>。　　　(　　　　)
11. <u>がくせいじだい</u>に にほんごを ならった ことが ある。　　　(　　　　)
12. いすに すわって ともだちを <u>まって</u> います。　　　(　　　　)
13. まいにち こうえんで <u>うんどう</u>を します。　　　(　　　　)
14. この くるまは でんきで <u>うごきます</u>。　　　(　　　　)
15. あなたの ちょうしょと <u>たんしょ</u>を かいて ください。　　　(　　　　)
16. きょうしつには とても べんりな <u>ちず</u>が あります。　　　(　　　　)
17. きのうの よる、<u>しょくどう</u>で せんせいと あいました。　　　(　　　　)
18. ことしの ふゆは きょねんより <u>さむかった</u>です。　　　(　　　　)
19. いもうとは これと <u>おなじ</u> かさを もって います。　　　(　　　　)
20. ともだちに にほんの おんがくの テープを <u>かしました</u>。　　　(　　　　)

콕콕 연습문제 05

>>> (　　) に なにを いれますか。1・2・3・4から いちばん いい ものを ひとつえらんで ください。

1 ことしは 例年に なく たくさんの (　　) が 発生しました。
　1 運転　　　　2 洋服　　　　3 台風　　　　4 屋上

2 としを とると 学生 (　　) を なつかしむ ことが 多く なります。
　1 年代　　　　2 年間　　　　3 時代　　　　4 時間

3 大学の (　　) は いつも 学生で いっぱいです。
　1 意見　　　　2 発音　　　　3 水道　　　　4 食堂

4 はじめて 行くので、お宅までの 道を (　　) に 書いて くれませんか。
　1 辞書　　　　2 地図　　　　3 説明　　　　4 地理

5 紙面の (　　) 上、すべての 投書を 掲載する ことは できません。
　1 都合　　　　2 場合　　　　3 都会　　　　4 場面

6 こどもの ころ 家には いぬや ねこなどの (　　) が いました。
　1 兄弟　　　　2 人間　　　　3 家庭　　　　4 動物

7 電話だと まちがえるかも しれないので、ファックスで (　　)。
　1 答えます　　2 開きます　　3 閉じます　　4 歌います

8 学校を 卒業すると いなかから 東京や 大阪へ 出て (　　) 人が 多い。
　1 建てる　　　2 歩く　　　　3 別れる　　　4 働く

9 かれに 本を (　　) と なかなか 返して くれない。
　1 貸す　　　　2 写す　　　　3 使う　　　　4 習う

10 そんなに (　　) 時間で この 仕事を 終わらせる ことは できません。
　1 弱い　　　　2 遠い　　　　3 短い　　　　4 親しい

[ㄹ · ㅁ · ㅂ] N4

楽 旅 力 料 理 林 売 妹 勉 明 文 門 問 物 味 民 飯 発 方 別 病 歩 服 不

즐길 락
음 がく / らく **훈** たのしい

훈독은「たのしい(楽しい)」로 주로 N4부터 출제된다. 음독은「がく / らく」로「がく」가 주로 N3부터,「らく」는 주로 N1에서 출제된다. N3 출제 예상 단어인「楽器(がっき) : 악기」, N1의「楽観(らっかん) : 낙관」도 참고로 알아 두자. 접미어「～楽(がく)」(p.115)로도 활용하므로 잘 익혀 두자.

楽

N4 音楽(おんがく) 음악 [3급]　　楽器(がっき) 악기* [N3표기]
　　　 楽しみ(たのしみ) 즐거움, 낙　　楽しい(たのしい) 즐겁다 [3급]

N3 楽だ(らくだ) 편하다

N2 音楽全般(おんがくぜんぱん) 음악 전반 [N2단어형성]
　　　 快楽(かいらく) 쾌락

N1 楽譜(がくふ) 악보　　　　　　楽観(らっかん) 낙관
　　　 楽勝(らくしょう) 낙승

나그네 려
음 りょ **훈** たび

훈독은「たび(旅)」로 주로 N3부터 출제되고, 음독은「りょ」로 주로 N4부터 출제된다. 비슷한 형태의「族(족)」자와 혼동하지 않도록 주의하자.

旅

N4 旅館(りょかん) 여관 [3급]　　旅行(りょこう) 여행 [3급]
　　　 旅(たび) 여행*

힘 력

음 りょく / りき　　**훈** ちから

훈독은 「ちから(力)」로 주로 N4부터 출제되고, 음독은 「りょく / りき」로 주로 N2부터 출제된다. 대표적인 예로 「動力(どうりょく) : 동력」, 「努力(どりょく) : 노력」, 「力量(りきりょう) : 역량」 등이 있다. 접미어 「~力(りょく)」(p.115)로도 활용하므로 잘 익혀 두자.

N4
- 暗記力(あんきりょく) 암기력*
- 体力(たいりょく) 체력* N3문법
- 労働力(ろうどうりょく) 노동력*
- 実力(じつりょく) 실력* N3읽기
- 努力(どりょく) 노력* N3읽기
- 力(ちから) 힘 3급

N3
- 協力(きょうりょく) 협력 N3읽기, N3교체
- 努力(どりょく) 노력 N3읽기
- 入力(にゅうりょく) 입력

N2
- 最有力(さいゆうりょく) 가장 유력함 N2단어형성
- 集中力(しゅうちゅうりょく) 집중력 N2단어형성
- 力強い(ちからづよい) 든든하다, 힘차다

N1
- 極力(きょくりょく) 힘껏 N1교체
- 力量(りきりょう) 역량
- 動力(どうりょく) 동력

헤아릴 료

음 りょう

훈독은 없고, 음독은 「りょう」로 주로 N4부터 출제된다. 접미어 「~料(りょう)」(p.115)로도 활용하므로 잘 익혀 두자.

N4
- 資料(しりょう) 자료*
- 電話料(でんわりょう) 전화요금
- 料金(りょうきん) 요금* N3문법
- 食料品(しょくりょうひん) 식료품 3급
- 入院料(にゅういんりょう) 입원료
- 料理(りょうり) 요리 3급

N3
- 原料(げんりょう) 원료 N3표기
- 材料(ざいりょう) 재료 N3문규

다스릴 리

음 り

훈독은 없고, 음독은 「り」로 주로 N4부터 출제된다. 주로 N3부터 다양하게 출제된다.

N4
- 修理(しゅり) 수리* N3용법
- 理科(りか) 이과*
- 理由(りゆう) 이유* N3교체
- 地理(ちり) 지리 3급
- 理化学(りかがく) 이화학*
- 料理(りょうり) 요리 3급

N3
- 整理(せいり) 정리 N3교체, N3문규
- 無理(むり) 무리

N2
- 管理(かんり) 관리 N3표기
- 管理下(かんりか) 관리하 N2단어형성

N1
- 推理(すいり) 추리 N1읽기

수풀 림	음 りん　훈 はやし

훈독은 「はやし(林)」로 주로 N4부터 출제되고, 음독은 「りん」으로 주로 N1에서 출제된다. 대표적인 예로 「林業(りんぎょう) : 임업」 등이 있다. 비슷한 형태의 「材(재)」 자와 혼동하지 않도록 주의하자. 접미어 「〜林(りん)」(p.115)으로도 활용하므로 잘 익혀 두자.

- N4　林(はやし) 숲, 수풀 [3급]
- N1　林業(りんぎょう) 임업

팔 매	음 ばい　훈 うる

훈독은 「うる(売る)」, 음독은 「ばい」로 모두 주로 N4부터 출제된다.

- N4　売店(ばいてん) 매점 [3급]　　売買(ばいばい) 매매*
　　売る(うる) 팔다 [2급, N2교체]
- N3　売り切れる(うりきれる) 다 팔리다 [N3교체]
　　売れる(うれる) 팔리다 [N3교체]
- N2　売上(うりあげ) 매상　　総売上(そううりあげ) 총매상 [N2단어형성]

누이 매	음 まい　훈 いもうと

훈독은 「いもうと(妹)」로 주로 N4부터 출제되고, 음독은 「まい」로 주로 N3부터 출제된다. 대표적인 예로 「姉妹(しまい) : 자매」가 있다. 활용도가 낮기 때문에 출제 가능성이 높지 않다.

- N4　姉妹(しまい) 자매*　　妹(いもうと) 여동생 [3급]

힘쓸 면	음 べん

훈독은 없고, 음독은 「べん」으로 주로 N4부터 출제된다. N1 출제 예상 단어인 「勤勉(きんべん) : 근면」도 참고로 알아 두자. 활용도가 높지 않은 한자이다.

- N4　勉強(べんきょう) 공부 [3급, N3교체]
- N2　勉強漬け(べんきょうづけ) 공부 벌레 [N2단어형성]
- N1　勤勉(きんべん) 근면

밝을 명 | 음 めい / みょう | 훈 あかるい / あきらか

훈독은「あかるい(明るい) / あきらか(明らか)」로「あかるい」가 주로 N4부터,「あきらか」는 주로 N2부터 출제된다. 음독은「めい / みょう」로「めい」가 주로 N4부터,「みょう」는 주로 N2부터 출제된다. 대표적인 예로는「明確(めいかく) : 명확함」가 있다.「明後日(あさって) : 모레」,「明日(あした / あす) : 내일」는 통째로 외워 두자.

明

N4
説明(せつめい) 설명 [3급]
明日(あした・あす) 내일
明ける(あける) 끝나다 [N3교체]
明後日(あさって) 모레
明るい(あかるい) 밝다 [3급, N3교체]

N3
証明(しょうめい) 증명
明確(めいかく) 명확함
発明(はつめい) 발명

N2
半透明(はんとうめい) 반투명 [N2단어형성]
明らか(あきらか) 분명함 [N2교체]
夏休み明け(なつやすみあけ) 여름방학이 끝난 직후 [N2단어형성]

N1
究明(きゅうめい) 구명 [N1문규]
釈明(しゃくめい) 해명 [N1읽기]
明白(めいはく) 명백함 [N1교체]
克明(こくめい) 정확함, 세밀함 [N1읽기]
明暗(めいあん) 명암

글월 문 | 음 ぶん / もん | 훈 ふみ

훈독은「ふみ(文)」로 출제 가능성이 낮다. 음독은「ぶん / もん」으로「ぶん」이 주로 N4부터,「もん」은 주로 N3부터 출제된다. N3 출제 예상 단어인「文句(もんく) : 불평」도 참고로 알아 두자.

N4
作文(さくぶん) 작문 [3급]
文化(ぶんか) 문화
文法(ぶんぽう) 문법
文(ぶん) 문장 [3급]
文学(ぶんがく) 문학 [3급]

N3
注文(ちゅうもん) 주문 [N3교체]
文句(もんく) 불평 [N2교체, N3문규]
文章(ぶんしょう) 문장 [N3읽기]

N2
文学賞(ぶんがくしょう) 문학상 [N2단어형성]
異文化(いぶんか) 이문화 [N2단어형성]

문 문 | 음 もん | 훈 かど

훈독은「かど(門)」로 출제 가능성이 낮고, 음독은「もん」으로 주로 N4부터 출제된다. N2 출제 예상 단어인「正門(せいもん) : 정문」,「専門(せんもん) : 전문」과, N1 출제 예상 단어인「部門(ぶもん) : 부문」도 참고로 알아 두자.

門

N4
校門(こうもん) 교문*
門(もん) 문 [3급]
専門家(せんもんか) 전문가 [N3표기]

N3
正門(せいもん) 정문
専門(せんもん) 전문

問 〈물을 문〉　음 もん　훈 とう

훈독은「とう(問う)」로 N2부터 출제되고, 음독은「もん」으로 주로 N4부터 출제된다.

N4　質問(しつもん) 질문 `3급`　　問題(もんだい) 문제 `3급`

N3　疑問(ぎもん) 의문 `N3읽기`　　訪問(ほうもん) 방문 `N3용법`
　　　問う(とう) 묻다, 질문하다

N2　諸問題(しょもんだい) 여러 문제 `N2단어형성`
　　　問い合わせ(といあわせ) 문의
　　　問い合わせる(といあわせる) 문의하다 `N1교체, N2용법`

物 〈만물 물〉　음 ぶつ / もつ　훈 もの

훈독은「もの(物)」, 음독은「ぶつ / もつ」로 모두 주로 N4부터 출제된다.「果物(くだもの) : 과일」는 통째로 외워 두자. 접미어「~物(ぶつ / もの)」(p.115)로도 활용하므로 잘 익혀 두자.

N4　見物(けんぶつ) 구경 `3급`　　動物(どうぶつ) 동물 `3급`
　　　発見物(はっけんぶつ) 발견물*　荷物(にもつ) 짐 `3급, N3읽기`
　　　着物(きもの) 기모노, 옷 `3급`　品物(しなもの) 물건 `3급`
　　　洗濯物(せんたくもの) 세탁물*　建物(たてもの) 건물 `3급`
　　　物語(ものがたり) 이야기* `N3표기`　果物(くだもの) 과일

N3　作物(さくもつ) (농)작물　　物価(ぶっか) 물가 `N3문규`

N2　物足りない(ものたりない) 부족하다 `N2용법`

味 〈맛 미〉　음 み　훈 あじ

훈독은「あじ(味)」, 음독은「み」로 모두 주로 N4부터 출제된다. 접미어「~味(み)」(p.115)로도 활용하므로 잘 익혀 두자.

N4　意味(いみ) 의미 `3급`　　人間味(にんげんみ) 인간미*
　　　人情味(にんじょうみ) 인정미*　味(あじ) 맛 `3급`

N3　興味(きょうみ) 흥미 `N3문규`

N2　風邪気味(かぜぎみ) 감기 기운 `N2단어형성`

N1　加味(かみ) 가미 `N1용법`

백성 민 民
음 みん　**훈** たみ

훈독은 「たみ(民)」로 출제 가능성이 낮고, 음독은 「みん」으로 주로 N4부터 출제된다. N3 출제 예상 단어인 「民間(みんかん) : 민간」, N1 출제 예상 단어인 「民族(みんぞく) : 민족」도 참고로 알아 두자. 접미어 「〜民(みん)」(p.115)으로도 활용하므로 잘 익혀 두자.

N4　国民(こくみん) 국민*　　　市民(しみん) 시민 3급
　　　避難民(ひなんみん) 피난민*　民間(みんかん) 민간*

N1　民族(みんぞく) 민족

밥 반 飯
음 はん　**훈** めし

훈독은 「めし(飯)」로 주로 N2부터 출제되고, 음독은 「はん」으로 주로 N4부터 출제된다.

N4　ご飯(ごはん) 밥　　　　　夕飯(ゆうはん) 저녁밥 3급

N2　飯(めし) 밥

쏠 발 発
음 はつ / ほっ　**훈** たつ

훈독은 「たつ(発つ)」로 주로 N2부터 출제된다. 음독은 「はつ / ほっ」으로 「はつ」가 주로 N4부터, 「ほっ」은 주로 N1에서 출제된다. 대표적인 예로 「発足(ほっそく) : 발족」, 「発作(ほっさ) : 발작」 등이 있다. N4 출제 예상 단어인 「出発(しゅっぱつ)」는 「しゅつ+はつ」가 「しゅっ+ぱつ」가 된 형태이다. 접미어 「〜発(はつ)」(p.115)로도 활용하므로 잘 익혀 두자.

N4　出発(しゅっぱつ) 출발 3급　　発音(はつおん) 발음 3급
　　　発見(はっけん) 발견* N3읽기

N3　発行(はっこう) 발행　　　　発生(はっせい) 발생 N3용법
　　　発展(はってん) 발전 N3용법　発表(はっぴょう) 발표 N3읽기, N3문규
　　　発明(はつめい) 발명

N2　活発(かっぱつ) 활발함 N2문규
　　　東京駅発(とうきょうえきはつ) 동경역발 N2단어형성
　　　発揮(はっき) 발휘 N2문규　発想(はっそう) 발상
　　　発送(はっそう) 발송*　　　発達(はったつ) 발달 N2용법

N1　触発(しょくはつ) 촉발, 자극을 받음 N1교체
　　　発散(はっさん) 발산 N1용법　発作(ほっさ) 발작
　　　発足(ほっそく) 발족 N1용법　発端(ほったん) 발단

모 방

음 ほう　**훈** かた(がた)

훈독은 「かた(方)」로 주로 N4부터 출제되고, 음독은 「ほう」로 주로 N3부터 출제된다. 대표적인 예로 「方向(ほうこう) : 방향」, 「方程式(ほうていしき) : 방정식」 등이 있다. 훈독의 경우는 「夕方(ゆうがた)」와 같이 「かた」가 「がた」로 읽히는 경우도 있다. 이러한 단어들은 통째로 외워 두자. 「行方(ゆくえ) : 행방」는 독특하게 읽히는 한자이니 주의하자.

方

N4　方向(ほうこう) 방향* `N3읽기`　　書き方(かきかた) 쓰는 법 `3급`
　　　方(かた) 분 `3급`　　　　　　考え方(かんがえかた) 사고방식 `3급, N2교체`
　　　夕方(ゆうがた) 저녁때, 해질녘 `3급`

N3　片方(かたほう) 한쪽, 한 짝 `N3읽기`　後方(こうほう) 후방
　　　方法(ほうほう) 방법 `N3교체, N3문규`　やり方(やりかた) 하는 방식 `N3교체`

N2　一方的(いっぽうてき) 일방적임　方針(ほうしん) 방침 `N2용법`
　　　方程式(ほうていしき) 방정식　　行方(ゆくえ) 행방 `N2용법`

N1　先方(せんぽう) 상대방 `N1교체`

나눌 별

음 べつ　**훈** わかれる

훈독은 「わかれる(別れる)」, 음독은 「べつ」로 모두 주로 N4부터 출제된다. 활용도가 높은 한자이다. 접두어 「別(べつ)～」(p.110)와 접미어 「～別(べつ)」(p.116)로도 활용하므로 잘 익혀 두자.

別

N4　特別(とくべつ) 특별함 `3급`　　別会計(べつかいけい) 따로 셈함, 각자 계산함*
　　　別れる(わかれる) 헤어지다 `3급`

N3　別(べつ) 다름 `N3교체`　　別々(べつべつ) 따로따로 `N3문규`

N2　大別(たいべつ) 대별

N1　判別(はんべつ) 판별

병 병

음 びょう　**훈** やむ

훈독은 「やむ(病む)」로 주로 N1에서 출제되고, 음독은 「びょう」로 주로 N4부터 출제된다. 접미어 「～病(びょう)」(p.116)로도 활용하므로 잘 익혀 두자.

N4　胃腸病(いちょうびょう) 위장병*　病院(びょういん) 병원 `3급`
　　　病気(びょうき) 병

N2　病名(びょうめい) 병명

걸음 보   음 ほ(ぽ)   훈 あるく / あゆむ

훈독은 「あるく(歩く) / あゆむ(歩む)」로 「あるく」가 주로 N4부터, 「あゆむ」가 주로 N1에서 출제된다. 음독은 「ほ」로 주로 N3부터 출제되며, 대표적인 예로 「散歩(さんぽ) : 산책」 등이 있다. 음독의 경우 「ほ」를 「ぽ」로 읽는 경우도 있다. 접미어 「～歩(ほ)」(p.116)로도 활용하므로 잘 익혀 두자.

N4	散歩(さんぽ) 산책	徒歩(とほ) 도보*
	歩く(あるく) 걷다 3급	
N3	進歩(しんぽ) 진보 N3용법	

옷 복   음 ふく

훈독은 없고, 음독은 「ふく」로 주로 N4부터 출제된다. 접미어 「～服(ふく)」(p.116)로도 활용하므로 잘 익혀 두자.

N4	一服(いっぷく) 잠깐 쉼, 한 봉지, (담배) 한 대, (차) 한 모금*	
	宇宙服(うちゅうふく) 우주복*	学生服(がくせいふく) 학생복*
	作業服(さぎょうふく) 작업복*	制服(せいふく) 제복 N3표기
	服(ふく) 옷 3급	洋服(ようふく) 양복 3급
N1	服装(ふくそう) 복장	不服(ふふく) 불복 N1용법

아니 불   음 ふ

훈독은 없고, 음독은 「ふ」로 주로 N4부터 출제된다. N1 출제 예상 단어인 「不況(ふきょう) : 불황」도 참고로 알아 두자. 접두어 「不(ふ / ぶ)～」(p.110)로도 활용하므로 잘 익혀 두자. 접두어 「不(ふ)」는 다음에 오는 말을 반대의 의미로 만들 때 자주 사용되며, 특히 명사에 붙으면 な형용사(형용동사)가 된다. 접두어 「不(ぶ)～」는 다음에 오는 말을 부정하는 말로 보통은 「無(ぶ)～」라고 쓴다. 그러므로 해당되는 한자숙어는 드물다.

N4	不規則(ふきそく) 불규칙함*	不器用(ぶきよう) 서투름*
	不便(ふべん) 불편함 3급	
N3	不安(ふあん) 불안 N3교체, N3문규	不満(ふまん) 불만 N3문규
N2	不順(ふじゅん) 불순	不正確(ふせいかく) 정확하지 않음 N2단어형성
	不当(ふとう) 부당함	不平(ふへい) 불평 N2교체
N1	不穏(ふおん) 불온함	不況(ふきょう) 불황
	不注意(ふちゅうい) 부주의함 N1교체	不備(ふび) 불비, 충분히 갖추지 않음 N1문규
	不服(ふふく) 불복 N1용법	不用意(ふようい) 부주의함 N1교체
	不意に(ふいに) 갑자기 N1교체	

연습문제 05

>> 下線の 漢字はひらがなに、ひらがなは 漢字に なおしなさい。

1. いもうとは 着物を たくさん もって います。　　　　　　　　　（　　　　）
2. こんど サッカーの しあいを 見物に いきましょう。　　　　　　（　　　　）
3. ようじが あって、旅行に いけません。　　　　　　　　　　　　（　　　　）
4. その 音楽は はじめて ききました。　　　　　　　　　　　　　（　　　　）
5. じぶんで りょこうを けいかくするのは 楽しいです。　　　　　（　　　　）
6. あの しあいでは 実力を だしきれなかった。　　　　　　　　　（　　　　）
7. あの ひとは からだが おおきくて 力が つよい。　　　　　　（　　　　）
8. おいしい さかなの 料理を よういして くれました。　　　　　（　　　　）
9. この 資料を みて ください。　　　　　　　　　　　　　　　　（　　　　）
10. この ジュースは やさいの 味が します。　　　　　　　　　　（　　　　）
11. きのう おとうとに しょくりょうひんを おくりました。　　　（　　　　）
12. ぎんこうは あの たてものの うしろに あります。　　　　　　（　　　　）
13. わからない ところが あったら しつもんして ください。　　（　　　　）
14. この マンションは ひろくて あかるいです。　　　　　　　　　（　　　　）
15. どんな りゆうが あっても こなかったら けっせきに なります。（　　　　）
16. これは ひとつ せんえんで うって います。　　　　　　　　　（　　　　）
17. これは いだいな はつめいです。　　　　　　　　　　　　　　（　　　　）
18. まいにち うちで にほんごを べんきょうして います。　　　（　　　　）
19. すうがくの もんだいを とく。　　　　　　　　　　　　　　　（　　　　）
20. かれの ゆくえが わからなく なる。　　　　　　　　　　　　（　　　　）

읽기 표기 콕콕 연습문제 06

정답 P.217

》 下線の 漢字はひらがなに、ひらがなは 漢字に なおしなさい。

1. <u>不器用</u>ですが、がんばります。 (　　　　)
2. えきから <u>徒歩</u> 15ふん かかります。 (　　　　)
3. それは <u>興味</u>ぶかい テーマですね。 (　　　　)
4. <u>洗濯物</u>を ほして おきました。 (　　　　)
5. それが ほんとうなのか <u>疑問</u>です。 (　　　　)
6. <u>夕方</u> ともだちと えいがを みに いく よていです。 (　　　　)
7. これは <u>専門家</u>に そうだん して みましょう。 (　　　　)
8. この アパートは えきから とおくて <u>不便</u>です。 (　　　　)
9. <u>国民</u>の こえを きく。 (　　　　)
10. たんじょうびには なにも <u>特別</u>な ことは しません。 (　　　　)
11. ははは <u>病気</u>で いっかげつ ねて います。 (　　　　)
12. この かんじの <u>かきかた</u>を おしえて ください。 (　　　　)
13. もりの なかを <u>さんぽ</u>する。 (　　　　)
14. みんな あつまりましたから、<u>しゅっぱつ</u>しましょう。 (　　　　)
15. とけい <u>ほうこう</u>に まわって ください。 (　　　　)
16. <u>はつおん</u>に ちゅういして、にほんごの ぶんを よみます。 (　　　　)
17. きょうは <u>ようふく</u>を きて パーティーへ いきます。 (　　　　)
18. せんせいとは、えきの いりぐちで <u>わかれ</u>ました。 (　　　　)
19. ははは やさいを りょうりして <u>ゆうはん</u>を つくりました。 (　　　　)
20. この みちを まっすぐ <u>あるいて</u> いって ください。 (　　　　)

연습문제 07

>> 下線の 漢字はひらがなに、ひらがなは 漢字に なおしなさい。

1. 不満な ことが あれば おしえて ください。　　　（　　　　）
2. てんきに あわせて 服装を ていあんします。　　　（　　　　）
3. 病名は まだ わからない。　　　（　　　　）
4. きのう デパートで かった 洋服を きました。　　　（　　　　）
5. 妹は とうきょうだいがくに かよって います。　　　（　　　　）
6. かれらは ヨーロッパりょこうに 出発しました。　　　（　　　　）
7. がっこうの 売店で パンを かいました。　　　（　　　　）
8. やまださんは 勉強が よく できます。　　　（　　　　）
9. あの ひとは いつも 文句 ばかり いう。　　　（　　　　）
10. かのじょの せいかくは あかるくて 活発です。　　　（　　　　）
11. この まちには りっぱな はやしが あります。　　　（　　　　）
12. りよう ほうほうは さまざまです。　　　（　　　　）
13. しんせんな はっそうだと おもいます。　　　（　　　　）
14. ひとりで たびに でる。　　　（　　　　）
15. ははが つくった りょうりが いちばん おいしいです。　　　（　　　　）
16. あの くには ぶっかが やすいです。　　　（　　　　）
17. かのじょは きれいな きものを きて でかけました。　　　（　　　　）
18. さくもつを そだてて います。　　　（　　　　）
19. とちゅうで ほうしんを かえる。　　　（　　　　）
20. うみで にじかん たのしく すごしました。　　　（　　　　）

콕콕 연습문제 06

정답 P.218

≫ （　　）に　なにを　いれますか。1・2・3・4から　いちばん　いい　ものを　ひとつ　えらんで　ください。

1 きっさてんには　しずかな（　　）が　ながれて　いました。
1 試合　　　2 音楽　　　3 習慣　　　4 急行

2 仕事に　つかれると　どこか　遠くへ（　　）に　行きたく　なります。
1 近所　　　2 場所　　　3 旅行　　　4 安心

3 おいしい（　　）の　作り方を　おばあさんが　教えて　くれました。
1 料理　　　2 物理　　　3 料金　　　4 見物

4 事故に　ついて、もっと　くわしく（　　）して　ほしいです。
1 営業　　　2 工業　　　3 有名　　　4 説明

5 わたしの　国の　たべものに　ついて　日本語で（　　）を　書きました。
1 関係　　　2 作文　　　3 空港　　　4 招待

6 （　　）が　あったら　えんりょしないで　聞いて　ください。
1 以外　　　2 運動　　　3 都合　　　4 質問

7 わたしたちは　先週　京都（　　）に　出かけました。
1 市民　　　2 会話　　　3 見物　　　4 荷物

8 大雪で　ひこうきの（　　）が　10時間　遅れました。
1 生活　　　2 練習　　　3 出発　　　4 興味

9 おまつりには、駅前の　広場に　いろいろな（　　）が　ならびました。
1 売店　　　2 案内　　　3 見物　　　4 予定

10 この　時計を　直すには（　　）な　技術が　必要です。
1 親切　　　2 特別　　　3 発音　　　4 心配

152

[人] N4

思 死 使 仕 私 事 写 産 森 色 暑 夕 説 声 世 洗 所 送 首 習 乗 市 試 始 室 心

思 생각할 사 | 음 し | 훈 おもう

훈독은 「おもう(思う)」로 주로 N4부터 출제되고, 음독은 「し」로 주로 N2부터 출제된다. 대표적인 예로 「意思(いし) : 의사, 뜻」, 「思想(しそう) : 사상」 등이 있다.

N4 思い出す(おもいだす) 생각해 내다, 생각나다 `3급`
　　　思う(おもう) 생각하다 `3급, N3교체`

N3 意思(いし) 의사, 뜻　　　思想(しそう) 사상

N2 思いがけない(おもいがけない) 뜻밖이다 `N2교체`
　　　思い切る(おもいきる) 큰 마음(을) 먹다 `N2문규`
　　　思いつく(おもいつく) 생각이 떠오르다 `N2용법`

N1 思い返す(おもいかえす) 다시 생각하다 `N1교체`
　　　思い詰める(おもいつめる) 골똘히 생각하다 `N1용법`

死 죽을 사 | 음 し | 훈 しぬ

훈독은 「しぬ(死ぬ)」로 주로 N4부터 출제되고, 음독은 「し」로 주로 N3부터 출제된다. 대표적인 예로 「死刑(しけい) : 사형」, 「死亡(しぼう) : 사망」 등이 있다. 접미어 「～死(し)」 (p.116)로도 활용하므로 잘 익혀 두자.

N4 死亡(しぼう) 사망*　　　死ぬ(しぬ) 죽다 `3급`

N2 死刑(しけい) 사형　　　必死(ひっし) 필사적임 `N2교체`

 하여금 사 | 음 し | 훈 つかう

훈독은 「つかう(使う)」, 음독은 「し」로 모두 주로 N4부터 출제된다. 비슷한 형태의 「便(편)」자와 혼동하지 않도록 주의하자.

N4 大使(たいし) 대사 `3급`　　　大使館(たいしかん) 대사관 `3급`
　　　使う(つかう) 사용하다 `3급`

N3 使用(しよう) 사용　　　使用料(しようりょう) 사용료 `N3문규`

N2 未使用(みしよう) 미사용 `N2단어형성`　　　使い捨て(つかいすて) 일회용

N1 駆使(くし) 구사 `N1문규`

| 벼슬할 사 | 음 し/じ　훈 つかえる |

仕

훈독은 「つかえる(仕える)」로 주로 N1에서 출제되고, 음독은 「し」가 주로 N4부터, 「じ」가 주로 N1에서 출제된다. 대표적인 예로 「奉仕(ほうし) : 봉사」가 있다. 비슷한 형태의 「任(임)」자와 혼동하지 않도록 주의하자.

- **N4**　仕事(しごと) 일 [3급, N3교체]
- **N2**　仕上げる(しあげる) 완성시키다 [N2교체]
- **N1**　仕組み(しくみ) 구조 [N1교체]　　仕業(しわざ) 소행, 짓 [N1용법]
　　　　奉仕(ほうし) 봉사　　　　　　　仕上がる(しあがる) 완성되다 [N1교체]

| 개인 사 | 음 し　훈 わたくし |

훈독은 「わたくし(私)」로 주로 N3부터 출제되고, 음독은 「し」로 주로 N4부터 출제된다. N3 출제 예상 단어인 「私鉄(してつ) : 사철, 민영 철도」, N1 출제 예상 단어인 「私物(しぶつ) : 사유물」도 참고로 알아 두자. 접두어 「私(し)〜」(p.111)로도 활용하므로 잘 익혀 두자.

- **N4**　私小説(ししょうせつ) 사소설*　　私生活(しせいかつ) 사생활*
　　　　私生児(しせいじ) 사생아*　　　私立(しりつ・わたくしりつ) 사립
　　　　私(わたくし・わたし) 저 [3급]
- **N3**　私鉄(してつ) 사철, 민영 철도　　私物(しぶつ) 사유물*

| 일 사 | 음 じ　훈 こと(ごと) |

事

훈독은 「こと」, 음독은 「じ」로 모두 주로 N4부터 출제된다. 특히 「仕事(しごと)」는 「こと」를 「ごと」로 읽는다는 점에 유의하자.

- **N4**　火事(かじ) 화재, 불 [3급]　　　食事(しょくじ) 식사 [3급]
　　　　大事(だいじ) 중요함 [3급]　　用事(ようじ) 볼일, 용무 [3급]
　　　　仕事(しごと) 일 [3급, N3교체]
- **N3**　事情(じじょう) 사정 [N3읽기]
- **N2**　行事(ぎょうじ) 행사 [N2읽기]　事前に(じぜんに) 사전에 [N1교체]

| 베낄 사 | 음 しゃ　훈 うつす |

훈독은 「うつす(写す)」, 음독은 「しゃ」로 모두 주로 N4부터 출제된다. N2 출제 예상 단어인 「複写(ふくしゃ) : 복사」, 「描写(びょうしゃ) : 묘사」도 참고로 알아 두자.

- **N4**　写真(しゃしん) 사진 [3급]　　　写真家(しゃしんか) 사진가 [3급]
　　　　写す(うつす) 찍다, 베끼다 [3급]
- **N2**　描写(びょうしゃ) 묘사　　　　複写(ふくしゃ) 복사

| 낳을 산 | 음 さん　훈 うむ |

훈독은「うむ(産む)」로 주로 N1에서 출제되고, 음독은「さん」으로 주로 N3부터 출제된다. N3 출제 예상 단어인「生産(せいさん) : 생산」, N1 출제 예상 단어인「資産(しさん) : 자산」도 참고로 알아 두자.

N4　外国産(がいこくさん) 외국산　　産業(さんぎょう) 산업 [3급]
　　　生産(せいさん) 생산*

N3　～産(～さん) ～산 [N3문규]　　資産(しさん) 자산*

| 나무빽빽할 삼 | 음 しん　훈 もり |

훈독은「もり」로 주로 N4부터 출제되고, 음독은「しん」으로 주로 N2부터 출제된다. 대표적인 예로「森林(しんりん) : 삼림」등이 있다.

N4　森(もり) 숲 [3급]

N2　森林(しんりん) 삼림

| 빛 색 | 음 しょく / しき　훈 いろ |

훈독은「いろ」로 주로 N4부터 출제된다. 음독은「しょく」가 주로 N2부터,「しき」가 주로 N1부터 출제된다. 대표적인 예로는「特色(とくしょく) : 특색」,「色彩(しきさい) : 색채」등이 있다.「景色(けしき) : 경치, 풍경」는 통째로 외워 두자. 접미어「～色(しょく)」(p.116)로도 활용하므로 잘 익혀 두자.

N4　景色(けしき) 경치* [N2읽기]　　色(いろ) 색 [3급]
　　　色紙(いろがみ) 색종이, 색지　　茶色(ちゃいろ) 갈색 [3급]

N2　景色(けしき) 경치, 풍경　　国際色(こくさいしょく) 국제색 [N2단어형성]
　　　ムード一色(むーどいっしょく) 무드 일색 [N2단어형성]
　　　特色(とくしょく) 특색 [N2문규]　　色眼鏡(いろめがね) 색안경

N1　異色(いしょく) 이색 [N1문규]　　色彩(しきさい) 색채

| 더울 서 | 음 しょ　훈 あつい |

훈독은「あつい(暑い)」로 주로 N4부터 출제되고, 음독은「しょ」로 출제 가능성이 낮다. 대표적인 예로「暑中(しょちゅう) : 서중, 더운 때」,「避暑(ひしょ) : 피서」등이 있다.

N4　暑さ(あつさ) 더위 [3급]　　暑い(あつい) 덥다 [3급]

N1　暑中(しょちゅう) 서중, 더운 때　　避暑(ひしょ) 피서

저녁 석

음 せき　**훈** ゆう

훈독은 「ゆう」로 주로 N4부터 출제되고, 음독은 「せき」로 출제 가능성이 낮다. 4자성어 「一朝一夕(いっちょういっせき) : 일조일석」도 알아 두자. 「七夕(たなばた) : 칠석」는 통째로 외워 두자.

- **N4**　夕方(ゆうがた) 저녁때 `3급`　夕食(ゆうしょく) 석식, 저녁밥*
  　　　夕飯(ゆうはん) 저녁밥 `3급`　夕べ(ゆうべ) 저녁때
  　　　七夕(たなばた) 칠석*

말씀 설

음 せつ　**훈** とく

훈독은 「とく(説く)」로 주로 N1에서 출제되고, 음독은 「せつ」로 주로 N4부터 출제된다. N4 출제 예상 단어인 「説明(せつめい) : 설명」, N1 출제 예상 단어인 「説得(せっとく) : 설득」도 참고로 알아 두자. 접미어 「～説(せつ)」(p.116)로도 활용하므로 잘 익혀 두자.

- **N4**　説明(せつめい) 설명 `3급`　小説(しょうせつ) 소설 `N4읽기`
- **N1**　説得(せっとく) 설득　　　　伝説(でんせつ) 전설
  　　　説く(とく) 설득하다, 설명하다

소리 성

음 せい　**훈** こえ

훈독은 「こえ(声)」로 주로 N4부터 출제되고, 음독은 「せい」로 주로 N1에서 출제된다. 대표적인 예로 「声明(せいめい) : 성명」 등이 있다. 출제 가능성은 낮은 한자이다.

- **N4**　声(こえ) 목소리 `3급`
- **N3**　大声(おおごえ) 큰 소리 `N3교체`
- **N2**　小声(こごえ) 작은 소리 `N2교체`
- **N1**　声明(せいめい) 성명

인간 세

음 せ / せい　**훈** よ

훈독은 「よ(世)」로 주로 N2에서 출제된다. 음독은 「せ / せい」로 「せ」가 주로 N4부터, 「せい」는 주로 N2부터 출제된다. 대표적인 예로 「中世(ちゅうせい) : 중세」가 있다.

- **N4**　世界(せかい) 세계 `3급`　　　　出世(しゅっせ) 출세 `N2표기`
  　　　世話(せわ) 돌봄, 신세 `3급`
- **N2**　出世(しゅっせ) 출세 `N2교체`　世間(せけん) 세간, 세상 `N2교체`
  　　　中世(ちゅうせい) 중세　　　　世の中(よのなか) 세상 `N2읽기`

| 씻을 세 | 음 せん　훈 あらう |

훈독은「あらう(洗う)」로 주로 N4부터 출제되고, 음독은「せん」으로 주로 N3부터 출제된다. 대표적인 예로「洗剤(せんざい) : 세제」,「洗濯(せんたく) : 세탁」,「洗面(せんめん) : 세면, 세수」등이 있다.

洗

N4　洗面(せんめん) 세면, 세수*　　洗濯(せんたく) 세탁*
　　洗う(あらう) 씻다 3급　　　　洗う(あらう) 씻다
N4　洗剤(せんざい) 세제

| 바 소 | 음 しょ　훈 ところ |

훈독은「ところ(所)」, 음독은「しょ」로 모두 주로 N4부터 출제된다.「近所」는「きんじょ」,「台所」는「だいどころ」로 읽는다는 점에 주의하자. 접미어「～所(しょ/じょ)」(p.116)로도 활용하므로 잘 익혀 두자.

所

N4　近所(きんじょ) 근처, 이웃집 3급　　研究所(けんきゅうしょ/じょ) 연구소*
　　住所(じゅうしょ) 주소 3급　　　　場所(ばしょ) 장소 3급, N3교체
　　台所(だいどころ) 부엌 3급, N3교체
N2　所有(しょゆう) 소유 N2교체　　　名所(めいしょ) 명소 N2문규
　　要所(ようしょ) 요소

| 보낼 송 | 음 そう　훈 おくる |

훈독은「おくる(送る)」로 주로 N4부터 출제되고, 음독은「そう」로 주로 N3부터 출제된다. 대표적인 예로「送別(そうべつ) : 송별」,「放送(ほうそう) : 방송」등이 있다.

送

N4　送料(そうりょう) (배송료)*　　発送(はっそう) 발송*
　　放送(ほうそう) 방송　　　　　　送る(おくる) 보내다 3급
N3　見送る(みおくる) 배웅하다, 전송하다 N3용법
N2　再放送(さいほうそう) 재방송 N2단어형성
　　送別会(そうべつかい) 송별회

| 머리 수 | 음 しゅ　훈 くび |

훈독은「くび」로 주로 N4부터 출제된다. 음독은「しゅ」로 주로 N3부터 출제되며,「首相(しゅしょう) : 수상」,「首脳(しゅのう) : 수뇌」등과 같이 쓰인다.

首

N4　首相(しゅしょう) 수상*　　首脳(しゅのう) 수뇌*
　　首(くび) 목 3급, N3읽기
N3　首都(しゅと) 수도 N3읽기

익힐 습

음 しゅう　훈 ならう

훈독은 「ならう(習う)」로 주로 N4부터 출제되고, 음독은 「しゅう」로 주로 N3부터 출제된다. 대표적인 예로 「学習(がくしゅう) : 학습」, 「習慣(しゅうかん) : 습관」 등이 있다.

N4　学習(がくしゅう) 학습*　　習慣(しゅうかん) 습관
　　　習う(ならう) 배우다 3급
N3　復習(ふくしゅう) 복습 N3표기

탈 승

음 じょう　훈 のる

훈독은 「のる(乗る)」로 주로 N4부터 출제되고, 음독은 「じょう」로 주로 N3부터 출제된다. 대표적인 예로 「乗客(じょうきゃく) : 승객」, 「乗車(じょうしゃ) : 승차」 등이 있다.

N4　乗客(じょうきゃく) 승객*　　乗車(じょうしゃ) 승차* N3표기
　　　乗り換え(のりかえ) 갈아탐, 환승　　乗り物(のりもの) 탈것, 교통 기관
　　　乗る(のる) 타다 3급

저자 시

음 し　훈 いち

훈독은 「いち(市)」로 주로 N1에서 출제되고, 음독은 「し」로 주로 N4부터 출제된다. 접두어 「市(し)~」(p.202)와 접미어 「~市(し/いち)」(p.116)로도 활용하므로 잘 익혀 두자.

N4　大阪市(おおさかし) 오사카시　　市(し) 시
　　　市議会(しぎかい) 시의회*　　市内(しない) 시내
　　　市民(しみん) 시민 3급　　市役所(しやくしょ) 시청*

시험할 시

음 し　훈 ためす / こころみる

훈독은 「ためす(試す) / こころみる(試みる)」로 「ためす」가 주로 N2부터, 「こころみる」는 주로 N1에서 출제된다. 음독은 「し」로 주로 N4부터 출제된다. 접두어 「試(し)~」(p.111)로도 활용하므로 잘 익혀 두자.

N4　試合(しあい) 시합, 경기 3급　　試運転(しうんてん) 시운전*
　　　試験(しけん) 시험　　試作品(しさくひん) 시작품*
N3　試食(ししょく) 시식　　入試(にゅうし) 입시

| 처음 시 | 음 し　훈 はじまる / はじめる |

훈독은 「はじまる(始まる) / はじめる(始める)」로 주로 N4부터 출제된다. 음독은 「し」로 주로 N3부터 출제된다. 대표적인 예로 「開始(かいし) : 개시」, 「原始(げんし) : 원시」, 「始末(しまつ) : 형편, 꼴」 등이 있다. 복합동사 「~始める(はじめる)」(p.121)로도 활용하므로 잘 익혀 두자.

N4　開始(かいし) 개시*　　　原始(げんし) 원시*
　　　始まる(はじまる) 시작되다 3급　　始める(はじめる) 시작하다 3급

| 집 실 | 음 しつ　훈 むろ |

훈독은 「むろ(室)」로 출제 가능성이 낮고, 음독은 「しつ」로 주로 N4부터 출제된다. N2 출제 예상 단어인 「待合室(まちあいしつ) : 대합실, 대기실」도 참고로 알아 두자. 접미어 「~室(しつ)」(p.117)로도 활용하므로 잘 익혀 두자.

N4　教室(きょうしつ) 교실 3급　　研究室(けんきゅうしつ) 연구실
　　　室内(しつない) 실내*　　　　冷凍室(れいとうしつ) 냉동실*

| 마음 심 | 음 しん　훈 こころ |

훈독은 「こころ(心)」, 음독은 「しん」으로 모두 주로 N4부터 출제된다. 「心地(ここち) : 기분, 느낌」는 통째로 외워 두자. 접미어 「~心(しん)」(p.117)으로도 활용하므로 잘 익혀 두자.

N4　安心(あんしん) 안심 3급　　　細心(さいしん) 세심* N1용법
　　　心(こころ) 마음

N3　関心(かんしん) 관심 N2교체, N3표기　心配(しんぱい) 걱정 N1교체, N3교체
　　　心理(しんり) 심리

N2　熱心(ねっしん) 열심임 N1교체　　用心(ようじん) 주의 N2교체
　　　心強い(こころづよい) 든든하다 N2용법

N1　会心(かいしん) 회심 N1문규　　　核心(かくしん) 핵심
　　　肝心(かんじん) (가장) 중요함 3급　自尊心(じそんしん) 자존심 N1교체
　　　心情(しんじょう) 심정　　　　内心(ないしん) 내심
　　　本心(ほんしん) 본심　　　　気心(きごころ) 속마음
　　　心地よい(ここちよい) 기분 좋다 N1읽기
　　　心構え(こころがまえ) 마음의 준비 N1용법
　　　心無い(こころない) 생각이 모자라다
　　　心細い(こころぼそい) 불안하다 N1문규
　　　真心(まごころ) 진심, 성심

읽기 표기 콕콕 연습문제 08

: 정답 P.218

》 下線の 漢字はひらがなに、ひらがなは 漢字に なおしなさい。

1. 伝説てきな えいゆうを えがいた えいがです。　　　　　（　　　　　）
2. こくばんの じを ちゅういしながら ノートに 写します。　（　　　　　）
3. いい 習慣を みに つける。　　　　　　　　　　　　　　（　　　　　）
4. あの レストランは 景色が さいこうです。　　　　　　　（　　　　　）
5. おすすめの 洗剤は なんですか。　　　　　　　　　　　　（　　　　　）
6. 教室で にほんの ゆうめいな えいがを みました。　　　（　　　　　）
7. ごりよう 開始 ほうほうを せつめいします。　　　　　　（　　　　　）
8. いもうとが いつも 食事の よういを して くれます。　（　　　　　）
9. ここで 乗り換えて ください。　　　　　　　　　　　　　（　　　　　）
10. どの へやでも じゆうに 使って ください。　　　　　　（　　　　　）
11. そんなに しんぱい しなくても だいじょうぶです。　　（　　　　　）
12. この はやしには しみんが よく ことりを みに くる。（　　　　　）
13. しないに でて かいものを します。　　　　　　　　　　（　　　　　）
14. あの せんせいは よく せわを して くれます。　　　　（　　　　　）
15. ちちは ようじで おおさかへ いきました。　　　　　　　（　　　　　）
16. たなかさんは じゅうどうを ならって います。　　　　　（　　　　　）
17. いろがみで はなを つくる。　　　　　　　　　　　　　（　　　　　）
18. おんがくかいは よる 7じに はじまります。　　　　　　（　　　　　）
19. しつないに せんたくものを ほします。　　　　　　　　　（　　　　　）
20. あしたは たいせつな しごとが あります。　　　　　　　（　　　　　）

읽기 표기 콕콕 연습문제 09

정답 P.218

>> 下線の 漢字はひらがなに、ひらがなは 漢字に なおしなさい。

1. となりの へやから おおきな 声が しました。　　　　　　(　　　　　)
2. だいがく 入試を うけます。　　　　　　(　　　　　)
3. もう ひとつ 用事が あるので しつれいいたします。　　　　　　(　　　　　)
4. ははの ない こどもを ごにん 世話して います。　　　　　　(　　　　　)
5. そんなに 必死になって さがさなくても いいです。　　　　　　(　　　　　)
6. ちちは にわで じどうしゃを 洗って います。　　　　　　(　　　　　)
7. その しあいは きょう 放送される よていです。　　　　　　(　　　　　)
8. かれは きゅうに まどから 首を だした。　　　　　　(　　　　　)
9. 使い捨て しょうひんは べんりです。　　　　　　(　　　　　)
10. こどもたちに ゲームの やりかたを 説明した。　　　　　　(　　　　　)
11. いつも この バスに のって がっこうへ いきます。　　　　　　(　　　　　)
12. しあいを するより みる ほうが おもしろい。　　　　　　(　　　　　)
13. フランスごを つかって てがみを かきました。　　　　　　(　　　　　)
14. こどもが ぶじに かえったので あんしんした。　　　　　　(　　　　　)
15. ぎんこうの まえに ちゃいろの たてものが あります。　　　　　　(　　　　　)
16. しなものを ゆうびんで おおくりします。　　　　　　(　　　　　)
17. やまださんは にぎやかな ばしょに すんで います。　　　　　　(　　　　　)
18. きょうは きのうより あついですね。　　　　　　(　　　　　)
19. ひと それぞれには じじょうが ある。　　　　　　(　　　　　)
20. にほんごきょうしつは いま なつやすみです。　　　　　　(　　　　　)

문맥규정 콕콕 연습문제 07

정답 P.218

》》( )に なにを いれますか。1・2・3・4から いちばん いい ものを ひとつ えらんで ください。

1 ( )が 忙しくて ゆっくり ごはんを 食べる ひまも ありません。
　1 約束　　　　2 予習　　　　3 熱心　　　　4 仕事

2 記録的な 大雪が ( ) 生活に 大きな えいきょうを あたえた。
　1 必要　　　　2 安全　　　　3 住所　　　　4 市民

3 うちの 子は 小さい ときから ( )の かからない 子でした。
　1 火事　　　　2 世話　　　　3 不便　　　　4 家族

4 この ゆびわは 母の 形見で、わたしの ( )な たからものです。
　1 大変　　　　2 大体　　　　3 大事　　　　4 火事

5 公園を 歩いて いる 人に ( )を とって もらいました。
　1 写真　　　　2 地図　　　　3 案内　　　　4 道路

6 この 国の おもな ( )は 工業です。
　1 教室　　　　2 勉強　　　　3 世界　　　　4 産業

7 どこか 景色の いい ( )で おべんとうを 食べたい。
　1 場所　　　　2 旅行　　　　3 写真　　　　4 意味

8 かのじょの 元気な 声を 聞いて 今夜は ( ) して 眠れそうです。
　1 運転　　　　2 注意　　　　3 発音　　　　4 安心

9 朝と ( )、いぬを つれて 散歩に 行きます。
　1 夕べ　　　　2 夕飯　　　　3 夕方　　　　4 夕刊

10 ( ) 開始まで まだ 時間が あります。
　1 場合　　　　2 試合　　　　3 具合　　　　4 組合

 **N4**

悪 顔 暗 野 夜 弱 薬 洋 業 研 英 映 屋 曜 用 牛 運 院 員 遠 元 有 肉 銀 音 医 意 以 引

악할 악 | 음 あく | 훈 わるい

훈독은「わるい(悪い)」로 주로 N4부터 출제되고, 음독은「あく」로 주로 N2부터 출제된다. 대표적인 예로「悪魔(あくま) : 악마」가 있다. 4자성어「悪戦苦闘(あくせんくとう) : 악전고투」도 알아 두자. 그리고 접두어「悪(あく)〜」(p.111)와 접미어「〜悪(あく)」(p.117)로도 활용하므로 잘 익혀 두자.

悪

N4 悪材料(あくざいりょう) 악재료*   悪天候(あくてんこう) 악천후*
悪口(わるくち) 욕, 험담*   悪い(わるい) 나쁘다 [3급, N1교체]

N2 悪影響(あくえいきょう) 악영향 [N2단어형성]
悪条件(あくじょうけん) 악조건 [N2단어형성]

얼굴 안 | 음 がん | 훈 かお

훈독은「かお(顔)」로 주로 N4부터 출제된다. 음독은「がん」으로 출제 가능성은 낮다. 대표적인 예로「顔面(がんめん) : 안면」,「童顔(どうがん) : 동안」등이 있다.「笑顔(えがお) : 웃는 얼굴, 미소」는 통째로 외워 두자.

顔

N4 洗顔(せんがん) 세안*   顔(かお) 얼굴 [3급]
N3 童顔(どうがん) 동안   笑顔(えがお) 웃는 얼굴, 미소 [N3읽기]

어두울 암 | 음 あん | 훈 くらい

훈독은「くらい(暗い)」로 주로 N4부터 출제되고, 음독은「あん」으로 주로 N3부터 출제된다. 대표적인 예로「暗記(あんき) : 암기」,「暗示(あんじ) : 암시」등이 있다. 접두어「暗(あん)〜」(p.111)으로도 활용하므로 잘 익혀 두자.

N4 暗記(あんき) 암기* [N3교체, N3용법]   暗号(あんごう) 암호*
暗い(くらい) 어둡다 [3급, N1교체]

N3 真っ暗(まっくら) 캄캄함, 암흑
N2 薄暗い(うすぐらい) 좀 어둡다, 어둑어둑하다 [N2단어형성]
N1 暗示(あんじ) 암시   明暗(めいあん) 명암

들 야   음 や   훈 の

훈독은 「の(野)」로 주로 N3부터 출제되고, 음독은 「や」로 주로 N4부터 출제된다. 「野良(のら) : 들」는 통째로 외워 두자.

N4　野菜(やさい) 채소 [3급]　　　　野(の) 들*
　　　　野原(のはら) 들판*　　　　　野良(のら) 들*

N2　視野(しや) 시야 [N2문규]　　　分野(ぶんや) 분야 [N2용법]

밤 야   음 や   훈 よる / よ

훈독은 「よる(夜) / よ(夜)」로 「よる」가 주로 N4부터, 「よ」는 주로 N3부터 출제된다. 대표적인 예로 「夜中(よなか) : 한밤중」가 있다. 음독은 「や」로 주로 N3부터 출제되며 대표적인 예로 「深夜(しんや) : 심야」, 「徹夜(てつや) : 철야, 밤샘」등이 있다.

N4　夜間(やかん) 야간*　　　　　　深夜(しんや) 심야
　　　　夜中(よなか) 한밤중*　　　　　夜(よる) 밤 [3급]

N2　徹夜(てつや) 철야, 밤샘　　　　真夜中(まよなか) 한밤중 [N2단어형성]

N1　日夜(にちや) 주야, 늘 [N1읽기]

약할 약   음 じゃく   훈 よわい

훈독은 「よわい(弱い)」로 주로 N4부터 출제되고, 음독은 「じゃく」로 주로 N3부터 출제된다. 대표적인 예로 「弱点(じゃくてん) : 약점」, 「貧弱(ひんじゃく) : 빈약」등이 있다. 접미어 「~弱(じゃく)」(p.117)로도 활용하므로 잘 익혀 두자.

N4　三千名弱(さんぜんめいじゃく) 삼천 명이 조금 안됨*
　　　　弱点(じゃくてん) 약점　　　　弱い(よわい) 약하다 [3급]

N2　軟弱(なんじゃく) 연약함　　　　弱気(よわき) 나약함
　　　　弱音(よわね) 약한 소리　　　　弱る(よわる) 약해지다, 곤란해지다

N1　貧弱(ひんじゃく) 빈약

약 약   음 やく(やっ)   훈 くすり

훈독은 「くすり(薬)」로 주로 N4부터 출제되고, 음독은 「やく」로 주로 N2부터 출제된다. 대표적인 예로 「薬品(やくひん) : 약품」등이 있다. 「薬局(やっきょく) : 약국」은 か행 앞에서 「やく」가 「やっ」으로 변하는 것에 주의하자. 접미어 「~薬(やく)」(p.117)로도 활용하므로 잘 익혀 두자.

N4　治療薬(ちりょうやく) 치료약*　　薬局(やっきょく) 약국*
　　　　薬品(やくひん) 약품*　　　　　薬(くすり) 약 [3급]

洋 바다 양

음 よう

훈독은 없고, 음독은 「よう」로 주로 N4부터 출제된다. N1 출제 예상 단어인 「洋風(ようふう) : 서양풍, 서양식」도 참고로 알아 두자. 접두어 「洋(よう)～」(p.111)로도 활용하므로 잘 익혀 두자.

N4
- 西洋(せいよう) 서양 `3급`
- 洋楽器(ようがっき) 양악기*
- 洋風(ようふう) 서양풍, 서양식
- 洋菓子(ようがし) 양과자*
- 洋定食(ようていしょく) 양정식*
- 洋服(ようふく) 양복 `3급`

業 업 업

음 ぎょう / ごう　**훈** わざ

훈독은 「わざ(業)」로 출제기준 외이고, 음독은 「ぎょう / ごう」이다. 「ぎょう」는 주로 N4부터 출제되고, 「ごう」는 「自業自得(じごうじとく) : 자업자득」 등과 같이 쓰인다. 접미어 「～業(ぎょう)」(p.117)로도 활용하므로 잘 익혀 두자.

N4
- 営業(えいぎょう) 영업 `N4표기`
- 失業(しつぎょう) 실업 `N3읽기`
- 工業(こうぎょう) 공업 `3급`
- 産業(さんぎょう) 산업 `3급`

N3
- 残業(ざんぎょう) 잔업 `N3표기`
- 卒業(そつぎょう) 졸업 `N3읽기`
- 商業(しょうぎょう) 상업 `N3읽기`
- 農業(のうぎょう) 농업 `N3문규`

N1
- 仕業(しわざ) 소행, 짓 `N1용법`

研 갈 연

음 けん　**훈** とぐ

훈독은 「とぐ(研ぐ)」로 주로 N1에서 출제되고, 음독은 「けん」으로 주로 N3부터 출제된다.

N4
- 研究(けんきゅう) 연구 `3급`
- 研究室(けんきゅうしつ) 연구실
- 研究会(けんきゅうかい) 연구회 `3급`

N1
- 研修(けんしゅう) 연수
- 研ぐ(とぐ) 갈다, 닦다

英 꽃부리 영

음 えい

훈독은 없고, 음독은 「えい」로 주로 N4부터 출제된다. 「英国(えいこく) : 영국」, 「英米(えいべい) : 영미」 등과 같이 쓰인다. 접두어 「英(えい)～」(p.111)로도 활용하므로 잘 익혀 두자.

N4
- 英会話(えいかいわ) 영어 회화
- 英国(えいこく) 영국
- 英語(えいご) 영어 `3급`
- 英作文(えいさくぶん) 영작문*

N1
- 英米(えいべい) 영미

| 비출 영 | 음 えい　훈 うつる / はえる |

훈독은 「うつる(映る) / はえる(映える)」로 「うつる」가 주로 N3부터, 「はえる」는 주로 N1에서 출제된다. 음독은 「えい」로 주로 N3부터 출제된다.

映

- N4　映画(えいが) 영화 3급　　映画館(えいがかん) 영화관 3급
- N3　映る(うつる) 비치다, 보이다
- N1　映える(はえる) 빛나다, 비치다

| 집 옥 | 음 おく　훈 や |

훈독은 「や(屋)」, 음독은 「おく」로 모두 주로 N4부터 출제된다. 접미어 「~屋(や : 흔히 명사에 붙여서 그 직업을 가진 사람)」(p.117)로도 활용하므로 잘 익혀 두자.

屋

- N4　屋上(おくじょう) 옥상 3급　　　　技術屋(ぎじゅつや) 기술자*
　　　薬屋(くすりや) 약방*　　　　　　魚屋(さかなや) 생선 가게*
　　　始末屋(しまつや) 절약가, 검소한 사람*　肉屋(にくや) 식육점*
　　　部屋(へや) 방 3급　　　　　　　本屋(ほんや) 책방 3급

| 빛날 요 | 음 よう |

훈독은 없고, 음독은 「よう」로 주로 N4부터 출제된다. 이 한자는 요일을 나타낼 때 사용된다.

曜

- N4　土曜(どよう) 토요(일)　　　　　土曜日(どようび) 토요일 3급
　　　何曜日(なんようび) 무슨 요일　　木曜日(もくようび) 목요일
- N2　曜日(ようび) 요일

| 쓸 용 | 음 よう　훈 もちいる |

훈독은 「もちいる(用いる)」로 주로 N2부터 출제되고, 음독은 「よう」로 주로 N4부터 출제된다. N3부터는 많은 단어가 출제된다. 접미어 「~用(よう)」(p.117)로도 활용하므로 잘 익혀 두자.

用

- N4　使用(しよう) 사용*　　　　　　用意(ようい) 준비 3급
　　　用件(ようけん) 용건*　　　　　用事(ようじ) 용무 3급
- N3　応用(おうよう) 응용 N3읽기　　　実用的(じつようてき) 실용적임
　　　使用料(しようりょう) 사용료 N3문규
- N2　引用(いんよう) 인용　　　　　　仮採用(かりさいよう) 임시 채용 N2단어형성
　　　効用(こうよう) 효용　　　　　　未使用(みしよう) 미사용 N2단어형성
　　　用心(ようじん) 주의 N2교체　　用途(ようと) 용도 N2용법
- N1　適用(てきよう) 적용
　　　不用意(ふようい) 준비가 되어 있지 않음, 부주의함 N1교체

| 소 우 | 음 ぎゅう　훈 うし |

훈독은 「うし(牛)」로 주로 N4부터 출제되고, 음독은 「ぎゅう」로 역시 주로 N4부터 출제된다. 대표적인 음독 예로 「牛乳(ぎゅうにゅう) : 우유」가 있다. 비슷한 형태의 「午(오)」자와 혼동하지 않도록 주의하자.

N4	牛肉(ぎゅうにく) 쇠고기 3급	牛乳(ぎゅうにゅう) 우유
	牛(うし) 소 3급	

| 돌 운 | 음 うん　훈 はこぶ |

훈독은 「はこぶ(運ぶ)」, 음독은 「うん」으로 모두 주로 N4부터 출제된다.

N4	運転(うんてん) 운전 3급	運動(うんどう) 운동 3급
	運動会(うんどうかい) 운동회	運ぶ(はこぶ) 나르다 3급
N3	運休(うんきゅう) 운휴	
N2	運(うん) 운 N2교체	運賃(うんちん) 운임* N2표기
N1	運命(うんめい) 운명	

| 담 원 | 음 いん |

훈독은 없고, 음독은 「いん」으로 주로 N4부터 출제된다. 접미어 「～院(いん)」(p.117)으로도 활용하므로 잘 익혀 두자.

N4	病院(びょういん) 병원 3급
N2	大学院(だいがくいん) 대학원

| 수효 원 | 음 いん |

훈독은 없고, 음독은 「いん」으로 주로 N4부터 출제된다. 접미어 「～員(いん)」(p.118)으로도 활용하므로 잘 익혀 두자.

N4	会社員(かいしゃいん) 회사원	教員(きょういん) 교원, 교사
	社員(しゃいん) 사원	店員(てんいん) 점원 3급
N2	会員制(かいいんせい) 회원제 N2단어형성	
	会社員風(かいしゃいんふう) 회사원풍 N2단어형성	

멀 원

음 えん　**훈** とおい

훈독은「とおい(遠い)」로 주로 N4부터 출제되고, 음독은「えん」으로 주로 N3부터 출제된다. 대표적인 예로「永遠(えいえん) : 영원」,「遠足(えんそく) : 소풍」등이 있다.

遠

- **N4** 遠足(えんそく) 소풍*
  遠い(とおい) 멀다
  遠慮(えんりょ) 사양, 겸손
  遠く(とおく) 멀리 3급
- **N3** 永遠(えいえん) 영원
  遠慮(えんりょ) 사양
- **N1** 遠隔(えんかく) 원격

으뜸 원

음 げん / がん　**훈** もと

훈독은「もと(元)」로 주로 N2부터 출제된다. 음독은「げん / がん」로「げん」이 주로 N4부터, 「がん」은 주로 N2부터 출제된다. 대표적인 예로「元日(がんじつ) : 설날」,「元来(がんらい) : 원래」등이 있다.

元

- **N4** 元気(げんき) 건강함
- **N2** 元日(がんじつ) 설날
  地元(じもと) 근거지, 고향 N2읽기
- **N1** 還元(かんげん) 환원 N1용법
  元来(がんらい) 원래

있을 유

음 ゆう / う　**훈** ある

훈독은「ある(有る)」로 주로 N2부터 출제되고, 음독은「ゆう / う」로「ゆう」가 주로 N4부터, 「う」가 주로 N3부터 출제된다. 대표적인 예로「有無(うむ) : 유무」가 있다.

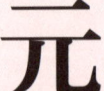

- **N4** 有無(うむ) 유무*
  有名(ゆうめい) 유명함 3급
  有効(ゆうこう) 유효함* N2문규
- **N3** 有料(ゆうりょう) 유료
- **N2** 最有力(さいゆうりょく) 가장 유력함 N2단어형성
  所有(しょゆう) 소유 N2교체
  有利(ゆうり) 유리함 N2문규
- **N1** 有数(ゆうすう) 유수 N1용법

고기 육

음 にく

훈독은 없고, 음독은「にく」로 주로 N4부터 출제된다.

- **N4** 牛肉(ぎゅうにく) 쇠고기 3급
  肉屋(にくや) 정육점
  肉(にく) 고기
- **N2** 筋肉(きんにく) 근육
- **N1** 皮肉(ひにく) 빈정거림* N1교체

은 은 　 음 ぎん

銀

훈독은 없고, 음독은 「ぎん」으로 주로 N4부터 출제된다. 접두어 「銀(ぎん)~」(p.111)으로도 활용하므로 잘 익혀 두자.

N4	金銀(きんぎん) 금은	銀行(ぎんこう) 은행 `3급`

소리 음 　 음 おん / いん 　 훈 おと / ね

音

훈독은 「おと(音)/ね(音)」로 「おと」가 주로 N4부터, 「ね」는 출제 가능성이 낮다. 음독은 「おん/いん」으로 「おん」이 주로 N4부터, 「いん」은 주로 N1부터 출제된다. 대표적인 예로 「子音(しいん): 자음」, 「母音(ぼいん): 모음」 등이 있다.

N4　音楽(おんがく) 음악 `3급`　　発音(はつおん) 발음 `3급`
　　　半音(はんおん) 반음　　　　音(おと) 소리 `3급`

N2　音楽全般(おんがくぜんぱん) 음악 전반 `N2단어형성`
　　　本音(ほんね) 본심 `N1문규`　　弱音(よわね) 약한 소리

N1　音色(おんしょく·ねいろ) 음색　子音(しいん) 자음
　　　母音(ぼいん) 모음

의원 의 　 음 い

医

훈독은 없고, 음독은 「い」로 주로 N4부터 출제된다. 접미어 「~医(い)」(p.118)로도 활용하므로 잘 익혀 두자. 참고로 「歯医者(はいしゃ): 치과 의사」, 「目医者(めいしゃ): 안과 의사」라고는 말하지만 「鼻医者(はないしゃ)」라고는 하지 않는 점에 유의하자.

N4　医学(いがく) 의학 `3급`　　　医者(いしゃ) 의사 `3급`
　　　歯医者(はいしゃ) 치과 의사　目医者(めいしゃ) 안과 의사

N3　医療(いりょう) 의료

N2　医学界(いがくかい) 의학계 `N2단어형성`

N1　医術(いじゅつ) 의술

뜻 의 — 意

음 い

훈독은 없고, 음독은 「い」로 주로 N4부터 출제된다.

N4
- 意地(いじ) 고집 *N1용법*
- 意見(いけん) 의견 3급
- 注意(ちゅうい) 주의 3급, N2교체
- 得意(とくい) 잘함 N3읽기, N3교체
- 意味(いみ) 의미 3급
- 意志(いし) 의지
- 同意(どうい) 동의*
- 用意(ようい) 준비 3급

N3
- 意外(いがい) 의외임 N1교체, N2교체
- 意識(いしき) 의식
- 意思(いし) 의사 N3문규

N2
- 意図(いと) 의도
- 意欲(いよく) 의욕 N1교체, N2문규

N1
- 意気込み(いきごみ) 분발함 N1교체
- 合意(ごうい) 합의 N1문규
- 不注意(ふちゅうい) 부주의함 N1교체
- 故意に(こいに) 고의로 N1교체
- 決意(けつい) 결의 N1교체
- 熱意(ねつい) 열의
- 不用意(ふようい) 부주의함 N1교체
- 不意に(ふいに) 갑자기, 느닷없이 N1교체

써 이 — 以

음 い

훈독은 없고, 음독은 「い」로 주로 N4부터 출제된다.

N4
- 以外(いがい) 이외 3급
- 以内(いない) 이내 3급
- 以上(いじょう) 이상 3급

N3
- 以降(いこう) 이후 N3읽기
- 以後(いご) 이후
- 以前(いぜん) 이전 N1교체, N2교체

끌 인 — 引

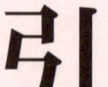

훈독은 「ひく(引く)」로 주로 N4부터 출제되고, 음독은 「いん」으로 주로 N3부터 출제된다. 대표적인 예로 「引退(いんたい) : 은퇴」, 「引用(いんよう) : 인용」, 「索引(さくいん) : 색인」 등이 있다. 복합동사 「引き(ひき)~」(p.121)로도 활용하므로 잘 익혀 두자.

N4
- 引用(いんよう) 인용*
- 引く(ひく) 끌다, 당기다, 찾다 등 3급

N3
- 引き受ける(ひきうける) 떠맡다, 인수하다 N3문규

N2
- 引退(いんたい) 은퇴 N2용법
- 索引(さくいん) 색인
- 引っかかる(ひっかかる) 걸리다
- 強引(ごういん) 억지로 함, 강제적임
- 引き止める(ひきとめる) 만류하다, 말리다 N2문규
- 引っ越す(ひっこす) 이사하다

N1
- 引き寄せる(ひきよせる) 가까이 (끌어)당기다, 불러들이다, 끌다
- 引き落とす(ひきおとす) 자동 납부하다
- 差し引く(さしひく) 공제하다

콕콕 연습문제 10

>> 下線の 漢字はひらがなに、ひらがなは 漢字に なおしなさい。

1. わたしは 洋菓子が すきです。　　　　　　　　　　　　　(　　　　　)
2. 発音に ちゅういして、ほんを よみます。　　　　　　　　(　　　　　)
3. まいあさ 牛乳を のんで います。　　　　　　　　　　　　(　　　　　)
4. それは わたしの 得意ぶんやです。　　　　　　　　　　　(　　　　　)
5. ははは ゆうはんの 用意を して いました。　　　　　　　(　　　　　)
6. たてものの 屋上から まちの けしきが よく みえます。　(　　　　　)
7. わたしは まいあさ いえの にわで 運動します。　　　　　(　　　　　)
8. この さきも 永遠に かわらない ことを やくそくする。　(　　　　　)
9. いみの わからない ことばは じしょを 引きます。　　　　(　　　　　)
10. かれは 元気 よく まちの ほうへ あるきだした。　　　　(　　　　　)
11. きのうの よる、えきで せんせいと あいました。　　　　　(　　　　　)
12. ジュースや やさいを かいに いきます。　　　　　　　　　(　　　　　)
13. のみすぎは からだに わるいです。　　　　　　　　　　　(　　　　　)
14. その ていあんには どういできません。　　　　　　　　　(　　　　　)
15. この にもつは へやに はこんで ください。　　　　　　　(　　　　　)
16. せんしゅうから えいかいわ きょうしつに かよって います。(　　　　　)
17. あの おんなの ひとの かおは しって います。　　　　　(　　　　　)
18. はやく びょういんへ いった ほうが いいですよ。　　　　(　　　　　)
19. おとうとは ドイツで いがくを べんきょうして います。　(　　　　　)
20. なにか ごいけんは ありませんか。　　　　　　　　　　　(　　　　　)

읽기 표기 콕콕 연습문제 11

> 下線の 漢字はひらがなに、ひらがなは 漢字に なおしなさい。

1. おさけを のみすぎて、きぶんが 悪く なりました。 (　　　　)
2. よるに なると、そとは 暗く なります。 (　　　　)
3. 肉より やさいを たくさん たべて ください。 (　　　　)
4. 英語より にほんごの ほうが やさしいです。 (　　　　)
5. きょうの かいぎでは おおくの 意見が でました。 (　　　　)
6. たんごを 暗記するのに くろうしました。 (　　　　)
7. バスは 15ふんおきに 運転されて います。 (　　　　)
8. はたらきすぎないように 注意して ください。 (　　　　)
9. えきの まえで ともだちを 30ぷん以上 まちました。 (　　　　)
10. ここから ゆうびんきょくは 遠いですか。 (　　　　)
11. この サイトは おおくの かいしゃいんが りようして います。 (　　　　)
12. しんせつな てんいんに トイレを おしえて もらいました。 (　　　　)
13. その えは とても いんしょうてきでした。 (　　　　)
14. ともだちの わるくちを いう。 (　　　　)
15. ゆうべ うしの こどもが うまれました。 (　　　　)
16. やまださんは からだが とても よわいです。 (　　　　)
17. 4がつに だいがくいんに はいります。 (　　　　)
18. あかんぼうが いみの ある ことばを はなしはじめた。 (　　　　)
19. ともだちに にほんの おんがくの テープを かした。 (　　　　)
20. ごようけんは なんですか。 (　　　　)

콕콕 연습문제 12

>> 下線の 漢字はひらがなに、ひらがなは 漢字に なおしなさい。

1. かれは さまざまな 悪条件を のりこえました。　　　　（　　　　）
2. 薄暗い ところで ほんを よまないで ください。　　　　（　　　　）
3. すずきさんは この 分野の せんもんかです。　　　　（　　　　）
4. わたしは 意志が よわいです。　　　　（　　　　）
5. そう 弱気に なるなよ。きっと 合格してるよ。　　　　（　　　　）
6. きつえんは ご遠慮 ください。　　　　（　　　　）
7. この ホールの 使用料は いくらですか。　　　　（　　　　）
8. たいふうで 運休に なりました。　　　　（　　　　）
9. 卒業、おめでとうございます。　　　　（　　　　）
10. たんご テストは 意外と やさしかったです。　　　　（　　　　）
11. かれが だいとうりょうの さいゆうりょくな こうほです。　　　　（　　　　）
12. かのじょは いつも ほんねを いわない。　　　　（　　　　）
13. わたしは いつも じもとの 野球 チームを 応援して います。　　　　（　　　　）
14. よる おそくまで ざんぎょうする。　　　　（　　　　）
15. かれとは いぜん あった ことが ある。　　　　（　　　　）
16. わたしは やまださんの ごういんな やりかたが きらいです。　　　　（　　　　）
17. かれは きょうで いんたいする ことに きめた。　　　　（　　　　）
18. いつも えがおで あいさつ する。　　　　（　　　　）
19. よなかに でんわを かけるのは やめて ください。　　　　（　　　　）
20. ならったことを じっせいかつに おうようしている。　　　　（　　　　）

문맥규정 콕콕 연습문제 08

>>> (　　)に なにを いれますか。1・2・3・4から いちばん いい ものを ひとつえらんで ください。

1 (　　)には いろいろな ビタミンが たくさん あります。
1 用事　　2 野菜　　3 荷物　　4 家族

2 母(　　)は 家族 全員 パソコンが 使えます。
1 以外　　2 内外　　3 以内　　4 家内

3 それに ついては われわれの (　　)が いっちしました。
1 注意　　2 用意　　3 意見　　4 見物

4 そとへ 出る ときは (　　)を 着ますが、家の 中では きものです。
1 西洋　　2 洋服　　3 東西　　4 服用

5 その 食堂は 1週間の (　　) 停止を めいじられた。
1 営業　　2 失業　　3 工業　　4 産業

6 夕方から 雨が 降るそうだから、かさの (　　)を して いった ほうが いい。
1 使用　　2 用件　　3 用事　　4 用意

7 この てがみを (　　)に ほんやくして ください。
1 設計　　2 計画　　3 英語　　4 映画

8 わたしは (　　)を 見に 行くのが 大好きです。
1 安心　　2 研究　　3 近所　　4 映画

9 姉は 看護師です。(　　)で はたらいて います。
1 病院　　2 看病　　3 病人　　4 両院

10 道が すべりやすいから (　　)に 気を つけて ください。
1 用意　　2 工業　　3 屋上　　4 運転

[ㅈ] N4

姉 字 自 者 作 場 低 赤 転 田 切 正 町 題 弟 早 朝 鳥 族 終 主 住 走
昼 注 重 紙 止 持 池 知 地 進 真 質 集

손윗누이 자   음 し   훈 あね

훈독은 「あね(姉)」로 주로 N4부터 출제되고, 음독은 「し」로 주로 N3부터 출제된다. 대표적인 예로 「姉妹(しまい) : 자매」가 있다. 「お姉さん(おねえさん) : 누나, 언니」은 통째로 외워 두자.

N4   姉妹(しまい) 자매*   姉(あね) 누나, 언니 3급
      お姉さん(おねえさん) 누나, 언니 3급

글자 자   음 じ   훈 あざ

훈독은 「あざ(字)」로 출제 가능성이 낮고, 음독은 「じ」로 주로 N4부터 출제된다. 대표적인 예로 「漢字(かんじ) : 한자」, 「字(じ) : 글자」가 있다. N2 출제 예상 단어인 「赤字(あかじ) : 적자」, 「黒字(くろじ) : 흑자」도 참고로 알아 두자.

N4   漢字(かんじ) 한자 3급   字(じ) 글자
N3   赤字(あかじ) 적자*   黒字(くろじ) 흑자*
      文字(もじ) 글자, 문자

스스로 자   음 じ / し   훈 みずから

훈독은 「みずから(自ら)」로 주로 N2부터 출제된다. 음독은 「じ」가 주로 N4부터, 「し」가 주로 N3부터 출제된다. 「し」는 「自然(しぜん) : 자연」에만 사용된다. 접두어 「自(じ)~」(p.111)로도 활용하므로 잘 익혀 두자.

N4   自意識(じいしき) 자의식*   自転車(じてんしゃ) 자전거 3급
      自分(じぶん) 자신, 자기 3급
N3   自由(じゆう) 자유 N3표기   自動的(じどうてき) 자동적임 N3문규
      自身(じしん) 자신 N3표기, N3문규   自然(しぜん) 자연 N3읽기
      自然に(しぜんに) 자연히 N1교체   自慢(じまん) 자랑 N3문규
N2   自分で(じぶんで) 스스로 N2교체   自ら(みずから) 몸소, 친히 N2교체
N1   自尊心(じそんしん) 자존심 N1교체

놈 자 者

음 しゃ(じゃ)　**훈** もの

훈독은 「もの(物)」로 주로 N2부터 출제되고, 음독은 「しゃ」로 주로 N4부터 출제된다. N2 출제 예상 단어인 「患者(かんじゃ) : 환자」, 「著者(ちょしゃ) : 저자」도 참고로 알아 두자. 특히 「患者」의 경우는 「しゃ」가 「じゃ」가 된 점에 주의하자. 접미어 「~者(しゃ/もの)」(p.118)로도 활용하므로 잘 익혀 두자.

N4　医者(いしゃ) 의사 3급　　　勤労者(きんろうしゃ) 근로자*
　　　相談者(そうだんしゃ) 상담자*　当事者(とうじしゃ) 당사자*
　　　正直者(しょうじきもの) 솔직한 사람*

N4　患者(かんじゃ) 환자　　　　著者(ちょしゃ) 저자

지을 작 作

음 さく/さ　**훈** つくる

훈독은 「つくる(作る)」로 주로 N4부터 출제된다. 음독은 「さく/さ」로 「さく」가 주로 N4부터, 「さ」는 주로 N3부터 출제된다. 대표적인 예로 「作法(さほう) : 예의범절」, 「動作(どうさ) : 동작」가 있다. 접미어 「~作(さく)」(p.118)로도 활용하므로 잘 익혀 두자.

N4　最新作(さいしんさく) 최신작　　作品(さくひん) 작품
　　　作文(さくぶん) 작문 3급　　　　動作(どうさ) 동작
　　　作る(つくる) 만들다 3급

N3　作家(さっか) 작가　　　　　　作物(さくもつ) (농)작물
　　　作業(さぎょう) 작업

N2　傑作(けっさく) 걸작　　　　　作品集(さくひんしゅう) 작품집 N2단어형성
　　　作成(さくせい) 작성 N2용법

N1　作詞(さくし) 작사　　　　　　作法(さほう) 예의범절
　　　無造作(むぞうさ) 대수롭지 않게, 아무렇게 N1용법

마당 장 場

음 じょう　**훈** ば

훈독은 「ば(場)」, 음독은 「じょう」로 모두 주로 N4부터 출제된다. N3 출제 예상 단어인 「会場(かいじょう) : 회장」, 「登場(とうじょう) : 등장」도 참고로 알아 두자. 접미어 「~場(じょう)」(p.118)로도 활용하므로 잘 익혀 두자.

N4　会場(かいじょう) 회장* 3급　　工場(こうじょう) 공장 3급
　　　登場(とうじょう) 등장*　　　　場所(ばしょ) 장소 3급
　　　広場(ひろば) 광장 3급

N3　登場(とうじょう) 등장 N3문규　場合(ばあい) 경우, 사정
　　　場面(ばめん) 장면

176

| 낮을 저 | 음 てい　훈 ひくい |

훈독은 「ひくい(低い)」로 주로 N4부터 출제된다. 음독은 「てい」로 주로 N3부터 출제되는데, 대표적인 예로 「最低(さいてい) : 최저」, 「低下(ていか) : 저하」 등이 있다. 접두어 「低(てい)〜」(p.111)로도 활용하므로 잘 익혀 두자.

低

- **N4**　低い(ひくい) 낮다 3급
- **N3**　最低(さいてい) 최저*　　低下(ていか) 저하*
　　　低利子(ていりし) 저이자*
- **N2**　低価格(ていかかく) 저가격 N2단어형성
- **N1**　高低(こうてい) 고저

| 붉을 적 | 음 せき　훈 あかい |

훈독은 「あかい(赤い)」로 주로 N4부터 출제되고, 음독은 「せき」로 주로 N2부터 출제된다. 대표적인 예로 「赤道(せきどう) : 적도」가 있다. 「真っ赤(まっか) : 새빨감」는 통째로 외워 두자.

赤

- **N4**　赤い(あかい) 빨갛다 3급　　　赤ちゃん(あかちゃん) 아기
- **N3**　赤道(せきどう) 적도　　　　真っ赤(まっか) 새빨감

| 구를 전 | 음 てん　훈 ころがる |

훈독은 「ころがる(転がる)」로 주로 N2부터 출제되고, 음독은 「てん」으로 주로 N4부터 출제된다. 활용도가 높은 한자이다.

転

- **N4**　運転(うんてん) 운전 3급　　　自転車(じてんしゃ) 자전거 3급
- **N3**　転ぶ(ころぶ) 넘어지다 N3용법
- **N2**　転換(てんかん) 전환

| 밭 전 | 음 でん　훈 た(だ) |

훈독은 「た(田)」로 주로 N4부터 출제되는데, 주로 지명과 인명에 사용된다. 음독은 「でん」으로 주로 N1에서 출제된다. 대표적인 예로는 「水田(すいでん) : 논」, 「田園(でんえん) : 전원」 등이 있다. 「田舎(いなか) : 시골」는 통째로 외워 두자.

田

- **N4**　田中(たなか) 다나카(인명)　　成田(なりた) 나리타(지명)
　　　羽田(はねだ) 하네다(지명)　　田舎(いなか) 시골
- **N1**　水田(すいでん) 논　　　　　田園(でんえん) 전원

끊을 절

음 せつ / さい　　**훈** きる

훈독은 「きる(切る)」로 주로 N4부터 출제된다. 음독은 「せつ / さい」로 「せつ」가 주로 N4부터, 「さい」는 주로 N1에서 출제된다. 대표적인 예로 「一切(いっさい) : 모두, 전부」가 있다. 「切手(きって) : 우표」는 통째로 외워 두자. 복합동사 「切り(きり)〜」(p.121)와 「〜切る(きる)」(p.121)로도 활용하므로 잘 익혀 두자.

切

N4　親切(しんせつ) 친절함 `3급`　　大切(たいせつ) 소중함 `3급`
　　　区切る(くぎる) 구획짓다* `N3용법`　切手(きって) 우표 `3급`

N3　売り切れ(うりきれ) 품절, 매진　締め切り(しめきり) 마감 `N3용법`
　　　売り切れる(うりきれる) 다 팔리다 `N3교체`

N2　期限切れ(きげんぎれ) 기한이 다 됨 `N2단어형성`
　　　切望(せつぼう) 간절히 바람

N1　一切(いっさい) 모두, 전부　　打ち切る(うちきる) 중단하다
　　　切り出す(きりだす) 말을 꺼내다 `N1문규`

바를 정

음 しょう / せい　　**훈** ただしい

훈독은 「ただしい(正しい)」로 주로 N4부터 출제된다. 음독은 「しょう / せい」로 「しょう」가 주로 N4부터, 「せい」가 주로 N3부터 출제된다. 대표적인 예로 「正確(せいかく) : 정확함」, 「正当(せいとう) : 정당함」 등이 있다. 접두어 「正(せい)〜」(p.111)로도 잘 익혀 두자.

N4　お正月(おしょうがつ) 정월 `3급`　　正しい(ただしい) 옳다, 바르다 `3급, N2교체`

N3　正直(しょうじき) 정직함 `N3용법`　正常(せいじょう) 정상 `N3표기, N3문규`
　　　正解(せいかい) 정답 `N3표기`　　正確(せいかく) 정확함

N2　改正(かいせい) 개정　　　　　正午(しょうご) 정오
　　　訂正(ていせい) 정정 `N2문규`

N1　厳正(げんせい) 엄격함 `N1읽기`　正当(せいとう) 정당함

밭두둑 정

음 ちょう　　**훈** まち

훈독은 「まち(町)」, 음독은 「ちょう」로 모두 주로 N4부터 출제된다. 음독은 「〜町(ちょう)」와 같이 지명에 많이 사용된다.

N4　市町村(しちょうそん) 시초손(일본의 행정구역)*
　　　〜町(〜ちょう) 〜초(일본의 행정구역)　永田町(ながたちょう) 나가타초*
　　　町(まち) 도시, 읍내 `3급`　　　　町角(まちかど) 길모퉁이, 길목

178

| 표제 제 | 음 だい |

훈독은 없고, 음독은 「だい」로 주로 N4부터 출제된다.

N4	宿題(しゅくだい) 숙제	何題(なんだい) 몇 문제*
	二題(にだい) 2문제*	問題(もんだい) 문제 3급
N2	題名(だいめい) 제목	
N2	諸問題(しょもんだい) 여러 문제 N2단어형성	

題

| 아우 제 | 음 だい / で / てい | 훈 おとうと |

훈독은 「おとうと(弟)」로 주로 N4부터 출제된다. 음독은 「だい / で / てい」로 「だい」가 주로 N4부터, 「で / てい」는 출제 가능성이 낮다. 대표적인 예로 「兄弟(きょうだい): 형제」, 「弟子(でし): 제자」가 있다.

N4	兄弟(きょうだい) 형제 3급	弟(おとうと) 남동생 3급
N2	弟子(でし) 제자	

弟

| 새벽 조 | 음 さっ / そう | 훈 はやい |

훈독은 「はやい(早い)」로 주로 N4부터 출제된다. 음독은 「さっ / そう」로 「さっ」이 주로 N2부터, 「そう」가 주로 N3에서 출제된다. 대표적인 예로 「早速(さっそく): 즉시, 바로」, 「早急(さっきゅう): 조급, 몹시 급함」 등이 있다.

N4	早い(はやい) 이르다, 빠르다 3급	早く(はやく) 일찍 3급
N2	早速(さっそく) 즉시, 바로	
N3	早退(そうたい) 조퇴 N3읽기, N3용법	早め(はやめ) 조금 이름, 일찌감치 N3문규
N1	早急(さっきゅう) 조급, 몹시 급함	素早い(すばやい) 재빠르다 N1용법

早

| 아침 조 | 음 ちょう | 훈 あさ |

훈독은 「あさ(朝)」로 주로 N4부터 출제되고, 음독은 「ちょう」로 출제 가능성이 낮다. 대표적인 예로 「早朝(そうちょう): 조조, 이른 아침」, 「朝刊(ちょうかん): 조간」 등이 있다. 「今朝(けさ): 오늘 아침」는 통째로 외워 두자.

N4	朝食(ちょうしょく) 조식* N3읽기	朝ご飯(あさごはん) 아침밥 3급
	毎朝(まいあさ) 매일 아침 3급	今朝(けさ) 오늘 아침 3급
N2	早朝(そうちょう) 조조, 이른 아침	朝刊(ちょうかん) 조간

朝

N4 대응 중요 한자

새 조

음 ちょう **훈** とり

훈독은 「とり(鳥)」로 주로 N4부터 출제되고, 음독은 「ちょう」로 출제 가능성이 낮다. 대표적인 예로 「鳥類(ちょうるい) : 조류」, 「野鳥(やちょう) : 들새」 등이 있다. 비슷한 형태의 「島(도)」 자와 혼동하지 않도록 주의하자. 접미어 「〜鳥(ちょう)」(p.118)로도 활용하므로 잘 익혀 두자.

N4　小鳥(ことり) 작은 새 3급　　不死鳥(ふしちょう) 불사조*
　　　保護鳥(ほごちょう) 보호조*　鳥(とり) 새 3급

겨레 족

음 ぞく

훈독은 없고, 음독은 「ぞく」로 주로 N4부터 출제된다. N1 출제 예상 단어인 「民族(みんぞく) : 민족」도 참고로 알아 두자. 비슷한 형태의 「旅(려)」 자와 혼동하지 않도록 주의하자. 접미어 「〜族(ぞく)」(p.118)로도 활용하므로 잘 익혀 두자.

N4　家族(かぞく) 가족 3급　　　暴走族(ぼうそうぞく) 폭주족*
N2　家族連れ(かぞくづれ) 가족동반 N2단어형성
N1　民族(みんぞく) 민족

끝날 종

음 しゅう **훈** おわる

훈독은 「おわる(終わる)」로 주로 N4부터 출제되고, 음독은 「しゅう」로 N3부터 출제된다. 대표적인 예로 「最終(さいしゅう) : 최종」, 「終点(しゅうてん) : 종점」 등이 있다. 복합동사 「〜終わる(おわる)」(p.121)로도 활용하므로 잘 익혀 두자.

N4　最終(さいしゅう) 최종*　　　終点(しゅうてん) 종점*
　　　終わり(おわり) 끝 3급　　　終わる(おわる) 끝나다 3급, N3교체
N3　終える(おえる) 끝내다 N2교체
N2　終息(しゅうそく) 종식

주인 주

음 しゅ **훈** おも

훈독은 「おも(主)」로 주로 N2부터 출제되고, 음독은 「しゅ」로 주로 N4부터 출제된다. N3 출제 예상 단어 「主張(しゅちょう) : 주장」, 「主婦(しゅふ) : 주부」, N1 출제 예상 단어 「主催(しゅさい) : 주최」, 「主導(しゅどう) : 주도」도 참고로 알아 두자. 접두어 「主(しゅ)〜」(p.111)로도 활용하므로 잘 익혀 두자.

N4　主人(しゅじん) 주인, 남편 3급　主役(しゅやく) 주역*
　　　主要(しゅよう) 주요* N3읽기
N3　主張(しゅちょう) 주장 N3문규　主婦(しゅふ) 주부
N2　主成分(しゅせいぶん) 주성분 N2단어형성

| 살 주 | 음 じゅう　훈 すむ / すまう |

훈독은 「すむ(住む) / すまう(住まう)」로 「すむ」가 주로 N4부터, 「すまう」는 주로 N2부터 출제된다. 음독은 「じゅう」로 주로 N4부터 출제된다. 비슷한 형태의 「往(왕)」자와 혼동하지 않도록 주의하자.

N4　住所(じゅうしょ) 주소 3급　　住宅(じゅうたく) 주택*
　　　住民(じゅうみん) 주민*　　住む(すむ) 살다 3급

N2　住宅街(じゅうたくがい) 주택가 N2단어형성

| 달릴 주 | 음 そう　훈 はしる |

훈독은 「はしる(走る)」로 주로 N4부터 출제되고, 음독은 「そう」로 주로 N1에서 출제된다. 대표적인 예로 「走行(そうこう) : 주행」, 「逃走(とうそう) : 도주」 등이 있다. 「師走(しわす / しはす) : 음력 섣달」는 통째로 외워 두자.

N4　完走(かんそう) 완주*　　走者(そうしゃ) 주자*
　　　走る(はしる) 달리다 3급

N1　走行(しうこう) 주행　　逃走(とうそう) 도주
　　　師走(しわす・しはす) 음력 섣달

| 낮 주 | 음 ちゅう　훈 ひる |

훈독은 「ひる」로 주로 N4부터 출제되고, 음독은 「ちゅう」로 주로 N2부터 출제된다. 대표적인 예로 「昼食(ちゅうしょく) : 중식, 점심」가 있다.

N4　昼食(ちゅうしょく) 중식, 점심*　　昼(ひる) 낮 3급
　　　昼ごはん(ひるごはん) 점심밥 3급　　昼ごろ(ひるごろ) 점심쯤 3급
　　　昼休み(ひるやすみ) 점심시간 3급

N2　昼間(ひるま) 주간, 낮(동안) N2교체

| 물댈 주 | 음 ちゅう　훈 そそぐ |

훈독은 「そそぐ(注ぐ)」로 주로 N2부터 출제되고, 음독은 「ちゅう」로 주로 N4부터 출제된다. N3 출제 예상 단어인 「注目(ちゅうもく) : 주목」, 「注文(ちゅうもん) : 주문」도 참고로 알아 두자. 비슷한 형태의 「住(주)」, 「往(왕)」, 「柱(주)」자와 혼동하지 않도록 주의하자.

N4　注意(ちゅうい) 주의 3급, N2교체　　注目(ちゅうもく) 주목* N2교체, N2용법

N3　注文(ちゅうもん) 주문 N3교체

N1　不注意(ふちゅうい) 부주의함 N1교체

| 무거울 중 | 음 じゅう / ちょう　훈 おもい / かさねる |

훈독은 「おもい(重い) / かさねる(重ねる)」로 「おもい」가 주로 N4부터, 「かさねる」는 주로 N3부터 출제된다. 음독은 「じゅう / ちょう」로 모두 주로 N3부터 출제된다. 대표적인 예로 「貴重(きちょう) : 귀중함」, 「重要(じゅうよう) : 중요함」 등이 있다. 접두어 「重(じゅう)〜」(p.111)로도 활용하므로 잘 익혀 두자.

N4	尊重(そんちょう) 존중* N2읽기	二重(にじゅう) 이중*
	重い(おもい) 무겁다 3급	重ねる(かさねる) 겹치다 3급, N3표기
N3	貴重(きちょう) 귀중함 N2읽기	重大(じゅうだい) 중대함
	重要(じゅうよう) 중요함	重なる(かさなる) 포개지다, 겹치다
N2	慎重(しんちょう) 신중함* N2교체	重苦しい(おもくるしい) 답답하다
N1	重厚(じゅうこう) 중후함	重宝(ちょうほう) 요긴함* N1교체
	重複(ちょうふく・じゅうふく) 중복 N1용법	

| 종이 지 | 음 し　훈 かみ(がみ) |

훈독은 「かみ(紙)」로 주로 N4부터 출제되고, 음독은 「し」로 주로 N3부터 출제된다. 대표적인 예로 「表紙(ひょうし) : 표지」, 「用紙(ようし) : 용지」 등이 있다. 「手紙」는 「てがみ」로 「かみ」에 탁음이 붙는다는 점에 주의하자. 접미어 「〜紙(し)」(p.118)로도 활용하므로 잘 익혀 두자.

N4	表紙(ひょうし) 표지*	用紙(ようし) 용지*
	紙(かみ) 종이 3급	手紙(てがみ) 편지 3급
N2	紙幣(しへい) 지폐	

| 그칠 지 | 음 し　훈 とまる |

훈독은 「とまる(止まる)」, 음독은 「し」로 모두 주로 N4부터 출제된다. 대표적인 예로 「中止(ちゅうし) : 중지」가 있다. N2 출제 예상 단어인 「防止(ぼうし) : 방지」도 참고로 알아 두자.

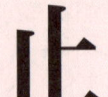

N4	中止(ちゅうし) 중지 3급, N1교체	止まる(とまる) 멈추다 3급
N3	横断禁止(おうだんきんし) 횡단금지 N3교체	
N2	静止(せいし) 정지	停止(ていし) 정지
	廃止(はいし) 폐지 N2용법	防止(ぼうし) 방지
	呼び止める(よびとめる) 불러 세우다 N2용법	
	引き止める(ひきとめる) 만류하다 N2문규	
N1	食い止める(くいとめる) 저지하다 N1문규	

| 가질 지 | 음 じ | 훈 もつ |

훈독은 「もつ(持つ)」로 주로 N4부터 출제되고, 음독은 「じ」로 주로 N2부터 출제된다. 대표적인 예로 「維持(いじ) : 유지」, 「支持(しじ) : 지지」, 「所持(しょじ) : 소지」 등이 있다. 비슷한 형태의 「特(특)」, 「侍(시)」, 「待(대)」 자와 혼동하지 않도록 주의하자.

N4   気持ち(きもち) 기분 `3급`   持つ(もつ) 들다, 가지다 `3급`, `N2교체`
　　　 持てる(もてる) 들 수 있다 `3급`

N2   支持(しじ) 지지 `N2용법`   持ち寄る(もちよる) 추렴하다, 함께 모으다

| 못 지 | 음 ち | 훈 いけ |

훈독은 「いけ(池)」로 주로 N4부터 출제되고, 음독은 「ち」로 주로 N3부터 출제된다. 대표적인 예로 「電池(でんち) : 전지, 배터리」 등이 있다. 접미어 「〜池(ち)」(p.118)로도 활용하므로 잘 익혀 두자.

N4   貯水池(ちょすいち) 저수지*   電池(でんち) 전지, 배터리*
　　　 養魚池(ようぎょち) 양어지*   池(いけ) 연못 `3급`

| 알 지 | 음 ち | 훈 しる |

훈독은 「しる(知る)」로 주로 N4부터 출제되고, 음독은 「ち」로 주로 N3부터 출제된다. 대표적인 예로 「承知(しょうち) : 승낙」, 「知恵(ちえ) : 지혜」, 「知識(ちしき) : 지식」 등이 있다.

N4   知る(しる) 알다 `3급`

N3   承知(しょうち) 승낙   知恵(ちえ) 지혜
　　　 知識(ちしき) 지식   通知(つうち) 통지 `N3읽기`
　　　 知らせ(しらせ) 알림, 통지 `N1교체`   知らせる(しらせる) 알리다

| 땅 지 | 음 ち / じ |

훈독은 없고, 음독은 「ち / じ」로 「ち」가 주로 N4부터, 「じ」가 N2부터 출제된다. 대표적인 예로 「地震(じしん) : 지진」, 「地味(じみ) : 수수함」 등이 있다. 「心地(ここち) : 기분」는 통째로 외워 두자. 접미어 「〜地(ち)」(p.119)로도 활용하므로 잘 익혀 두자.

N4   意地(いじ) 고집* `N1용법`   地震(じしん) 지진
　　　 地下鉄(ちかてつ) 지하철 `3급`   地図(ちず) 지도 `3급`
　　　 地理(ちり) 지리 `3급`

N3   地球(ちきゅう) 지구 `N3읽기`   各地(かくち) 각지 `N3읽기`

N2   地味(じみ) 수수함   地元(じもと) 근거지, 고향 `N2읽기`

N1   跡地(あとち) 철거지 `N1읽기`   基地(きち) 기지
　　　 心地よい(ここちよい) 기분 좋다, 편안하다 `N1읽기`

나아갈 진
- 음 しん　훈 すすむ

훈독은 「すすむ(進む)」로 주로 N4부터 출제되고, 음독은 「しん」으로 주로 N3부터 출제된다. 대표적인 예로 「進出(しんしゅつ) : 진출」, 「前進(ぜんしん) : 전진」 등이 있다.

進

- **N4** 進む(すすむ) 나아가다 [3급, N1교체, N4읽기]
- **N3** 進学(しんがく) 진학　　　進歩(しんぽ) 진보 [N3용법]
  進める(すすめる) 나아가게 하다, 앞으로 움직이다
- **N2** 進行(しんこう) 진행　　　前進(ぜんしん) 전진
- **N1** 昇進(しょうしん) 승진 [N1용법]　進化(しんか) 진화
  進出(しんしゅつ) 진출　　躍進(やくしん) 약진 [N1읽기]

참 진
- 음 しん　훈 ま

훈독은 「ま(真)」로 주로 N2부터 출제되고, 음독은 「しん」으로 주로 N4부터 출제된다. 접두어 「真(ま)~」(p.111)로도 활용하므로 잘 익혀 두자.

真

- **N4** 写真(しゃしん) 사진 [3급]　　写真家(しゃしんか) 사진(작)가 [3급]
  真実(しんじつ) 진실*
- **N3** 真面目(まじめ) 진지함, 착실함, 성실함
- **N2** 真剣(しんけん) 진지함 [N2표기]　真後ろ(まうしろ) 바로 뒤 [N2단어형성]
  真夜中(まよなか) 한밤중 [N2단어형성]　真新しい(まあたらしい) 아주 새롭다 [N2단어형성]
- **N1** 真心(まごころ) 진심, 성심　真っ先(まっさき) 맨 앞 [N1용법]

바탕 질
- 음 しつ / しち / ち

훈독은 없고, 음독은 「しつ / しち / ち」로 「しつ」가 주로 N4부터, 「しち / ち」는 주로 N1에서 출제된다. 대표적인 예로 「品質(ひんしつ) : 품질」, 「言質(げんち) : 언질」, 「人質(ひとじち) : 인질」 등이 있다. 접미어 「~質(しつ)」(p.119)로도 활용하므로 잘 익혀 두자.

- **N4** 質問(しつもん) 질문 [3급]
- **N3** 性質(せいしつ) 성질
- **N2** 質素(しっそ) 검소함 [N1용법, N1용법]
- **N1** 言質(げんち) 언질　　　質疑(しつぎ) 질의, 질문
  人質(ひとじち) 인질　　　品質(ひんしつ) 품질

모일 집   음 しゅう   훈 あつまる / あつめる

훈독은 「あつまる(集まる) / あつめる(集める)」로 주로 N4부터 출제되고, 음독은 「しゅう」로 주로 N3부터 출제된다. 대표적인 예로 「集会(しゅうかい) : 집회」, 「募集(ぼしゅう) : 모집」 등이 있다. 접미어 「～集(しゅう)」(p.119)로도 활용하므로 잘 익혀 두자.

集

N4   集会(しゅうかい) 집회*   集金(しゅうきん) 수금*
       集合(しゅうごう) 집합*   集大成(しゅうたいせい) 집대성*
       集まり(あつまり) 모임   集まる(あつまる) 모이다 `3급, N2교체`
       集める(あつめる) 모으다 `3급, N3교체`

N3   編集(へんしゅう) 편집   募集(ぼしゅう) 모집 `N3용법`
       集中(しゅうちゅう) 집중 `N3읽기`

N2   採集(さいしゅう) 채집   作品集(さくひんしゅう) 작품집 `N2단어형성`
       集中力(しゅうちゅうりょく) 집중력 `N2단어형성`

N1   密集(みっしゅう) 밀집* `N1용법`

콕콕 연습문제 13

» 下線(かせん)の 漢字(かんじ)はひらがなに、ひらがなは 漢字に なおしなさい。

1. しんだ そふは 鳥と ねこが すきでした。　　　　　　　　　(　　　)
2. かれは いつも 真面目です。　　　　　　　　　　　　　　　(　　　)
3. ははおやは 家族と たのしそうに かいわを して います。　　(　　　)
4. いもうとは ほうりつに ついて よく 知って います。　　　　(　　　)
5. かれは 字を きれいに かきます。　　　　　　　　　　　　　(　　　)
6. おとうとと いっしょに えきまで 走って いきました。　　　　(　　　)
7. ここに じぶんの なまえと 住所を かいて ください。　　　　(　　　)
8. いえの まえに くろい くるまが 止まって います。　　　　　(　　　)
9. ともだちは こうえんの そばに 住んで います。　　　　　　(　　　)
10. さいきん 地震が よく おこる。　　　　　　　　　　　　　(　　　)
11. やまださんと ひるごろ えきで わかれました。　　　　　　(　　　)
12. まいあさ はやく おきて うんどうを して います。　　　　(　　　)
13. おもい にもつを もって、いえまで あるきました。　　　　(　　　)
14. あしたの あさ 6じに えきまえに あつまって ください。　(　　　)
15. たなかさんは けさ はやく かいしゃに つきました。　　　(　　　)
16. この こうじょうでは とけいを つくって います。　　　　(　　　)
17. パーティーが おわった あとで そうじを しました。　　　(　　　)
18. わたしたちの けいかくは うまく すすんで います。　　　(　　　)
19. わたしの あねは びょういんに つとめて います。　　　　(　　　)
20. はしの ただしい つかいかたを おしえて ください。　　　(　　　)

연습문제 14

>>> 下線の 漢字はひらがなに、ひらがなは 漢字に なおしなさい。

1. この スマホは 電池の へりが はやいです。　　　　　（　　　　）
2. ふうとうに 80えん切手を はって、おくって ください。　（　　　　）
3. やまださんは 自分の ことばかり かんがえて います。　（　　　　）
4. かれは、この びょういんで 医者として はたらいて います。（　　　　）
5. きのう ちちに ようふくと 手紙を おくりました。　　（　　　　）
6. この 町の じんこうは きょねんより おおく なりました。（　　　　）
7. これから 最終けっかを はっぴょうします。　　　　　（　　　　）
8. 大切な しごとが あるので、かえらなければ なりません。（　　　　）
9. あの みせの 主人は いつも きものを きて います。　（　　　　）
10. おとうとの 自転車は なんども こわれた そうです。　（　　　　）
11. せかいじゅうの ひとから ちゅうもくされる。　　　　（　　　　）
12. この かみに なまえと じゅうしょを かいて ください。（　　　　）
13. だいがくいんに しんがくすることに きめました。　　（　　　　）
14. たなかさんの おねえさんは ぎんこうに つとめて います。（　　　　）
15. この にもつは おもくて、ひとりで もてません。　　（　　　　）
16. しあいが おわった あとで ごみを あつめました。　（　　　　）
17. わたしは おとうとより せいが ひくいです。　　　　（　　　　）
18. おとうとは だいどころで やさいを りょうりして います。（　　　　）
19. ほんじつの かいぎは ちゅうしに なりました。　　　（　　　　）
20. さくぶんは あした 9じまでに だして ください。　（　　　　）

읽기표기 콕콕 연습문제 15

》》 下線の 漢字はひらがなに、ひらがなは 漢字に なおしなさい。

1. どうぞ 自由に いけんを のべて ください。 （　　　）
2. この はなは いえの にわに 自然に はえて きました。 （　　　）
3. ホームページの 作成に いっしゅうかんも かかって しまった。 （　　　）
4. 『ロミオとジュリエット』の さいごの 場面を おぼえて いますか。 （　　　）
5. この もんだいを とくには はっそうの 転換が ひつようです。 （　　　）
6. その くにの こくみんは へいわを 切望して います。 （　　　）
7. ラストの もんだいに 正解した ひとは 1まんポイントです。 （　　　）
8. チャンピオンは 素早い うごきで あいての パンチを かわした。 （　　　）
9. ごまの 主成分は ししつが 50％、タンパクしつが 20％です。 （　　　）
10. その へやは 昼間でも うすぐらかったです。 （　　　）
11. この みせは ちゅうもんを うけてから ウナギを やくそうです。 （　　　）
12. あした そうりだいじんから じゅうだいはっぴょうが あります。 （　　　）
13. かれの ちゅうこくは きわめて きちょうな ものであった。 （　　　）
14. その みせは にしゅうかんの えいぎょうていしを めいじられた。 （　　　）
15. じょせいから ぜつだいな しじを えて いる。 （　　　）
16. けさ Aしゃより さいようつうちを うけとりました。 （　　　）
17. とうきょうは にほんかくちからの ひとたちで いっぱいです。 （　　　）
18. しごとは わたしが おもったほど しんこうして いません。 （　　　）
19. わたしたちは しっそな けっこんしきを おこないました。 （　　　）
20. かれは はんばいいんぼしゅうの こうこくを だしました。 （　　　）

연습문제 09

>> (　　) に なにを いれますか。1・2・3・4から いちばん いい ものを ひとつ えらんで ください。

1 おなまえは (　　) で 書いて ください。
　1 作文　　2 文学　　3 漢字　　4 分野

2 しけんに うかった ことに (　　) でも おどろきました。
　1 部分　　2 自分　　3 部屋　　4 自然

3 生徒たちは じゅうどうの 基本 (　　) を くりかえし 練習して いた。
　1 動作　　2 動物　　3 作業　　4 見物

4 やくそくに 遅れない ことは とても (　　) です。
　1 出席　　2 出発　　3 大使　　4 大切

5 この (　　) では すべての 作業を ロボットが 行って いる。
　1 食事　　2 工場　　3 説明　　4 旅行

6 わたしたちの 先生は 毎日 (　　) を 出します。
　1 旅館　　2 営業　　3 宿題　　4 質素

7 (　　) が 多かったので 親は そだてるのが 大変だったと 思います。
　1 兄弟　　2 牛肉　　3 社会　　4 火事

8 おっとの ことを (　　) と 言わない 人が 増えて きました。
　1 社長　　2 主人　　3 部長　　4 先生

9 この ソフトを 使う 予定の 人に 一言 (　　) を して おきたい。
　1 注意　　2 意味　　3 用意　　4 用事

10 わたしは かれを 説得して その 計画を (　　) させました。
　1 以前　　2 注射　　3 各地　　4 中止

[ㅊ·ㅌ] N4

借 茶 着 菜 青 体 村 秋 春 親 太 通 特

빌 차

음 しゃく(しゃっ)　**훈** かりる

借

훈독은「かりる(借りる)」로 주로 N4부터 출제되고, 음독은「しゃく」로 주로 N2부터 출제된다. 대표적인 예로「借金(しゃっきん) : 빌린 돈, 빚」이 있는데「しゃく」의「く」가 か행 앞에서「っ」로 변해「しゃっきん」이 된다는 점에 주의하자.

- **N4**　借りる(かりる) 빌리다　`3급, N2교체, N3표기`
- **N3**　借金(しゃっきん) 빌린 돈, 빚

차 차

음 ちゃ / さ

茶

훈독은 없고, 음독은「ちゃ / さ」이다.「ちゃ」가 주로 N4부터,「さ」는 주로 N2부터 출제된다. 대표적인 예로「喫茶店(きっさてん) : 찻집, 카페」가 있다.

- **N4**　お茶(おちゃ) 차　`3급`　　　喫茶店(きっさてん) 찻집, 카페
  茶色(ちゃいろ) 갈색　`3급`

붙을 착

음 ちゃく / じゃく　**훈** きる / つく

着

훈독은「きる(着る) / つく(着く)」로, 모두 주로 N4부터 출제된다. 음독은「ちゃく / じゃく」로「ちゃく」가 주로 N3부터,「じゃく」는 거의 출제되지 않는다. 대표적인 예로「着手(ちゃくしゅ) : 착수」,「倒着(とうちゃく) : 도착」등이 있다. 접미어「～着(ちゃく)」(p.119)로도 활용하므로 잘 익혀 두자.

- **N4**　上野着(うえのちゃく) 우에노착*　　上着(うわぎ) 윗도리　`3급`
  着物(きもの) 기모노, 옷　`3급`　　五時着(ごじちゃく) 5시착*
  手術着(しゅじゅつぎ) 수술복*　　到着(とうちゃく) 도착　`N3읽기`
  不時着(ふじちゃく) 불시착*　　水着(みずぎ) 수영복*
  着る(きる) 입다　`3급`　　着く(つく) 도착하다　`3급`
- **N4**　落ち着く(おちつく) 자리잡다, 안정되다　`N3문규, N3용법`
- **N2**　執着(しゅうちゃく) 집착　　着々と(ちゃくちゃくと) 착착　`N2문규`
- **N1**　愛着(あいちゃく) 애착　`N1문규`　　着手(ちゃくしゅ) 착수

菜 나물 채

음 さい　**훈** な

훈독은 「な(菜)」로 출제 가능성이 낮고, 음독은 「さい」로 주로 N4부터 출제된다. 활용도가 높지 않다.

- **N4** 野菜(や**さい**) 채소 [3급]

青 푸를 청

음 せい　**훈** あおい

훈독은 「あおい(青い)」로 주로 N4부터 출제되고, 음독은 「せい」로 주로 N3부터 출제된다. 대표적인 예로 「青春(せいしゅん) : 청춘」, 「青年(せいねん) : 청년」 등이 있다. 「真っ青(まっさお) : 새파람」는 통째로 외워 두자. 접두어 「青(せい)~」(p.111)로도 활용하므로 잘 익혀 두자.

- **N4** 青少年(**せい**しょうねん) 청소년*　　青年(**せい**ねん) 청년*
  青い(**あおい**) 파랗다 [3급]
- **N3** 青春(**せい**しゅん) 청춘　　真っ青(まっ**さお**) 새파람

体 몸 체

음 たい / てい　**훈** からだ

훈독은 「からだ(体)」로 주로 N4부터 출제된다. 음독은 「たい / てい」로 「たい」가 주로 N2부터, 「てい」가 주로 N1에서 출제된다. 대표적인 예로 「体重(たいじゅう) : 체중」, 「体制(たいせい) : 체제」 등이 있다.

- **N4** 体力(**たい**りょく) 체력* [N3문규]　　体(**からだ**) 몸 [3급, N2교체]
- **N3** 体温(**たい**おん) 체온　　体重(**たい**じゅう) 체중
- **N2** 大体(だい**たい**) 대체(로) [N1교체, N2교체]　　体格(**たい**かく) 체격 [N2문규]
- **N1** 体制(**たい**せい) 체제

村 마을 촌

음 そん　**훈** むら

훈독은 「むら(村)」로 주로 N4부터 출제된다. 음독은 「そん」으로 주로 N2부터 출제된다. 대표적인 예로 「農村(のうそん) : 농촌」이 있다.

- **N4** 村(**むら**) 마을 [3급]
- **N3** 農村(のう**そん**) 농촌

가을 추 | 음 しゅう | 훈 あき

훈독은 「あき(秋)」로 주로 N4부터 출제되고, 음독은 「しゅう」로 출제 가능성이 낮다. 대표적인 예로 「秋季(しゅうき) : 추계」, 「秋分(しゅうぶん) : 추분」 등이 있다.

- **N4** 秋(あき) 가을 `3급`
- **N1** 秋季(しゅうき) 추계   秋分(しゅうぶん) 추분

봄 춘 | 음 しゅん | 훈 はる

훈독은 「はる(春)」로 주로 N4부터 출제되고, 음독은 「しゅん」으로 주로 N1에서 출제된다. 대표적인 예로 「青春(せいしゅん) : 청춘」이 있다.

- **N4** 春(はる) 봄 `3급`
- **N3** 青春(せいしゅん) 청춘

친할 친 | 음 しん | 훈 おや / したしい

훈독은 「おや(親) / したしい(親しい)」로 「おや」가 주로 N4부터, 「したしい」가 주로 N3부터 출제된다. 음독은 「しん」으로 주로 N4부터 출제된다. 비슷한 형태의 「新(신)」자와 혼동하지 않도록 주의하자.

- **N4** 親切(しんせつ) 친절함 `3급`   母親(ははおや) 모친, 어머니 `3급`
  親しい(したしい) 친하다, 사이가 좋다 `N3용법`
- **N2** 親子連れ(おやこづれ) 부모와 자녀 동반 `N2단어형성`
- **N1** 親密(しんみつ) 친밀함

클 태 | 음 たい | 훈 ふとい

훈독은 「ふとい(太い)」로 주로 N4부터 출제되고, 음독은 「たい」로 주로 N2부터 출제된다. 대표적인 예로 「太鼓(たいこ) : 북」, 「太陽(たいよう) : 태양」 등이 있다.

- **N4** 太い(ふとい) 굵다 `3급`
- **N2** 太鼓(たいこ) 북   太陽(たいよう) 태양

통할 통  음 つう 훈 かよう / とおる

훈독은 「かよう(通う) / とおる(通る)」로 모두 주로 N4부터 출제되고, 음독은 「つう」로 주로 N3부터 출제된다. 대표적인 예로 「共通(きょうつう) : 공통」, 「通信(つうしん) : 통신」 등이 있다. 접미어 「~通(つう)」(p.119)로도 활용하므로 잘 익혀 두자.

N4
- 三通(さんつう) 세 통*
- 通勤(つうきん) 통근* N3읽기, N3교체
- 通り(とおり) 길 3급
- 通る(とおる) 지나다 3급
- 通学(つうがく) 통학*
- 通信(つうしん) 통신*
- 通う(かよう) 다니다 3급
- 通じる(つうじる) 통하다* N2문규

N3
- 共通(きょうつう) 공통 N3읽기
- 交通(こうつう) 교통
- 通知(つうち) 통지, 알림 N3읽기
- 通り過ぎる(とおりすぎる) 통과하다 N3용법
- 共通点(きょうつうてん) 공통점 N3교체
- 通信(つうしん) 통신
- 通訳(つうやく) 통역

N1
- 人通り(ひとどおり) 사람의 왕래
- 見通し(みとおし) 전망

특별할 특  음 とく(とっ)

훈독은 없고, 음독은 「とく」로 주로 N4부터 출제된다. 「特急(とっきゅう)」의 「とく」가 か행 앞에서 「っ」로 바뀌어 「とっきゅう」로 발음되는 것에 주의한다. 비슷한 형태의 「持(지)」, 「待(대)」, 「侍(시)」 자와 혼동하지 않도록 주의하자.

N4
- 特別(とくべつ) 특별함 3급
- 特に(とくに) 특히 3급, N1교체
- 特急(とっきゅう) 특급 3급

N3
- 特徴(とくちょう) 특징* N3문규

N2
- 特色(とくしょく) 특색 N2문규
- 特定(とくてい) 특정

읽기 표기 콕콕 연습문제 16

정답 P.220

》》 下線(かせん)の 漢字(かんじ)はひらがなに、ひらがなは 漢字に なおしなさい。

1. これは せんせいから 借りた とくべつな しなものです。 (　　　　)
2. 秋に はが あかく なる きが おおいです。 (　　　　)
3. いもうとは バスで だいがくに 通って います。 (　　　　)
4. 青い いろの ワイシャツを おくって ください。 (　　　　)
5. 水着を きて およぎます。 (　　　　)
6. 茶色の じどうしゃが きゅうに とまりました。 (　　　　)
7. あの せんせいには 特に おせわに なりました。 (　　　　)
8. 真っ青な うみを ながめる。 (　　　　)
9. 母親は へやで テレビを みて います。 (　　　　)
10. やまださんは 体が おおきくて、ちからが つよい。 (　　　　)
11. とっきゅうに のれば、ゆうがたには おおさかに つきます。 (　　　　)
12. びょういんで たいおんを はかる。 (　　　　)
13. はるには、きれいな いろの はなが たくさん さきます。 (　　　　)
14. しんせつな けいかんに みちを おしえて もらいました。 (　　　　)
15. ひるごはんの あとで おちゃを のみました。 (　　　　)
16. にほんに ついたら、まず ともだちに あいたいです。 (　　　　)
17. この とおりを まっすぐ いくと、ぎんこうが あります。 (　　　　)
18. じを もっと ふとく かいて ください。 (　　　　)
19. この くには こうつうひが やすいです。 (　　　　)
20. むらじゅうの ひとが めずらしい さるを みに きた。 (　　　　)

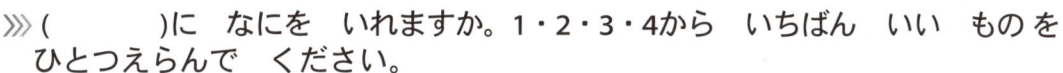

>>> (　　　) に　なにを　いれますか。1・2・3・4から　いちばん　いい　ものを
ひとつえらんで　ください。

1　娘は　ひと月　4万円の　アパートを（　　　）ひとりで　住んで　います。
　　1　空いて　　　　2　進んで　　　　3　借りて　　　　4　立って

2　8時には（　　　）だろうと　弟から　電話が　あった。
　　1　急ぐ　　　　　2　持つ　　　　　3　着く　　　　　4　待つ

3　（　　　）空が　急に　雲って　雨が　降りだした。
　　1　太い　　　　　2　青い　　　　　3　弱い　　　　　4　若い

4　（　　　）はずれに　おじいさんが　住んで　いました。
　　1　秋　　　　　　2　魚　　　　　　3　力　　　　　　4　村

5　わたしが　病気の　とき、かのじょは（　　　）に　して　くれた。
　　1　安心　　　　　2　親切　　　　　3　家族　　　　　4　便利

6　日本の　景色は　どこも　すばらしいが、沖縄は（　　　）いい。
　　1　別に　　　　　2　急に　　　　　3　役に　　　　　4　特に

7　毎日　2キロの　道を　自転車で　学校まで（　　　）います。
　　1　進んで　　　　2　閉めて　　　　3　通って　　　　4　集めて

8　ここを（　　　）線で　かくと　絵が　りっぱに　見えますよ。
　　1　太い　　　　　2　暑い　　　　　3　正しい　　　　4　重い

9　9月に　なると　日が　短く　なって、すっかり（　　　）です。
　　1　海　　　　　　2　西　　　　　　3　秋　　　　　　4　村

10　（　　　）は　水より　軽いから　だれでも　泳げます。
　　1　宝　　　　　　2　形　　　　　　3　体　　　　　　4　力

[ㅍ・ㅎ] N4

家 歌 強 開 去 建 犬 京 軽 界 計 考 工 館 光 広 教 究 区 帰 近 急 起

편할 편

음 べん / びん　　**훈** たより

훈독은 「たより(便り)」로 주로 N2부터 출제된다. 음독은 「べん / びん」으로 「べん」이 주로 N4부터, 「びん」이 주로 N2부터 출제된다. 대표적인 예로 「船便(ふなびん) : 배편」, 「郵便(ゆうびん) : 우편」 등이 있다. 접미어 「~便(びん)」(p.119)으로도 활용하므로 잘 익혀 두자.

便

N4　不便(ふべん) 불편함 `3급`　　便利(べんり) 편리함 `3급, N1교체`
　　　連絡便(れんらくびん) 연락편*

N3　船便(ふなびん) 배편*　　臨時便(りんじべん) 임시편*
　　　郵便(ゆうびん) 우편

N2　便り(たより) 소식, 편지

물건 품

음 ひん　　**훈** しな

훈독은 「しな(品)」, 음독은 「ひん」으로 모두 주로 N4부터 출제된다. 접미어 「~品(ひん)」(p.119)으로도 활용하므로 잘 익혀 두자.

N4　高級品(こうきゅうひん) 고급품*　　食料品(しょくりょうひん) 식료품 `3급`
　　　身の回り品(みのまわりひん) 신변의 일상 용품*
　　　品物(しなもの) 물건 `3급`

N3　下品(げひん) 천함　　商品(しょうひん) 상품 `N3읽기`
　　　上品(じょうひん) 고상함

N2　作品集(さくひんしゅう) 작품집 `N2단어형성`

N1　品切れ(しなぎれ) 품절　　品質(ひんしつ) 품질
　　　品種(ひんしゅ) 품종

바람 풍

음 ふう / ふ　**훈** かぜ

훈독은 「かぜ(風)」로 주로 N4부터 출제된다. 음독은 「ふう / ふ」로 「ふう」가 주로 N4부터, 「ふ」가 주로 N1에서 출제된다. 대표적인 예로 「風情(ふぜい) : 멋, 운치」가 있다. 「風邪(かぜ) : 감기」는 통째로 외워 두자. 접미어 「～風(ふう)」(p.119)로도 활용하므로 잘 익혀 두자.

N4　台風(たいふう) 태풍 3급　　風(かぜ) 바람 3급
　　　風邪(かぜ) 감기

N2　会社員風(かいしゃいんふう) 회사원풍 N2단어형성
　　　ビジネスマン風(びじねすまんふう) 비즈니스맨풍 N2단어형성
　　　ヨーロッパ風(よーろっぱふう) 유럽풍 N2단어형성
　　　風邪気味(かぜぎみ) 감기 기운 N2단어형성

N1　風情(ふぜい) 멋, 운치

여름 하

음 か　**훈** なつ

훈독은 「なつ(夏)」로 주로 N4부터 출제되고, 음독은 「か」로 출제 가능성이 낮다. 대표적인 예로 「夏期(かき) : 하기」, 「夏季(かき) : 하계」 등이 있다.

N4　夏(なつ) 여름 3급　　夏休み(なつやすみ) 여름 방학 3급

N2　夏休み明け(なつやすみあけ) 여름 방학이 끝난 직후 N2단어형성

N1　夏期(かき) 하기　　夏季(かき) 하계

한수 한

음 かん

훈독은 없고, 음독은 「かん」으로 주로 N4부터 출제된다. N2 출제 예상 단어인 「漢和(かんわ) : 중국어와 일본어」도 참고로 알아 두자. 접두어 「漢(かん)～」(p.111)과 접미어 「～漢(かん)」(p.120)으로도 활용하므로 잘 익혀 두자.

N4　漢字(かんじ) 한자 3급

N2　漢和(かんわ) 중국어와 일본어

찰 한

음 かん　**훈** さむい

훈독은 「さむい(寒い)」로 주로 N4부터 출제되고, 음독은 「かん」으로 주로 N2부터 출제된다. 대표적인 예로 「寒帯(かんたい) : 한대」가 있다.

N4　寒い(さむい) 춥다 3급

N2　寒帯(かんたい) 한대

N1　寒気(さむけ) 한기, 오한

| 합할 합 | 음 ごう / がっ　훈 あい / あう |

훈독은 「あい(合) / あう(合う)」로 모두 주로 N4부터 출제된다. 음독은 「ごう / がっ」으로 「ごう」가 주로 N4부터, 「がっ」는 주로 N1에서 출제된다. 대표적인 예로 「合計(ごうけい) : 합계」, 「合併(がっぺい) : 합병」 등이 있다. 접두어 「合(ごう)~」(p.112)와 복합동사 「~合う(あう) / ~合わせる(あわせる)」(p.121)로도 활용하므로 잘 익혀 두자.

N4	試合(しあい) 시합 3급	都合(つごう) 사정 3급
	合う(あう) 맞다	間に合う(まにあう) 시간에 대다 3급
N3	合図(あいず) 신호 N2용법, N3읽기	合計(ごうけい) 합계 N3문규
	割合(わりあい) 비율 N3문규	似合う(にあう) 어울리다 N3용법
N2	合同(ごうどう) 합동 N2용법	
	かかわり合う(かかわりあう) 서로 관련이 있다, 연루되다	
	問い合わせる(といあわせる) 문의하다 N2용법	
N1	合致(がっち) 합치, 일치 N1용법	合併(がっぺい) 합병 N1읽기
	合意(ごうい) 합의 N1문규	統合(とうごう) 통합 N1용법
	融合(ゆうごう) 융합	競い合う(きそいあう) 서로 겨루다 N1교체
	張り合う(はりあう) 경쟁하다 N1교체	見合わせる(みあわせる) 보류하다 N1교체

| 바다 해 | 음 かい　훈 うみ |

훈독은 「うみ(海)」로 주로 N4부터 출제되고, 음독은 「かい」로 주로 N3부터 출제된다. 대표적인 예로 「海外(かいがい) : 해외」, 「海水浴(かいすいよく) : 해수욕」 등이 있다. 「海女(あま) : 해녀」는 통째로 외워 두자. 접미어 「~海(かい)」(p.120)로도 활용하므로 잘 익혀 두자.

N4	海外(かいがい) 해외*	地中海(ちちゅうかい) 지중해*
	南極海(なんきょくかい) 남극해*	北極海(ほっきょくかい) 북극해*
	海(うみ) 바다 3급	
N3	海水浴(かいすいよく) 해수욕	

| 시험할 험 | 음 けん |

훈독은 없고, 음독은 「けん」으로 주로 N4부터 출제된다. N2 출제 예상 단어인 「経験(けいけん) : 경험」, N1 출제 예상 단어인 「体験(たいけん) : 체험」도 참고로 알아 두자.

| N4 | 試験(しけん) 시험 | 経験(けいけん) 경험 N4읽기 |
| N2 | 未経験(みけいけん) 미경험 N2단어형성 | |

| 고을 현 | 음 けん |

훈독은 없고, 음독은 「けん」으로 주로 N4부터 출제된다. 주로 일본의 행정구역에 사용된다. 현재 43개현이 있으며 「茨城県(いばらきけん) : 이바라키현」, 「埼玉県(さいたまけん) : 사이타마현」 등이 있다. 접미어 「~県(けん)」(p.120)으로도 활용하므로 잘 익혀 두자.

- **N4** 県(けん) 현(행정구역) 3급

| 맏 형 | 음 きょう / けい 훈 あに |

훈독은 「あに」, 음독은 「きょう」로 모두 주로 N4부터 출제된다. 대표적인 예로 「兄弟(きょうだい) : 형제」가 있다. 음독 「けい」는 주로 N1에 출제되는데, 「父兄(ふけい) : 부형」 등에 쓰인다. 「お兄さん(おにいさん) : 형, 오빠」은 통째로 외워 두자.

- **N4** 兄弟(きょうだい) 형제 3급   兄(あに) 형, 오빠 3급
  お兄さん(おにいさん) 형, 오빠 3급
- **N1** 父兄(ふけい) 부형

| 좋을 호 | 음 こう 훈 すき / このむ |

훈독은 「すき(好き) / このむ(好む)」로 「すき」가 주로 N4부터, 「このむ」가 주로 N2부터 출제된다. 음독은 「こう」로 주로 N3부터 출제된다. 대표적인 예로 「好意(こうい) : 호의」, 「友好(ゆうこう) : 우호」 등이 있다. 접두어 「好(こう)~」(p.112)로도 활용하므로 잘 익혀 두자.

- **N4** 好奇心(こうきしん) 호기심*   好敵手(こうてきしゅ) 호적수*
  好き(すき) 좋아함 3급, N3교체
- **N3** 好意(こうい) 호의   友好(ゆうこう) 우호
- **N2** 好調(こうちょう) 순조로움 N2표기   格好(かっこう) 모양, 모습 N2문규
  好む(このむ) 좋아하다, 즐기다
- **N1** 好感(こうかん) 호감

| 그림 화, 그을 획 | 음 が / かく |

훈독은 없고, 음독은 「が / かく」로 모두 주로 N4부터 출제된다. N2 출제 예상 단어인 「画家(がか) : 화가」, N1 출제 예상 단어인 「企画(きかく) : 기획」도 참고로 알아 두자. 접미어 「~画(が)」(p.120)로도 활용하므로 잘 익혀 두자.

- **N4** 映画(えいが) 영화 3급   計画(けいかく) 계획 3급, N1교체, N2교체
  肖像画(しょうぞうが) 초상화   人物画(じんぶつが) 인물화*
- **N2** 画家(がか) 화가   画面(がめん) 화면
- **N1** 画一的(かくいつてき) 획일적임 N1읽기
  画期的(かっきてき) 획기적임 N1교체   企画(きかく) 기획

돌아올 회　음 かい　훈 まわる

훈독은「まわる(回る)」, 음독은「かい」로 모두 주로 N4부터 출제된다. N2 출제 예상 단어인「回復(かいふく) : 회복」, N1의「回収(かいしゅう) : 회수」도 참고로 알아 두자. 접미어「～回(かい)」(p.120)와 복합동사「～回る(まわる) / ～回す(まわす)」(p.121)로도 활용하므로 잘 익혀 두자. 참고로「～回る(まわる) / ～回す(まわす)」는「上(うわ)」와「下(した)」에도 접속하여 사용된다.

- **N4**　～回(～かい) ～회　　　　　　　　　　上回る(うわまわる) 상회하다, 웃돌다*
　　　　下回る(したまわる) 하회하다, 밑돌다*　回る(まわる) 돌다
- **N3**　回収(かいしゅう) 회수 `N3교체, N3용법`　回す(まわす) 돌리다 `N3읽기, N3표기`
- **N2**　回腹(かいふく) 회복 `N1문규, N2교체`
- **N1**　回収(かいしゅう) 회수　　　　　　　　回想(かいそう) 회상 `N1교체`
　　　　撤回(てっかい) 철회 `N1교체`

검을 흑　음 こく　훈 くろい

훈독은「くろい(黒い)」로 주로 N4부터 출제되고, 음독은「こく」로 주로 N2부터 출제된다. 대표적인 예로「黒板(こくばん～ : 칠판」 등이 있다. N1 출제 예상 단어인「黒字(くろじ～ : 흑자」는 훈으로 읽는 단어임을 명심하자.

- **N4**　黒(くろ) 검정　　　　　　　　　　　黒い(くろい) 검다 `3급`
- **N3**　黒板(こくばん) 칠판
- **N1**　黒字(くろじ) 흑자

읽기 표기 콕콕 연습문제 17

정답 P.220

>> 下線(かせん)の 漢字(かんじ)はひらがなに、ひらがなは 漢字に なおしなさい。

1. <u>黒板</u>の じが よく みえない。 (　　　　)
2. あの こは <u>好奇心</u>が つよいです。 (　　　　)
3. とても きちょうな <u>経験</u>に なりました。 (　　　　)
4. かのじょは いつも <u>高級品</u>ばかり かって いる。 (　　　　)
5. <u>都合</u>の いい ひは いつですか。 (　　　　)
6. かれからは いぜんとして <u>便り</u>が ない。 (　　　　)
7. かんぜんに <u>回復</u>しました。 (　　　　)
8. これを <u>船便</u>で おくって ください。 (　　　　)
9. まいにち <u>漢字</u>を 15ずつ ならいます。 (　　　　)
10. にほんの ともだちに <u>食料品</u>を おくりました。 (　　　　)
11. その ぼうし、あなたに よく <u>にあって</u> いますよ。 (　　　　)
12. <u>ごうけいきんがく</u>は いくらですか。 (　　　　)
13. やまださんの <u>おにいさん</u>は けいかんです。 (　　　　)
14. <u>うみ</u>から つよい かぜが ふいて きた。 (　　　　)
15. きょうは がっこうに <u>くろい</u> スカートを はいて いきます。 (　　　　)
16. ひつような <u>しなもの</u>の なまえを かみに かいて くれた。 (　　　　)
17. <u>たいふう</u>が くるから、いそいで かえりましょう。 (　　　　)
18. いちにちじゅう つよい <u>かぜ</u>が ふいて います。 (　　　　)
19. かれは <u>げひん</u>な ことばを よく つかう。 (　　　　)
20. あの げいのうじんは <u>かいがい</u>で もっと にんきが ある。 (　　　　)

연습문제 18

>> 下線の 漢字はひらがなに、ひらがなは 漢字に なおしなさい。

1. これは あまり 品質が よくない。　　　　　　　　　　　（　　　　　）
2. めで 合図を おくります。　　　　　　　　　　　　　　（　　　　　）
3. わたしの 兄は ぎんこうに つとめて います。　　　　　（　　　　　）
4. この テレビの 画面は みにくいです。　　　　　　　　　（　　　　　）
5. ご好意に かんしゃします。　　　　　　　　　　　　　　（　　　　　）
6. おたがいの いけんが 合致しない。　　　　　　　　　　　（　　　　　）
7. コーヒーと こうちゃと どちらが 好きですか。　　　　　（　　　　　）
8. ふりょうひんを 回収する。　　　　　　　　　　　　　　（　　　　　）
9. きょねんは とても 寒い ふゆでした。　　　　　　　　　（　　　　　）
10. やまださんは 黒い ふくを きて います。　　　　　　　（　　　　　）
11. いま いえを でれば じゅうぶん まにあうでしょう。　　（　　　　　）
12. この かんじの よみかたを おしえて ください。　　　（　　　　　）
13. ゆうびんばんごうを けんさくする。　　　　　　　　　　（　　　　　）
14. かのじょの かっこうは だらしがない。　　　　　　　　（　　　　　）
15. らいしゅう かぞくと うみへ いきます。　　　　　　　（　　　　　）
16. まどを あけて すずしい かぜを いれました。　　　　（　　　　　）
17. この しなものを おとうさんに わたして ください。　（　　　　　）
18. この ふくは パーティーに よく あいます。　　　　　（　　　　　）
19. おひるを すこし まわった ときに かれが きた。　　（　　　　　）
20. きょうは なつやすみの しゅくだいを します。　　　　（　　　　　）

콕콕 연습문제 11

>> ( )に なにを いれますか。1・2・3・4から いちばん いい ものを ひとつ えらんで ください。

1 その ホテルは 会社からも 空港からも 近くて ( ) な ところに あった。
  1 世話   2 便利   3 親切   4 不便

2 日本の ( ) は フィリピンや タイと 同じぐらい 暑い。
  1 色   2 鳥   3 歌   4 夏

3 北海道は 日本で いちばん ( ) ところです。
  1 寒い   2 暗い   3 太い   4 重い

4 かのじょは 急に ( ) が 悪く なって 同窓会には 来られないそうです。
  1 都合   2 試合   3 都会   4 会合

5 お買い上げに なった ( ) は 即日 配送いたします。
  1 見物   2 産業   3 急行   4 品物

6 学生たちが 図書館で ( ) 勉強を して います。
  1 宿題   2 質問   3 試験   4 特急

7 夏休みには ( ) へ 泳ぎに 行きます。
  1 海   2 体   3 風   4 春

8 中学では 数学が ( ) だったが、高校に 入ってから きらいに なった。
  1 少し   2 好き   3 通り   4 同じ

9 校舎の 改修は ( ) より 1週間 早く 終了した。
  1 教育   2 理由   3 反対   4 計画

10 ( ) が 入るから まどを しめて ください。
  1 力   2 東   3 風   4 海

[기타] N4

公 内 利 米 返 部 辞 席 宿 役 泳 予 園 定 庭 祖 鉄 閉 荷

공변될 공 | 음 こう | 훈 おおやけ

훈독은 「おおやけ(公)」로 주로 N1에서 출제되고, 음독은 「こう」로 주로 N4부터 출제된다. N2 출제 예상 단어인 「公衆(こうしゅう) : 공중」, N1 출제 예상 단어인 「公認(こうにん) : 공인」도 참고로 알아 두자.

- **N4** 公園(こうえん) 공원 3급   主人公(しゅじんこう) 주인공*
- **N2** 公衆(こうしゅう) 공중
- **N1** 公認(こうにん) 공인

안 내 | 음 ない / だい | 훈 うち

훈독은 「うち(内)」로 주로 N3부터 출제되고, 음독은 「ない / だい」로 「ない」가 주로 N4부터, 「だい」가 주로 N1에서 출제된다. 대표적인 예로 「境内(けいだい) : 경내」가 있다.

- **N4** 以内(いない) 이내 3급   家内(かない) 아내
- **N3** 案内(あんない) 안내 N3표기   内側(うちがわ) 안쪽, 내면 N3표기
  内(うち) 안(쪽), 속
- **N3** 境内(けいだい) 경내

이로울 리 | 음 り | 훈 きく

훈독은 「きく(利く)」로 주로 N3부터 출제되고, 음독은 「り」로 주로 N4부터 출제된다. N3부터 다양한 단어가 등장한다.

- **N4** 再利用(さいりよう) 재이용*   便利(べんり) 편리함 3급
  利用(りよう) 이용*

| 쌀 미 | 음 べい / まい　훈 こめ |

훈독은 「こめ(米)」로 주로 N4부터 출제된다. 음독은 「べい / まい」로 「べい」가 주로 N3부터, 「まい」는 주로 N1에서 출제된다. 대표적인 예로 「欧米(おうべい) : 구미, 유럽과 미국」, 「南米(なんべい) : 남미」가 있다.

- **N4**　米(こめ) 쌀 [3급]
- **N3**　米国(べいこく) 미국
- **N1**　欧米(おうべい) 구미, 유럽과 미국　　南米(なんべい) 남미

| 돌아올 반 | 음 へん　훈 かえす |

훈독은 「かえす(返す)」로 주로 N3부터 출제되고, 음독은 「へん」으로 주로 N4부터 출제된다. N1 출제 예상 단어인 「返済(へんさい) : 반제, (빚을) 갚다」도 참고로 알아 두자.

- **N4**　返事(へんじ) 답장, 대답　　返す(かえす) 돌려주다 [3급]

| 거느릴 부 | 음 ぶ |

훈독은 없고, 음독은 「ぶ」로 주로 N4부터 출제된다. N3 출제 예상 단어인 「部分(ぶぶん) : 부분」, N1 출제 예상 단어인 「部門(ぶもん) : 부문」도 참고로 알아 두자. 「部屋(へや) : 방」는 통째로 외워 두자.

- **N4**　部長(ぶちょう) 부장　　部屋(へや) 방 [3급]
- **N3**　部下(ぶか) 부하　　部分(ぶぶん) 부분
- **N1**　部門(ぶもん) 부문

| 말 사 | 음 じ　훈 やめる |

훈독은 「やめる(辞める)」로 주로 N3부터 출제되고, 음독은 「じ」로 주로 N4부터 출제된다. N2 출제 예상 단어인 「辞典(じてん) : 사전」, N1 출제 예상 단어인 「辞退(じたい) : 사퇴」도 참고로 알아 두자.

- **N4**　辞書(じしょ) 사전 [3급]　　辞典(じてん) 사전*
　　　　辞める(やめる) 그만두다 [3급]
- **N1**　辞退(じたい) 사퇴

자리 석

음 せき

席

훈독은 없고, 음독은 「せき」로 주로 N4부터 출제된다. N2 출제 예상 단어인 「欠席(けっせき) : 결석」, N1 출제 예상 단어인 「着席(ちゃくせき) : 착석」도 참고로 알아 두자. 비슷한 형태의 「度(도)」자와 혼동하지 않도록 주의하자.

| N4 | 出席(しゅっせき) 출석 3급 | 席(せき) 자리 3급 |
| N2 | 欠席(けっせき) 결 | 着席(ちゃくせき) 착석 |

묵을 숙

음 しゅく **훈** やど

宿

훈독은 「やど(宿)」로 주로 N3부터 출제되고, 음독은 「しゅく」로 주로 N4부터 출제된다. N3 출제 예상 단어인 「下宿(げしゅく) : 하숙」, 「宿泊(しゅくはく) : 숙박」, N1 출제 예상 단어인 「宿命(しゅくめい) : 숙명」도 참고로 알아 두자.

N4	宿題(しゅくだい) 숙제	
N3	下宿(げしゅく) 하숙	宿泊(しゅくはく) 숙박
	宿(やど) 묵을 곳, 숙박	
N1	宿命(しゅくめい) 숙명	

부릴 역

음 やく / えき

훈독은 없고, 음독은 「やく」로 주로 N4부터 출제된다. N3 출제 예상 단어인 「役割(やくわり) : 역할」, N1 출제 예상 단어인 「役職(やくしょく) : 직무, 직위」도 참고로 알아 두자. 음독은 「えき」로 주로 N1에서 출제된다. 대표적인 예로 「使役(しえき) : 사역」, 「兵役(へいえき) : 병역」 등이 있다.

N4	役に立つ(やくにたつ) 도움이 되다 3급	
N3	役割(やくわり) 역할	
N1	使役(しえき) 사역	兵役(へいえき) 병역

헤엄칠 영

음 えい **훈** およぐ

훈독은 「およぐ(泳ぐ)」, 음독은 「えい」로 모두 주로 N4부터 출제된다. 활용도가 높지 않다.

| N4 | 水泳(すいえい) 수영 | 泳ぎ(およぎ) 헤엄, 수영 |
| | 泳ぐ(およぐ) 헤엄치다 3급 | |

206

| 미리 예 | 음 よ |

훈독은 없고, 음독은 「よ」로 주로 N4부터 출제된다. 대표적인 예로 「予測(よそく) : 예측」, 「予報(よほう) : 예보」 등이 있다. N3 출제 예상 단어인 「予算(よさん) : 예산」도 참고로 알아 두자.

N4　予習(よしゅう) 예습　　　予測(よそく) 예측
　　予定(よてい) 예정 3급, N3교체　予報(よほう) 예보
　　予約(よやく) 예약*

N3　予算(よさん) 예산

| 동산 원 | 음 えん　훈 その |

훈독은 「その(園)」로 출제 가능성이 낮고, 음독은 「えん」으로 주로 N4부터 출제된다. N1 출제 예상 단어인 「幼稚園(ようちえん) : 유치원」, 「田園(でんえん) : 전원」도 참고로 알아 두자.

N4　公園(こうえん) 공원 3급　　動物園(どうぶつえん) 공원*
N1　田園(でんえん) 전원　　　幼稚園(ようちえん) 유치원

| 정할 정 | 음 てい / じょう　훈 さだまる / さだめる |

훈독은 「さだまる(定まる) / さだめる(定める)」로 주로 N1에서 출제된다. 음독은 「てい / じょう」로 「てい」가 주로 N4부터, 「じょう」는 주로 N1부터 출제된다. N3 출제 예상 단어인 「定員(ていいん) : 정원」, N1 출제 예상 단어인 「勘定(かんじょう) : 계산」, 「定義(ていぎ) : 정의」 등도 참고로 알아 두자.

N4　安定(あんてい) 안정*　　特定(とくてい) 특정*
　　予定(よてい) 예정 3급, N3교체
N3　定員(ていいん) 정원
N2　限定(げんてい) 한정 N2용법

| 뜰 정 | 음 てい　훈 にわ |

훈독은 「にわ(庭)」, 음독은 「てい」로 모두 주로 N4부터 출제된다. 출제 가능성은 낮은 편이다.

N4　家庭(かてい) 가정　　校庭(こうてい) 교정*
　　庭(にわ) 정원

| 조상 조 | 음 そ |

훈독은 없고, 음독은 「そ」로 주로 N4부터 출제된다. N3 출제 예상 단어인 「祖先(そせん) : 선조」도 참고로 알아 두자.

N4 　祖父(そふ) 조부, 할아버지　　　祖母(そぼ) 조모, 할머니 3급
N3 　祖先(そせん) 선조

| 쇠 철 | 음 てつ (てっ) |

훈독은 없고, 음독은 「てつ」로 주로 N4부터 출제된다. N2 출제 예상 단어인 「鉄鋼(てっこう) : 철강」, 「鉄砲(てっぽう) : 총」도 참고로 알아 두자. 음독의 경우 뒤에 오는 음에 따라 「てつ」가 「てっ」으로 읽힌다.

N4 　地下鉄(ちかてつ) 지하철 3급
N3 　鉄道(てつどう) 철도
N2 　鉄鋼(てっこう) 철강　　　鉄砲(てっぽう) 총

| 닫을 폐 | 음 へい　훈 しめる / とじる |

훈독은 「しめる(閉める) / とじる(閉じる)」로 「しめる」가 주로 N4부터, 「とじる」는 주로 N3부터 출제된다. 음독은 「へい」로 주로 N3부터 출제된다. 대표적인 예로 「閉会(へいかい) : 폐회」, 「閉口(へいこう) : 질림, 항복함」 등이 있다.

N4 　閉会(へいかい) 폐회*　　　閉口(へいこう) 질림, 항복함*
　　閉める(しめる) 닫다 3급　　　閉じる(とじる) 닫다, 닫히다 N4표기
N2 　密閉(みっぺい) 밀폐 N2읽기

| 연 하 | 음 か　훈 に |

훈독은 「に」로 주로 N4부터 출제되고, 음독은 「か」로 출제 가능성이 낮다. 대표적인 예로 「荷重(かじゅう) : 하중」, 「入荷(にゅうか) : 입하」 등이 있다.

N4 　荷物(にもつ) 짐 3급
N1 　荷重(かじゅう) 하중　　　入荷(にゅうか) 입하

콕콕 연습문제 19

> 下線(かせん)の 漢字(かんじ)はひらがなに、ひらがなは 漢字に なおしなさい。

1. その しごとは いっしゅうかん 以内に おわるでしょう。　（　　　　）
2. 庭の ある いえに すみたいです。　（　　　　）
3. ほんは いっしゅうかん いないに 返す ことに なって いる。　（　　　　）
4. あしたまでに なつやすみの 宿題を だして ください。　（　　　　）
5. あしたの 予習は おわりましたか。　（　　　　）
6. わたしは さかなが 泳いで いるのを みました。　（　　　　）
7. パーティーが あるので、米や やさいを かいに いきます。　（　　　　）
8. わたしの 祖母は いぬと ねこを かって います。　（　　　　）
9. らいしゅうの どようびに プールへ 水泳に いこう。　（　　　　）
10. さむいので、まどを 閉めて ください。　（　　　　）
11. やまださんが さいしょに へんじを しました。　（　　　　）
12. この へやは としょかんに ちかくて べんりです。　（　　　　）
13. さんしゅうかんの よていで にほんりょこうに でかけた。　（　　　　）
14. いつも この こうえんで うんどうを します。　（　　　　）
15. あの ひとは なかなか やくに たちます。　（　　　　）
16. わからない ことばを じしょで しらべました。　（　　　　）
17. この にもつを きょうしつに はこんで ください。　（　　　　）
18. こんばんの パーティーに ともだちと しゅっせきします。　（　　　　）
19. がいこくじんに みちを あんないする。　（　　　　）
20. いもうとの へやは ひろくて あかるいです。　（　　　　）

문맥규정 콕콕 연습문제 12

정답 P.221

》》（　　）に　なにを　いれますか。1・2・3・4から　いちばん　いい　ものを　ひとつえらんで　ください。

1 こどもを　自（じ）由（ゆう）に　遊（あそ）ばせられる　ひろい（　　）が　ほしいです。
　1 意（い）見（けん）　　　2 公（こう）園（えん）　　　3 夕（ゆう）飯（はん）　　　4 近（きん）所（じょ）

2 ことしの　新（しん）入（にゅう）社（しゃ）員（いん）は　20名（めい）（　　）に　する　ことが　決（き）まった。
　1 以（い）後（ご）　　　2 以（い）内（ない）　　　3 時（じ）間（かん）　　　4 期（き）間（かん）

3 何（なん）度（ど）　メールを　しても、かのじょから（　　）が　来（こ）ない。
　1 返（へん）事（じ）　　　2 仕（し）事（ごと）　　　3 見（み）事（ごと）　　　4 事（じ）故（こ）

4 お客（きゃく）さまが　来（く）るので（　　）を　そうじして　花（はな）を　かざりました。
　1 人（じん）口（こう）　　　2 写（しゃ）真（しん）　　　3 地（ち）図（ず）　　　4 部（へ）屋（や）

5 知（し）らない　ことばの　意（い）味（み）を（　　）で　しらべました。
　1 用（よう）事（じ）　　　2 世（せ）話（わ）　　　3 辞（じ）書（しょ）　　　4 今（こん）度（ど）

6 あの　家（いえ）の　まどは　ながい　あいだ（　　）ままです。
　1 住（す）んだ　　　2 閉（と）じた　　　3 足（た）りた　　　4 起（お）きた

7 そろそろ　出（しゅっ）発（ぱつ）の　時（じ）間（かん）だ。早（はや）く（　　）を　まとめなさい。
　1 見（けん）物（ぶつ）　　　2 荷（に）物（もつ）　　　3 旅（りょ）行（こう）　　　4 食（しょく）堂（どう）

8 重（じゅう）要（よう）な　会（かい）議（ぎ）に（　　）するため　かれは　すぐに　日（に）本（ほん）へ　帰（かえ）った。
　1 出（しゅっ）席（せき）　　　2 研（けん）究（きゅう）　　　3 勉（べん）強（きょう）　　　4 計（けい）画（かく）

9 あの　店（みせ）の（　　）的（てき）な　ふんいきが　好（す）きです。
　1 教（きょう）室（しつ）　　　2 世（せ）界（かい）　　　3 家（か）庭（てい）　　　4 校（こう）庭（てい）

10 今（こん）度（ど）の　日（にち）曜（よう）日（び）は　なにか（　　）が　おありですか。
　1 生（せい）活（かつ）　　　2 将（しょう）来（らい）　　　3 成（せい）功（こう）　　　4 予（よ）定（てい）

콕콕 연습문제 정답

제1장 N5
Part 01 N5 한자 대비

01 N5 예상 한자

읽기표기 01　　　　　　　　　　　　　　　　　　　　　　　　　　P.021

1 いりぐち	2 おんなのこ	3 みず	4 ひとつ
5 ひと	6 みち	7 あかい	8 あさ
9 いっぷん	10 き	11 先に	12 一週間
13 お金	14 お父さん	15 口	16 午前中
17 花見	18 男	19 一人	20 毎朝

02 N5 한자활용

문맥규정 01　　　　　　　　　　　　　　　　　　　　　　　　　　P.032

1④　2①　3②　4②　5③　6①　7②　8③　9①　10④

문맥규정 02　　　　　　　　　　　　　　　　　　　　　　　　　　P.033

1③　2①　3④　4②　5④　6③　7①　8②　9②　10③

문맥규정 03　　　　　　　　　　　　　　　　　　　　　　　　　　P.034

1④　2②　3③　4③　5①　6③　7④　8②　9④　10②

Part 02 N5 대응 중요 한자

[숫자와 돈]

읽기표기 02　　　　　　　　　　　　　　　　　　　　　　　　　　P.041

1 はつか	2 いちにち	3 なのか	4 きゅうほん
5 みっつめ	6 はっぴゃくにん	7 ふたり	8 さんぜんろっぴゃくえん

9 やっつ	10 ひゃくえん	11 半	12 七月
13 一日	14 四日	15 九人	16 二時間
17 九つ	18 金よう日	19 四つ	20 一週間

읽기표기 03 — P.042

1 えんまん	2 ようか	3 さんまんえん	4 しちじ
5 くがつ	6 ひとり	7 ふつか	8 とおか
9 ひゃっぽん	10 ちょきん	11 統一	12 三本
13 一応	14 一分	15 七夕	16 料金
17 六つ	18 四月	19 三日	20 千円

문맥규정 04 — P.042

1 ① 2 ③ 3 ④ 4 ② 5 ① 6 ④ 7 ② 8 ② 9 ① 10 ④

[연월일, 시간과 요일]

읽기표기 04 — P.050

1 ことし	2 もくようび	3 らいげつ	4 どうじ
5 いつか	6 きょう	7 くじ	8 ごぜん
9 はんぶん	10 みず	11 毎日	12 六時
13 当日	14 今週	15 休日	16 午後
17 日本語	18 半分	19 日記	20 月

읽기표기 05 — P.051

1 はんのう	2 とち	3 いま	4 ようか
5 こんげつ	6 くがつ	7 げつようび	8 ごご
9 ろくねんかん	10 おしょうがつ	11 十日	12 気分
13 来年	14 水道	15 半日	16 時間
17 六日	18 月よう日	19 今年	20 去年

문맥규정 05 — P.052

1 ② 2 ④ 3 ① 4 ③ 5 ③ 6 ① 7 ② 8 ③ 9 ③ 10 ①

[사람, 학교와 가족]

읽기표기 06 — P.057

1 うまれました	2 おとこのこ	3 よにん	4 がっこう

5 さきに	6 おとうさん	7 じんこう	8 なんにん
9 はは	10 がいこくじん	11 大学	12 女
13 先生	14 高校	15 子ども	16 お母さん
17 先週	18 次男	19 父	20 母

문맥규정 06　　　　　　　　　　　　　　　　　　　　　　　　　　P.058

1 ④　2 ①　3 ③　4 ②　5 ④　6 ①　7 ③　8 ②　9 ③　10 ①

[위치와 방향]

읽기표기 07　　　　　　　　　　　　　　　　　　　　　　　　　　P.063

1 うわぎ	2 じょうげ	3 あとで	4 そと
5 にしぐち	6 ひだり	7 あげました	8 なか
9 ちかてつ	10 あと	11 後ろ	12 北
13 上品	14 集中	15 南	16 下
17 前	18 東	19 右	20 上

문맥규정 07　　　　　　　　　　　　　　　　　　　　　　　　　　P.064

1 ③　2 ①　3 ②　4 ④　5 ①　6 ③　7 ②　8 ④　9 ②　10 ④

[날씨와 색, 형용]

읽기표기 08　　　　　　　　　　　　　　　　　　　　　　　　　　P.070

1 さいしん	2 おおきい	3 しろくて	4 ふるい
5 しょうねん	6 しんせん	7 ちいさい	8 だいがく
9 でんき	10 しんちょう	11 長い	12 高い
13 白い	14 電気	15 安い	16 大きい
17 雨	18 不安	19 天気	20 天井

읽기표기 09　　　　　　　　　　　　　　　　　　　　　　　　　　P.071

1 きおん	2 たかい	3 いっき	4 おおい
5 やすくて	6 すくない	7 たぶん	8 こくはく
9 だいじ	10 せいちょう	11 新聞	12 小さい
13 多く	14 古い	15 大雪	16 少ない
17 天気	18 少し	19 長い	20 新しい

문맥규정 08　　　　　　　　　　　　　　　　　　　　　　　　　　P.072

1 ①　2 ③　3 ②　4 ④　5 ①　6 ④　7 ①　8 ③　9 ③　10 ②

[동작]

읽기표기 10 — P.079

1 ぎんこう	2 でないで	3 としょかん	4 かきました
5 だしました	6 やすみ	7 しんぶん	8 みました
9 らいげつ	10 はなし	11 電話	12 読みました
13 会社	14 話して	15 休みます	16 未来
17 来て	18 行って	19 聞きました	20 入って

읽기표기 11 — P.080

1 かいわ	2 がいけん	3 げんご	4 しりつ
5 はなみ	6 きます	7 やすみます	8 はいりました
9 らいしゅう	10 なつやすみ	11 読みます	12 図書館
13 来年	14 銀行	15 食べました	16 見に
17 書きました	18. 出かける	19 新聞	20 出て

문맥규정 09 — P.081

1 ① 　2 ③ 　3 ② 　4 ④ 　5 ① 　6 ④ 　7 ③ 　8 ② 　9 ③ 　10 ④

[기타]

읽기표기 12 — P.089

1 でんわ	2 めいし	3 ともだち	4 えきいん
5 しゃかい	6 なにご	7 きんぎょ	8 やまみち
9 ゆうめいな	10 ひゃっぽん	11 日本語	12 耳
13 車	14 名前	15 本	16 九本
17 電車	18 何	19 足	20 川

읽기표기 13 — P.090

1 きゅうほん	2 やま	3 ほん	4 ていでん
5 きこく	6 でんしゃ	7 なに	8 でぐち
9 にほんご	10 なまえ	11 電話	12 山道
13 川	14 何語	15 百本	16 国
17 有名な	18 名作	19 何人	20 足りない

문맥규정 10 — P.091

1 ④ 　2 ① 　3 ② 　4 ③ 　5 ① 　6 ④ 　7 ② 　8 ① 　9 ④ 　10 ③

제2장 N4
Part 01 N4 한자 대비

01 N4 예상 한자

읽기표기 01 P.109

1 こうちょう	2 かえる	3 いきかた	4 えいがかん
5 じゅうぶん	6 ことり	7 かじ	8 きもち
9 おもいだした	10 くうき	11 新聞社	12 兄弟
13 本屋	14 西洋	15 人口	16 自動車
17 文学	18 牛肉	19 薬	20 会場

02 N4 한자 활용

문맥규정 01 P.122

1① 2② 3④ 4③ 5② 6① 7③ 8② 9④ 10①

문맥규정 02 P.123

1② 2③ 3④ 4① 5④ 6③ 7④ 8① 9② 10③

문맥규정 03 P.124

1① 2② 3② 4③ 5④ 6① 7④ 8① 9③ 10②

Part 02 N4 대응 중요 한자

[ㄱ]

읽기표기 02 P.132

1 あけて	2 かんがえて	3 きょねん	4 きゅうに
5 きんじょ	6 いえ	7 けいかく	8 けんきゅう
9 こうぎょう	10 かてい	11 研究会	12 建てられました

13 最近	14 近く	15 広場	16 広告
17 帰りましょう	18 教育	19 工場	20 歌

읽기표기 03　　　　　　　　　　　　　　　　　　　　　　　　　　P.133

1 しゃしんか	2 たいしかん	3 せかい	4 たてもの
5 びじゅつかん	6 つよい	7 りょかん	8 かない
9 ひろい	10 としょかん	11 犬	12 教えて
13 考え方	14 急行	15 接近	16 時計
17 急いで	18 起きて	19 軽く	20 観光

문맥규정 04　　　　　　　　　　　　　　　　　　　　　　　　　　P.134

1 ③　2 ④　3 ①　4 ③　5 ②　6 ①　7 ④　8 ②　9 ②　10 ①

[ㄷ]

읽기표기 04　　　　　　　　　　　　　　　　　　　　　　　　　　P.139

1 だいどころ	2 でんわだい	3 かして	4 どうぶつ
5 こんど	6 かしだし	7 きたい	8 なんども
9 にだい	10 こたえた	11 時代	12 待って
13 運動	14 動きます	15 短所	16 地図
17 食堂	18 冬	19 同じ	20 貸しました

문맥규정 05　　　　　　　　　　　　　　　　　　　　　　　　　　P.140

1 ③　2 ③　3 ④　4 ②　5 ①　6 ④　7 ①　8 ④　9 ①　10 ③

[ㄹ·ㅁ·ㅂ]

읽기표기 05　　　　　　　　　　　　　　　　　　　　　　　　　　P.149

1 きもの	2 けんぶつ	3 りょこう	4 おんがく
5 たのしい	6 じつりょく	7 ちから	8 りょうり
9 しりょう	10 あじ	11 食料品	12 建物
13 質問	14 明るい	15 理由	16 売って
17 発明	18 勉強	19 問題	20 行方

읽기표기 06　　　　　　　　　　　　　　　　　　　　　　　　　　P.150

1 ぶきよう	2 とほ	3 きょうみ	4 せんたくもの
5 ぎもん	6 ゆうがた	7 せんもんか	8 ふべん

9 こくみん	10 とくべつな	11 びょうき	12 書き方
13 散歩	14 出発	15 方向	16 発音
17 洋服	18 別れました	19 夕飯	20 歩いて

읽기표기 07　　　　　　　　　　　　　　　　　　　　　　　　　　　　　　　P.151

1 ふまん	2 ふくそう	3 びょうめい	4 ようふく
5 いもうと	6 しゅっぱつ	7 ばいてん	8 べんきょう
9 もんく	10 かっぱつ	11 林	12 方法
13 発想	14 旅	15 料理	16 物価
17 着物	18 作物	19 方針	20 楽しく

문맥규정 06　　　　　　　　　　　　　　　　　　　　　　　　　　　　　　　P.152

1 ②　2 ③　3 ①　4 ④　5 ②　6 ④　7 ③　8 ③　9 ①　10 ②

[ㅅ]

읽기표기 08　　　　　　　　　　　　　　　　　　　　　　　　　　　　　　　P.160

1 でんせつ	2 うつします	3 しゅうかん	4 けしき
5 せんざい	6 きょうしつ	7 かいし	8 しょくじ
9 のりかえ	10 つかって	11 心配	12 市民
13 場所	14 世話	15 用事	16 習って
17 色紙	18 始まります	19 室内	20 仕事

읽기표기 09　　　　　　　　　　　　　　　　　　　　　　　　　　　　　　　P.161

1 こえ	2 にゅうし	3 ようじ	4 せわ
5 ひっし	6 あらって	7 ほうそう	8 くび
9 つかいすて	10 せつめい	11 乗って	12 試合
13 使って	14 安心	15 茶色	16 送り
17 場所	18 暑い	19 事情	20 教室

문맥규정 07　　　　　　　　　　　　　　　　　　　　　　　　　　　　　　　P.162

1 ④　2 ④　3 ②　4 ③　5 ①　6 ④　7 ①　8 ④　9 ③　10 ②

[ㅇ]

읽기표기 10　　　　　　　　　　　　　　　　　　　　　　　　　　　　　　　P.171

1 ようがし	2 はつおん	3 ぎゅうにゅう	4 とくい

5 ようい	6 おくじょう	7 うんどう	8 えいえん
9 ひきます	10 げんき	11 夜	12 野菜
13 悪い	14 同意	15 運んで	16 英会話
17 顔	18 病院	19 医学	20 意見

읽기표기 11 — P.172

1 わるく	2 くらく	3 にく	4 えいご
5 いけん	6 あんき	7 うんてん	8 ちゅうい
9 いじょう	10 とおい	11 会社員	12 店員
13 印象	14 悪口	15 牛	16 弱い
17 大学院	18 意味	19 音楽	20 用件

읽기표기 12 — P.173

1 あくじょうけん	2 うすぐらい	3 ぶんや	4 いし
5 よわき	6 えんりょ	7 しようりょう	8 うんきゅう
9 そつぎょう	10 いがい	11 最有力	12 本音
13 地元	14 残業	15 以前	16 強引
17 引退	18 笑顔	19 夜中	20 応用

문맥규정 08 — P.174

1 ②　2 ①　3 ③　4 ②　5 ①　6 ④　7 ③　8 ④　9 ①　10 ④

[ㅈ]

읽기표기 13 — P.186

1 とり	2 まじめ	3 かぞく	4 しって
5 じ	6 はしって	7 じゅうしょ	8 とまって
9 すんで	10 じしん	11 昼	12 早く
13 重い	14 集まって	15 今朝	16 作って
17 終わった	18 進んで	19 姉	20 正しい

읽기표기 14 — P.187

1 でんち	2 きって	3 じぶん	4 いしゃ
5 てがみ	6 まち	7 さいしゅう	8 たいせつな
9 しゅじん	10 じてんしゃ	11 注目	12 紙
13 進学	14 お姉さん	15 持てません	16 集めました
17 低い	18 弟	19 中止	20 作文

읽기표기 15　　　　　　　　　　　　　　　　　　　　　　P.188

1 じゆう　　　2 しぜん　　　3 さくせい　　　4 ばめん
5 てんかん　　6 せつぼう　　7 せいかい　　　8 すばやい
9 しゅせいぶん　10 ひるま　　11 注文　　　　12 重大
13 貴重　　　14 停止　　　　15 支持　　　　16 通知
17 各地　　　18 進行　　　　19 質素　　　　20 募集

문맥규정 09　　　　　　　　　　　　　　　　　　　　　　P.189

1③　2②　3①　4④　5②　6③　7①　8②　9①　10④

[ㅊ・ㅌ]

읽기표기 16　　　　　　　　　　　　　　　　　　　　　　P.194

1 かりた　　　2 あき　　　　3 かよって　　　4 あおい
5 みずぎ　　　6 ちゃいろ　　7 とくに　　　　8 まっさお
9 ははおや　　10 からだ　　　11 特急　　　　12 体温
13 春　　　　14 親切な　　　15 お茶　　　　16 着いたら
17 通り　　　18 太く　　　　19 交通　　　　20 村

문맥규정 10　　　　　　　　　　　　　　　　　　　　　　P.195

1③　2③　3②　4④　5②　6④　7③　8①　9③　10③

[ㅍ・ㅎ]

읽기표기 17　　　　　　　　　　　　　　　　　　　　　　P.201

1 こくばん　　2 こうきしん　　3 けいけん　　4 こうきゅうひん
5 つごう　　　6 たより　　　　7 かいふく　　8 ふなびん
9 かんじ　　　10 しょくりょうひん　11 似合って　12 合計
13 お兄さん　　14 海　　　　　15 黒い　　　　16 品物
17 台風　　　18 風　　　　　　19 下品　　　　20 海外

읽기표기 18　　　　　　　　　　　　　　　　　　　　　　P.202

1 ひんしつ　　2 あいず　　　　3 あに　　　　4 がめん
5 こうい　　　6 がっち　　　　7 すき　　　　8 かいしゅう
9 さむい　　　10 くろい　　　　11 間に合う　　12 漢字
13 郵便　　　14 格好　　　　　15 海　　　　　16 風
17 品物　　　18 合います　　　19 回った　　　20 夏休み

문맥규정 11　　　　　　　　　　　　　　　　　　　　　　P.203

1② 　2④ 　3① 　4① 　5④ 　6③ 　7① 　8② 　9④ 　10③

[기타]

읽기표기 19　　　　　　　　　　　　　　　　　　　　　　P.209

1	いない	2	にわ	3	かえす	4	しゅくだい
5	よしゅう	6	およいで	7	こめ	8	そぼ
9	すいえい	10	しめて	11	返事	12	便利
13	予定	14	公園	15	役	16	辞書
17	荷物	18	出席	19	案内	20	部屋

문맥규정 12　　　　　　　　　　　　　　　　　　　　　　P.210

1② 　2② 　3① 　4④ 　5③ 　6② 　7② 　8① 　9③ 　10④

한자	뜻	음독 / 훈독
手	손 수 (83)	ⓔ しゅ / ⓚ て
時	때 시 (45)	ⓔ じ / ⓚ とき
食	밥 식 (74)	ⓔ しょく(しょっ) / ⓚ たべる / くう
新	새 신 (68)	ⓔ しん / ⓚ あたらしい / あらた
十	열 십 (38)	ⓔ じっ / じゅう / ⓚ とお
安	편안할 안 (67)	ⓔ あん / ⓚ やすい
語	말씀 어 (87)	ⓔ ご / ⓚ かたる
魚	고기 어 (86)	ⓔ ぎょ / ⓚ さかな
言	말씀 언 (76)	ⓔ げん / ごん / ⓚ いう
駅	역참 역 (88)	ⓔ えき
五	다섯 오 (37)	ⓔ ご / ⓚ いつつ
午	낮 오 (47)	ⓔ ご
外	바깥 외 (60)	ⓔ がい / げ / ⓚ そと / はずす
友	벗 우 (83)	ⓔ ゆう / ⓚ とも
右	오른쪽 우 (61)	ⓔ ゆう / う / ⓚ みぎ
雨	비 우 (66)	ⓔ う / ⓚ あめ(あま)
円	둥글 원 (40)	ⓔ えん / ⓚ まるい
月	달 월 (47)	ⓔ がつ / げつ / ⓚ つき
六	여섯 육 (37)	ⓔ ろく(ろっ) / ⓚ むっつ / むい
飲	마실 음 (74)	ⓔ いん / ⓚ のむ
二	두 이 (36)	ⓔ に / ⓚ ふたつ
耳	귀 이 (84)	ⓔ じ / ⓚ みみ
人	사람 인 (53)	ⓔ じん / にん / ⓚ ひと
日	날 일 (49)	ⓔ にち / じつ / ⓚ か / ひ(び)
一	한 일 (36)	ⓔ いち / いっ / いつ / ⓚ ひとつ
入	들 입 (76)	ⓔ にゅう / ⓚ いれる / はいる / いる
子	아들 자 (53)	ⓔ し / す / ⓚ こ
長	길 장 (68)	ⓔ ちょう / ⓚ ながい
電	번개 전 (82)	ⓔ でん
前	앞 전 (60)	ⓔ ぜん / ⓚ まえ
店	가게 점 (88)	ⓔ てん / ⓚ みせ
足	발 족 (84)	ⓔ そく / ⓚ あし / たりる 등
左	왼 좌 (61)	ⓔ さ / ⓚ ひだり
週	돌 주 (44)	ⓔ しゅう
中	가운데 중 (59)	ⓔ ちゅう / じゅう / ⓚ なか
車	수레 차 (82)	ⓔ しゃ / ⓚ くるま
天	하늘 천 (65)	ⓔ てん
川	내 천 (85)	ⓔ せん / ⓚ かわ
千	일천 천 (39)	ⓔ せん(ぜん) / ⓚ ち
出	날 출 (77)	ⓔ しゅつ(しゅっ) / ⓚ だす / でる
七	일곱 칠 (38)	ⓔ しち / ⓚ ななつ / なの
土	흙 토 (48)	ⓔ ど / と / ⓚ つち
八	여덟 팔 (38)	ⓔ はち(はっ) / ⓚ やっつ / よう
下	아래 하	ⓔ か / げ / ⓚ した / おりる / さげる 등
何	어찌 하 (86)	ⓔ か / ⓚ なに / なん
学	배울 학 (54)	ⓔ がく(がっ) / ⓚ まなぶ
行	갈 행 (73)	ⓔ こう / ぎょう / ⓚ いく・ゆく / おこなう
話	말할 화 (75)	ⓔ わ / ⓚ はなし / はなす
花	꽃 화 (86)	ⓔ か / ⓚ はな
火	불 화 (47)	ⓔ か / ⓚ ひ
会	모일 회 (74)	ⓔ かい / え / ⓚ あう
後	뒤 후 (61)	ⓔ ご / こう / ⓚ あと / うしろ / のち
休	쉴 휴 (78)	ⓔ きゅう / ⓚ やすむ

부록

일본어능력시험 한자 콕콕 찍어주마 -N4·5 대비-

일본어능력시험 N4 출제 예상 한자 200자

부록

일본어능력시험 한자 콕콕 찍어주마 —N4·5 대비—

★ 한자 옆의 숫자는 그 한자가 실린 본문 페이지를 나타낸다.

출제 기준 한자 (181자)

한자	뜻/음	음/훈	페이지
家	집 가	음 か / 훈 いえ	126
歌	노래 가	음 か / 훈 うた/うたう	126
強	굳셀 강	음 きょう/ごう / 훈 つよい/しいる	126
開	열 개	음 かい / 훈 あく/あける/ひらく	127
去	갈 거	음 きょ/こ / 훈 さる	127
建	세울 건	음 けん / 훈 たてる	127
犬	개 견	음 けん / 훈 いぬ	127
京	서울 경	음 きょう/けい	128
軽	가벼울 경	음 けい / 훈 かるい	128
界	지경 계	음 かい	128
計	꾀 계	음 けい / 훈 はかる	128
考	생각할 고	음 こう / 훈 かんがえる	129
工	장인 공	음 こう/く	129
館	집 관	음 かん	129
光	빛 광	음 こう / 훈 ひかり/ひかる	129
広	넓을 광	음 こう / 훈 ひろい	130
教	가르칠 교	음 きょう / 훈 おしえる/おそわる	130
究	궁구할 구	음 きゅう / 훈 きわめる	130
区	구역 구	음 く	130
帰	돌아갈 귀	음 き / 훈 かえる	131
近	가까울 근	음 きん / 훈 ちかい	131
急	급할 급	음 きゅう / 훈 いそぐ	131
起	일어날 기	음 き / 훈 おきる/おこる	131
短	짧을 단	음 たん / 훈 みじかい	135
答	대답할 답	음 とう / 훈 こたえる	135
堂	집 당	음 どう	135
貸	빌릴 대	음 たい / 훈 かす	136
待	기다릴 대	음 たい / 훈 まつ	136
台	집 대	음 だい/たい	136
代	대신할 대	음 だい/たい / 훈 かわる	136
図	그림 도	음 ず/と / 훈 はかる	137
度	법도 도	음 ど/たく/と / 훈 たび	137
都	도읍 도	음 つ/と / 훈 みやこ	137
冬	겨울 동	음 とう / 훈 ふゆ	137
同	한가지 동	음 どう / 훈 おなじ	138
動	움직일 동	음 どう / 훈 うごく	138
働	일할 동	음 どう / 훈 はたらく	138
頭	머리 두	음 ず/とう / 훈 あたま	138
楽	즐길 락	음 がく/らく / 훈 たのしい	141
旅	나그네 려	음 りょ / 훈 たび	141
力	힘 력	음 りょく/りき / 훈 ちから	142
料	헤아릴 료	음 りょう	142
理	다스릴 리	음 り	142
林	수풀 림	음 りん / 훈 はやし	143
売	팔 매	음 ばい / 훈 うる	143
妹	누이 매	음 まい / 훈 いもうと	143
勉	힘쓸 면	음 べん	143
明	밝을 명	음 めい/みょう / 훈 あかるい/あきらか	144
文	글월 문	음 ぶん/もん / 훈 ふみ	144
門	문 문	음 もん / 훈 かど	144
問	물을 문	음 もん / 훈 とう	145
物	만물 물	음 ぶつ/もつ / 훈 もの	145
味	맛 미	음 み / 훈 あじ	145
民	백성 민	음 みん / 훈 たみ	146
飯	밥 반	음 はん / 훈 めし	146
発	쏠 발	음 はつ/ほつ	146
方	모 방	음 ほう / 훈 かた(がた)	147
別	나눌 별	음 べつ / 훈 わかれる	147
病	병 병	음 びょう / 훈 やむ	147
歩	걸음 보	음 ほ(ぽ) / 훈 あるく/あゆむ	147
服	옷 복	음 ふく	148
不	아니 불	음 ふ	148
思	생각할 사	음 し / 훈 おもう	153
死	죽을 사	음 し / 훈 しぬ	153
使	하여금 사	음 し / 훈 つかう	153
仕	벼슬할 사	음 し/じ / 훈 つかえる	154
私	개인 사	음 し / 훈 わたくし	154
事	일 사	음 じ / 훈 こと(ごと)	154
写	베낄 사	음 しゃ / 훈 うつす	154
産	낳을 산	음 さん / 훈 うむ	155
森	나무빽빽할 삼	음 しん / 훈 もり	155
色	빛 색	음 しょく/しき / 훈 いろ	155
暑	더울 서	음 しょ / 훈 あつい	155
夕	저녁 석	음 せき / 훈 ゆう	156
説	말씀 설	음 せつ / 훈 とく	156
声	소리 성	음 せい / 훈 こえ	156
世	인간 세	음 せ/せい / 훈 よ	156
洗	씻을 세	음 せん / 훈 あらう	157
所	바 소	음 しょ / 훈 ところ	157
送	보낼 송	음 そう / 훈 おくる	157
首	머리 수	음 しゅ / 훈 くび	157
習	익힐 습	음 しゅう / 훈 ならう	158
乗	탈 승	음 じょう / 훈 のる	158
市	저자 시	음 し / 훈 いち	158
試	시험할 시	음 し / 훈 ためす/こころみる	158
始	처음 시	음 し / 훈 はじまる/はじめる	159
室	집 실	음 しつ / 훈 むろ	159
心	마음 심	음 しん / 훈 こころ	159
悪	악할 악	음 あく / 훈 わるい	163
顔	얼굴 안	음 がん / 훈 かお	163
暗	어두울 암	음 あん / 훈 くらい	163
野	들 야	음 や / 훈 の	164
夜	밤 야	음 や / 훈 よる/よ	164
弱	약할 약	음 じゃく / 훈 よわい	164
薬	약 약	음 やく(やっ) / 훈 くすり	164
洋	바다 양	음 よう	165
業	업 업	음 ぎょう/ごう / 훈 わざ	165
研	갈 연	음 けん / 훈 とぐ	165

漢字	訓	音	漢字	訓	音
英	꽃부리 영	えい	映	비출 영	うつる/はえる, えい
屋	집 옥	おく, や	曜	빛날 요	よう
用	쓸 용	もちいる, よう	牛	소 우	うし, ぎゅう
運	돌 운	はこぶ, うん	院	담 원	いん
員	수효 원	いん	遠	멀 원	とおい, えん
元	으뜸 원	もと, げん/がん	有	있을 유	ある, ゆう/う
肉	고기 육	にく	銀	은 은	ぎん
音	소리 음	おと, おん/いん	医	의원 의	い
意	뜻 의	い	以	써 이	い
引	끌 인	ひく, いん	姉	손윗누이 자	あね, し
字	글자 자	あざ, じ	自	스스로 자	みずから, じ/し
者	놈 자	もの, しゃ/(じゃ)	作	지을 작	つくる, さく/さ
場	마당 장	ば, じょう	低	낮을 저	ひくい, てい
赤	붉을 적	あかい, せき	転	구를 전	ころがる, てん
田	밭 전	た/(だ), でん	切	끊을 절	きる, せつ/さい
正	바를 정	ただしい, しょう/せい	町	밭두둑 정	まち, ちょう
題	표제 제	だい	弟	아우 제	おとうと, だい/で/てい
早	새벽 조	はやい, そう/さっ	朝	아침 조	あさ, ちょう
鳥	새 조	とり, ちょう	族	겨레 족	ぞく
終	끝날 종	おわる, しゅう	主	주인 주	おも, しゅ
住	살 주	すむ/すまう, じゅう	走	달릴 주	はしる, そう
昼	낮 주	ひる, ちゅう	注	물댈 주	そそぐ, ちゅう
重	무거울 중	おもい/かさねる, じゅう/ちょう	紙	종이 지	かみ(がみ), し
止	그칠 지	とまる, し	持	가질 지	もつ, じ
池	못 지	いけ, ち	知	알 지	しる, ち
地	땅 지	ち/じ	進	나아갈 진	すすむ, しん
真	참 진	ま, しん	質	바탕 질	しつ/しち/ち
集	모일 집	あつまる/あつめる, しゅう	借	빌 차	かりる, しゃく/(しゃっ)
茶	차 차	ちゃ/さ	着	붙을 착	きる/つく, ちゃく/じゃく
菜	나물 채	な, さい	青	푸를 청	あおい, せい
体	몸 체	からだ, たい/てい	村	마을 촌	むら, そん
秋	가을 추	あき, しゅう	春	봄 춘	はる, しゅん
親	친할 친	おや/したしい, しん	太	클 태	ふとい, たい
通	통할 통	かよう/とおる, つう	特	특별할 특	とく/(とっ)
便	편할 편	たより, べん/びん	品	물건 품	しな, ひん
風	바람 풍	かぜ, ふう/ふ	夏	여름 하	なつ, か
漢	한수 한	かん	寒	찰 한	さむい, かん
合	합할 합	あい/あう, ごう/がっ	海	바다 해	うみ, かい
験	시험할 험	けん	県	고을 현	けん
兄	맏 형	あに, きょう/けい	好	좋을 호	すき/このむ, こう
画	그림 화 그을 획	が/かく	回	돌아올 회	まわる, かい
黒	검을 흑	くろい, こく

기타 한자 (19자)

漢字	訓	音
公	공변될 공	おおやけ, こう
内	안 내	うち, ない/だい
利	이로울 리	きく, り
米	쌀 미	こめ, べい/まい
返	돌아올 반	かえす, へん
部	거느릴 부	ぶ
辞	말 사	やめる, じ
席	자리 석	せき
宿	묵을 숙	やど, しゅく
役	부릴 역	やく/えき
泳	헤엄칠 영	およぐ, えい
予	미리 예	よ
園	동산 원	その, えん
定	정할 정	さだまる/さだめる, ていじょう
庭	뜰 정	にわ, てい
祖	조상 조	そ
鉄	쇠 철	てつ/(てっ)
閉	닫을 폐	しめる/とじる, へい
荷	연 하	に, か

일본어는 단어다 N5 출제 예상 한자 103자

★ 한자 옆의 숫자는 그 한자가 실린 본문 페이지를 나타낸다.

한자	뜻	음독/훈독	페이지
間	사이 간	음 かん / けん(げん) / 훈 あいだ / ま	45
見	볼 견	음 けん / 훈 みえる / みせる / みる	75
高	높을 고	음 こう / 훈 たかい / たかめる / たかまる	67
古	옛 고	음 こ / 훈 ふるい	69
空	빌 공	음 くう / 훈 そら / あく / から	85
校	학교 교	음 こう	55
口	입 구	음 こう / く / 훈 くち(ぐち)	84
九	아홉 구	음 きゅう / く / 훈 ここのつ	38
国	나라 국	음 こく(ごく・こっ) / 훈 くに	87
今	이제 금	음 こん / 훈 いま	46
金	쇠 금	음 きん(ぎん) / 훈 かね / かな	39
気	기운 기	음 き / け	65
南	남녘 남	음 なん / 훈 みなみ	62
男	사내 남	음 だん / なん / 훈 おとこ	54
女	계집 녀	음 じょ / にょう / 훈 おんな	54
年	해 년	음 ねん / 훈 とし	44
多	많을 다	음 た / 훈 おおい	68
大	큰 대	음 だい / たい / 훈 おおきい	66
道	길 도	음 どう / 훈 みち	85
読	읽을 독	음 とう / どく / とく / 훈 よむ	77
東	동녘 동	음 とう / 훈 ひがし	61
来	올 래	음 らい / 훈 くる / きたる	73
立	설 립	음 りつ / 훈 たつ	78
万	일만 만	음 まん / ばん	39
毎	매양 매	음 まい	47
買	살 매	음 ばい / 훈 かう	78
名	이름 명	음 めい / 훈 な	82
母	어미 모	음 ぼ / 훈 はは	56
木	나무 목	음 もく / ぼく / 훈 き	48
目	눈 목	음 もく / ぼく / 훈 め	83
聞	들을 문	음 ぶん / もん / 훈 きく / きこえる	75
半	반 반	음 はん / 훈 なかば	46
白	흰 백	음 はく / 훈 しろい	-
百	일백 백	음 ひゃく(びゃく・ひゃっ)	39
本	밑 본	음 ほん(ぼん・ぽん) / 훈 もと	87
父	아비 부	음 ふ / 훈 ちち	56
北	북녘 북	음 ほく(ぼく) / 훈 きた	62
分	나눌 분	음 ふん(ぶん) / ぶん / ぶ / 훈 わける	46
四	넉 사	음 し / 훈 よ / よん / よっつ	37
社	모일 사	음 しゃ(じゃ)	88
山	뫼 산	음 さん / 훈 やま	-
三	석 삼	음 さん / 훈 みっつ	85
上	위 상	음 じょう / 훈 あげる / うえ / うわ	37
生	날 생	음 せい / しょう / 훈 うまれる / なま / はえる 등	59
西	서녘 서	음 さい / せい / 훈 にし	62
書	쓸 서	음 しょ / 훈 かく	77
先	먼저 선	음 せん / 훈 さき	55
小	작을 소	음 しょう / 훈 ちいさい / お / こ	67
少	적을 소	음 しょう / 훈 すくない / すこし	68
水	물 수	음 すい / 훈 みず	48